企业管理与创新创业

丁　政　著

广东高等教育出版社
Guangdong Higher Education Press
·广州·

图书在版编目（CIP）数据

企业管理与创新创业/丁政著. —广州：广东高等教育出版社，2023.3
ISBN 978-7-5361-7329-3

Ⅰ. ①企… Ⅱ. ①丁… Ⅲ. ①企业管理-企业创新 Ⅳ. ①F272
②F273.1

中国版本图书馆 CIP 数据核字（2022）第 189289 号

QIYE GUANLI YU CHUANGXIN CHUANGYE

出版发行	广东高等教育出版社 地址：广州市天河区林和西横路 邮政编码：510500 电话：（020）87553335 http://www.gdgjs.com.cn
印　　刷	广州市番禺区友联彩印厂
开　　本	787 毫米×1 092 毫米 1/16
印　　张	13.5
字　　数	257 千
版　　次	2023 年 3 月第 1 版
印　　次	2023 年 3 月第 1 次印刷
定　　价	39.00 元

前　　言

在这个“大众创业，万众创新”的新时代，在这个面临百年变局的大时代，很多人都怀揣着创业的梦想，但又对创业之路充满迷茫。本书的出版，希望能助力创业者们踏上征途，披荆斩棘，实现梦想。

本书共分六章。第一章企业创始人基础修炼，简述了企业创始人应具备的基本素质和应掌握的基础知识；第二章创业计划与市场机会发掘，论述了如何通过创新思维发掘市场机会、找到最佳的创业项目并制订创业计划；第三章组织与绩效管理，阐述了如何构建高绩效组织及做好人力资源管理与激励工作；第四章企业战略，讲述了作为企业最高领导者必备的战略思维和战略规划技能；第五章商业模式及财务与风险管理，讲解了如何创新商业模式以赢得市场竞争，以及作为企业创始人应把握的基本的市场营销、财务计划与风险管理知识；第六章探寻企业成功奥秘，揭秘不断打造企业软实力是企业成功创业和守业、实现永续发展的根本。全书内容涉及管理学、经济学、创造学、心理学、社会学等多个学科，涵盖企业战略管理、品牌管理、领导理论、人力资源管理、市场营销管理、财务管理、企业文化管理、创业计划书写作等有关企业管理和创新创业的基本理论、知识和技能等广泛内容。

对比国内目前出版的同类书籍，本书有以下特点：

（1）将创业与企业管理更为系统地结合起来。创业是一项系统工程，成功的创业者必须掌握企业管理的基本知识与技能。本书更为系统地融合和浓缩了管理学的基础知识，既有经典的理论学说，也有最新的学术成果和实践案例，有助于创业者利用有限的时间高效率地学习和掌握现代企业管理的必要知识与技能。

（2）将创业与创新更为有机地结合起来。没有创新，不可能有成功创业。全书始终贯穿着创新理念内核，培养和训练创业者从创新思维出发，不断进行产品创新、市场创新和商业模式创新，一步步迈向成功。

（3）将创业与社会实际和未来发展更为紧密地结合起来。本书引用了众多新技术、新经济企业创业成功案例，引导和鼓励创业者尽可能瞄准国家大力扶持的、具有广阔市场前景的战略性新兴产业去创新创业。

（4）本书体现正确的政治导向和价值导向，内容设置合理，精简凝练，重点突出，逻辑清晰，系统性强。本书各章编写顺序与创业者入门思考和撰写创业计划的一般顺序基本吻合，也体现了管理职能从计划、组织、领导到控制的通常排列，有助于创业者系统学习和掌握企业管理和创业管理的内在规律。本书重视基本理论和技能传授，汇集大量典型案例，举例深入浅出，实用性和操作性强，便于创业者拓展视野、拓宽思路，强化对理论知识的理解，并将所学理论知识和技能更好地应用于创新创业和企业管理实践。

因此，本书可作为大专院校创新创业类课程教材，也适合所有对创新创业以及管理学、经济学和人生管理等感兴趣的普通读者阅读。同时本书汇集了笔者在相关领域多年的研究和教学成果，对于相关领域的学者和研究者也有较高的参考价值。当然对于准备创业和正在创业的读者和创业者而言，本书更是难得的、非常实用的入门指导书，并将成为未来成功企业创始人的制胜宝典。

本书在编写过程中参考了国内外大量宝贵的文献资料，包括网上收集的无法追溯原始来源的文献资料，相关文献和作者未能一一列出，在此谨向所有文献资料作者表示诚挚的敬意和衷心的谢意！由于笔者学术水平有限，本书的不足和错误在所难免，希望读者不吝赐教指正。最后，向广东高等教育出版社对本书出版的大力支持和辛勤付出表示深深的感谢！

丁　政
2022 年 8 月于广东工业大学

目录

第一章
企业创始人基础修炼

一、企业系统与公司治理

（一）企业与公司

人是具有社会属性的生物。马克思说过，人是一切社会关系的总和。每个正常的人都会有与其相联系的群体。由多人为了一定的目的、按照一定的规则组成的群体，称之为组织。组织是在一定的环境中，具有特定功能的开放系统。系统是一个由多个相关联的部分（子系统）组成的用以实现特定功能的整体。

在具有为社会提供产品或服务功能的组织中，有些是不以营利为目的，比如政府部门和慈善机构；更多的则是以营利为目的，称为企业。企业，就是指各种独立的、营利性的组织（不一定是法人），并可进一步分为公司和非公司企业。公司是按法律程序建立起来的企业组织，是企业法人，享有独立的法人财产权。公司的主要形式包括无限责任公司、有限责任公司、两合公司、股份有限公司和股份两合公司。无限责任公司是指公司全体出资人对公司债务承担无限连带清偿责任的公司；有限责任公司是指全体出资人对公司债务仅以各自的出资额为限承担责任的公司；股份有限公司是指将公司资本划分为股份，全体出资人（股东）仅以各自持有的股份额为限对公司债务承担责任的公司；两合公司的出资人一部分为无限责任，另一部分为有限责任。我国现行公司法规定的公司分为有限责任公司和股份有限公司。例如阿里巴巴集团控股有限公司、深圳市腾讯计算机系统有限公司。

非公司企业包括合伙企业、个人独资企业、个体工商户等。合伙企业又分为普通合伙企业和有限合伙企业。普通合伙企业由 2 人以上的普通合伙人组成，合伙人对合伙企业债务承担无限连带责任。有限合伙企业由 50 人以下、至少 1 名普通合伙人和 1 名有限合伙人组成，普通合伙人对合伙企业债务承担无限连带责任，有限合伙人以其认缴的出资额为限对合伙企业债务承担责任。个人独资企业是指 1 人投资经营的企业，企业负责人是投资者本人，对企业债务负无限责任。个体工商户是从事工商业经营的自然人或家庭。它们的债务，在个人经营的情况下，以个人财产承担；在家庭经营的情况下，以家庭财产承担。

现代公司治理最重要的特征是企业的所有权与经营权分离。体现在治理结构上就是股东大会、董事会（监事会）和执行机构（高层管理人员）三权分立。理论上股东大会是公司的最高权力机构。但是，一个大型公司的股东通常人数众多且非常分散，经常就公司发展的重大事宜召开股东代表大会是不现实的。在这种情况下，股东大会就将其部分决策权委托给一些大股东或权益代表人来行使，这些人组成了董事会。股东大会与董事会之间的关系实际上是一种信任委托的关系。董事会是股东大会的常设机构。股东们将公司日常决策的权利委托给了由董事组成的董事会，而董事会则向股东承诺使公司健康经营并获得满意的利润。各国公司法对于董事会人数、职权和作用均有较为明确的规定。《中华人民共和国公司法》（以下简称《公司法》）规定：有限责任公司设董事会，其成员为 3 人至 13 人；股东人数较少或者规模较小的有限责任公司，可以设 1 名执行董事，不设董事会。除公司法的有关规定以外，各个公司也都会在公司章程中对有关董事会的事宜进行说明。

从理论上讲，董事会有权将部分经营管理权力转交给代理人代为执行，这个代理人就是公司政策执行机构的最高负责人，一般被称为首席执行官（Chief Executive Officer，CEO）。授予首席执行官何种权力、多大的权力以及在何种情况下授予，由董事会决定。在多数情况下，首席执行官由董事长兼任。由于公司的经营管理日益复杂化，经理职能也日益专业化，很多大型公司又在首席执行官之下设立总裁（President）或首席营业官（Chief Operation Officer，COO），负责公司的日常业务。此外，还设有其他一些高级行政职务，如首席财务官（CFO）、首席技术官（CTO）等。执行机构的高层管理人员并不一定持有公司股份，但来自董事会和监事会的严格监管，来自产品市场的竞争、经理人市场的竞争和资本市场评价等的压力或制约，可最大限度地确保他们运用好手中的经营决策权，全力以赴发展企业，为企业谋取最大利益。

（二）公司股权与股权结构

股权即拥有公司股份的股东的权利，包括：只以投资额为限承担民事责任的权利，参与制定和修改法人章程的权利，选举和被选举为公司管理者的权利，参与股东大会、决定公司重大事宜的权利，从公司分取红利的权利，依法转让股权的权利，在公司终止后收回剩余财产的权利，等等。这些权利都是源于股东向法人公司投资而享有的权利。

一般公司的股权结构都是1股1票，同股同权。股东依据持股比例1股1票投票提名董事候选人，最终形成董事会，对公司的经营进行决策并掌管公司事务。这种结构可在一定程度上保障脱离了企业日常经营的大股东的权益，但也可能影响甚至危及拥有的股份较少的高层管理人员（包括企业创始人）维持自身对企业的管理和决策权。乔布斯的遭遇就给创始人上了一课。1976年4月1日苹果公司成立时，创始人史蒂夫·乔布斯持股45%，史蒂夫·沃兹持股45%，罗·韦恩持股10%；不久之后韦恩退伙，乔布斯800美元回购其股份；1976年8月，马库拉出资9.1万美元入股，计划股权结构为乔布斯26%、沃兹26%、马库拉26%，剩下22%用来吸引新的投资者；1977年1月，股权结构调整为乔布斯30%、沃兹30%、马库拉30%，工程师罗德·霍尔特10%。1980年12月12日，苹果公司首次公开募股（Initial Public Offering，IPO），乔布斯的股份被稀释到只有15%，马库拉持股11.4%，沃兹持股6.5%，三人的股份加起来超过30%。由于上市公司股份极其分散，只要这三人一条心，苹果公司的控制权就会牢牢掌握在他们手中。1983年，乔布斯邀请百事可乐总裁约翰·斯卡利加入苹果公司担任CEO。1985年4月，斯卡利联合马库拉及其他投资人，股份合计超过了乔布斯，从而操控董事会，解除了乔布斯的实质经营权，只保留其董事长的虚职。同年9月，乔布斯辞去董事长职位，离开了苹果公司，创立了NeXT软件公司。直到1996年，苹果公司以4.27亿美元收购NeXT软件公司，乔布斯才正式回归苹果公司。

为避免创始人失去对企业的控制权，一些公司在创立时或在新发行股票时确定了同股不同权的AB股制（双重或二元股权结构），A类股1股有1票投票权，B类股1股有N票投票权，对外部投资者发行A类股，对创始人或管理层发行B类股。百度公司在IPO中即采用此方式。在美国股市新发行股票为A类股票，其表决权为1股1票；而创始人股份即原始股为B类股票，其表决权为1股10票；一旦原始股出售，即从B类股转为A类股，其表决权立即下降为每股1票。

除了AB股制，一些需要不断大量融资的新创科技公司为了确保创始人能够完全掌握公司的控制权，在公司章程或招股说明书中加入了一些关键条款。例如阿里巴巴的合伙人制度。以马云为首的创始人团队——湖畔合伙人可以提名董事会半数以上的董事人选，并且在公司因任何原因而导致董事会成员中合伙人提名的董事不足半数时，合伙人可以额外再提名，直至超过半数。又如Facebook（脸书）公司招股书中披露，前10轮投资Facebook公司的所有机构和个人投资者，都需要同Facebook公司签订一份表决权代理协议，同意在某些特定的需要股东投票的场合，授权扎克伯格代表股东所持股份进行表决，且这项协议在IPO完成后仍然保持效力。这部分代理投票权为30.5%，加上其本人所拥有28.4%的B类股，扎克伯格总计拥有58.9%的投票权，实现对Facebook公司的绝对控制权。

（三）企业系统与资源

企业是一个开放的系统。企业系统置身于更大的外部环境系统中，包括宏观环境和微观环境。企业作为开放的系统，必然与环境之间有物质和能量的交流（如图1－1所示）。企业系统将来自外部环境的资源和利益相关者的目标等输入，通过正确而有效的运营管理，转化为企业物质产品和精神产品，包括企业文化和目标的一体化等输出到外部环境。企业利益相关者是指能够在企业经营与发展过程中获益的所有组织和个人，包括企业内部的股东和企业各层级、各部门管理者与员工，以及企业外部顾客、供应商、经销商、中介商、公众、政府部门等。目标一体化是指企业的所有利益相关者的目标凝聚为一个共同目标——齐心协力做大做强企业，通过实现企业利益最大化来实现各自利益的最大化。外部环境中人们进行产品交换的场所或空间称为市场，而可用于交换企业产品的市场称为企业的目标市场。企业的物质产品和精神产品输出到外部环境和目标市场，取得相应的经济效益和社会效益；同时也反馈给企业自身（内部环境），实现自身软硬实力提升和可持续发展。

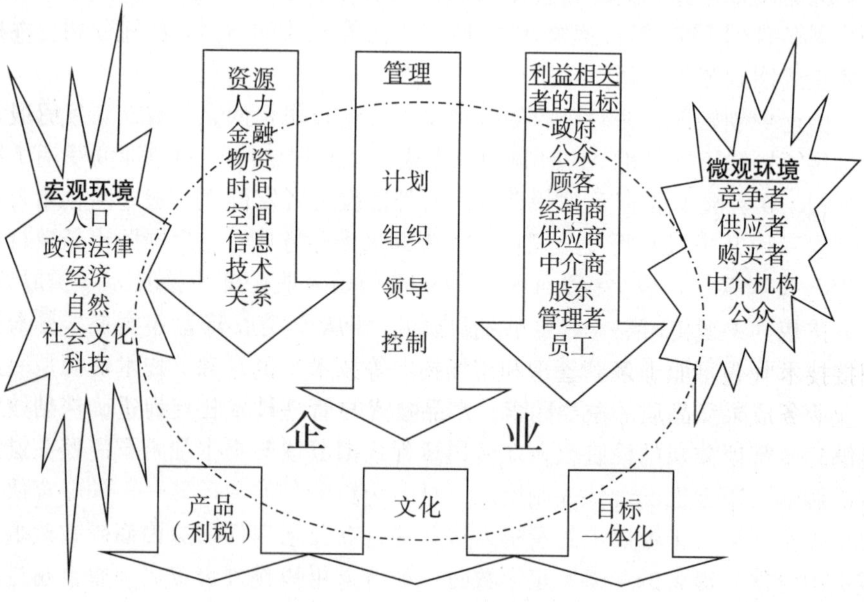

图1－1　企业系统构成图

企业赖以生存和发展的必要资源可分为八大类：人力资源、金融资源、物资资源、时间资源、空间资源、信息资源、技术资源和关系资源。

人力资源是指存在于企业组织系统内外可利用的人力的总和。人力资源是有形与无形相统一的资源，一方面表现为一定的物质存在，即一定数量的员工，另一方面表现为这些员工内在的体力、智力、人际关系、知识经验和心理特征等无形物质。人力资源是企业资源结构中排在第一位的、最重要的资源，是其他资源的操作者，决定着所有资源效力的发挥水平。

金融资源是企业能支配或利用的、能以货币计量的资金、债券等各种经济资源，既包括静态规模的大小，也包括动态周转状况，在一定程度上还包括企业获取和驾驭这些资源要素的能力和水平。在企业金融资源系统中，最主要的资源是货币资金。金融资源是企业硬实力的重要体现和关键要素，是企业业务能力的经济基础，也是其他资源形成和发展的基础条件。

物资资源主要是指用于制造产品和提供服务的企业有形资产，包括具有物质形态的机床仪器、工具量具、原材料零配件、运输设备、办公器具等，以及维持企业正常运营和机器正常运转所需的水电能源等。

时间资源（经济时间）是指人类劳动直接或间接开发和利用的自然时间或日历时间，包含时长和时点（时机），包括企业悠久的历史以及推出新业务的及时性等。“时间就是金钱”的口号体现了时间资源的重要性。

空间资源（经济空间）是指承接现实经济要素运行的自然空间和网络虚拟空间，包含空间的大小和位置。电子商务出现以前企业空间资源主要指的是企业开展经营活动的土地、房屋等，电子商务出现后企业空间资源也包括企业开展线上经营活动的网址、APP、网店等。

信息资源是指企业内部和外部各种与企业经营相关的所有信息情报资料，包括企业内外环境信息和产品市场信息等。信息资源在企业的资源结构中起着支持和参照作用，具有普遍性、共享性、增值性、可处理性和多效用性等特征。“知己知彼，百战不殆。”充分收集并运用好信息资源，是企业在激烈竞争的商战中获胜的有力保障。

技术资源是指企业在创造价值、形成产品的过程中所运用的直接技术和间接技术（包括企业经营管理和市场拓展等技术）的总和。技术资源是决定企业业务成果和品质的重要因素。产品技术与管理技术相互促进，产品技术是基础，管理技术是灵魂。高水平的管理技术可以整合企业所有资源，以发挥最大效力达成企业目标。

企业因为其利益相关者之间，甚至与竞争者之间良好的关系而获得的利益，这些利益相关者甚至是竞争者就被称为企业的关系资源。例如企业内部融洽的劳资关系、同事关系，企业通过长期经营所累积的庞大的关系客户群体等，都是能给企业带来竞争优势的重要资源。

《孙膑兵法·月战》中有曰：“天时、地利、人和，三者不得，虽胜有殃。”“天时”可对应时间资源，“地利”可对应金融资源、物资资源、空间资源、技术资源，“人和”可对应人力资源、关系资源，同时三者都蕴含了信息资源。能否持续拥有八大资源，是决定企业能否成功创业及稳定发展的关键。而所谓“天时不如地利，地利不如人和”表明，人力资源和关系资源在八大资源中占据首要地位。

（四）企业宏观环境

企业宏观环境是对企业经营活动造成直接或间接影响的、最大的外部不可控力量。宏观环境可大致划分为政治法律环境、经济环境、社会自然环境、科技环境。

1. 政治法律环境

政治与法律相互联系，共同对企业的市场经营活动产生重要影响。

政治环境是指企业市场经营活动的外部政治形势，包括政府所制定的方针政策，如人口政策、能源政策、物价政策、财政政策、货币政策等及其稳定性。政治环境引导着企业经营活动的方向。在国际贸易中，不同的国家也会制定一些相应的政策来干预外国企业在本国的经营活动。主要措施有：进口限制、税收政策、价格管制、外汇管制、产业准入和国产化政策等。一些国家动荡的政局会给企业带来难以预测的经营风险。

法律环境是指国家或地方政府所颁布的各项法规、法令和条例等，它是企业经营活动的准则，企业只有依法进行各种经营活动，才能受到国家法律的有效保护。为适应经济体制改革和对外开放的需要，我国陆续制定和颁布了一系列法律法规，例如《中华人民共和国合伙企业法》《中华人民共和国民法典》《中华人民共和国产品质量法》《中华人民共和国商标法》《中华人民共和国专利法》《中华人民共和国广告法》《中华人民共和国食品安全法》《中华人民共和国环境保护法》《中华人民共和国反不正当竞争法》《中华人民共和国消费者权益保护法》等。企业的经营管理者必须熟知有关的法律条文，才能保证企业经营的合法性，运用法律武器来维护企业与消费者的合法权益。近年来，某些国家出于国内政治需要野蛮打压正常经营的外国企业，因此中国企业进入国际市场必须高度警惕政治环境风险。

2. 经济环境

经济环境包括收入因素、支出因素、产业结构、经济增长率、货币供应量、银行利率、政府支出等因素，其中消费者收入因素和支出消费因素（例如消费结构和消费者储蓄倾向等）对企业经营活动影响较大。

消费者收入通常从目标市场生产总值、人均收入、个人（或家庭）可支配收入、个人（或家庭）可任意支配收入四个方面进行分析。以国家为分析对象的国内生产总值（GDP）是指一个国家（国界范围内）所有常驻单位在一定时期内生产的所有最终产品和劳务的市场价值。个人（或家庭）可支配收入是指在个人（或家庭）收入中扣除缴纳的各种税款和交给政府的非商业性开支后剩余的、可用于消费或储蓄的那部分收入，它构成实际购买力。个人（或家庭）可任意支配收入是指在可支配收入中减去用于购买生活必需品的费用支出（如房租、水电、食物、衣着等各项开支）后剩余的部分。这部分收入一般用于购买高档耐用消费品、娱乐、教育、旅游等，是消费需求变化中最活跃的因素。

体现消费结构的恩格尔系数是衡量一个地区和家庭生活水平高低的重要参数。恩格尔系数=食品支出金额/家庭消费支出总金额。恩格尔系数越小，食品支出所占比重越小，表明生活越富裕，生活质量越高。

消费者储蓄倾向受到利率、物价等因素变化影响。当收入一定时，如果储蓄增多，则消费支出减少；反之则消费支出增加。居民消费价格指数（Consumer Price Index，CPI），是度量一组代表性消费商品及服务项目的价格水平随时间而变动的相对数，是用来反映居民家庭购买消费商品及服务的价格水平的变动情况。当CPI较高而利率较低时，消费者倾向于减少储蓄增加消费。

3．社会自然环境

社会自然环境是指企业外部社会人口、文化和自然等环境因素。

人口是一切经济社会活动的基础，人口环境的变化是引发区域兴衰、产业更替的关键因素。人口环境包括人口数量（分布及密度）和人口结构。人口数量直接决定市场规模和潜在容量，尤其影响人们对生活必需品的需求量。人口结构包括年龄结构、性别结构、职业结构、家庭结构、社会结构和民族结构等。人口结构及其变化趋势对市场格局产生着深刻影响。例如晚婚、不婚、离婚率上升使得社会单身人口比例上升，而人口寿命延长、生育率下降则会造成人口老龄化，等等，这些人口变化趋势，直接影响到对应人口消费品需求的消长。

文化环境是指在一种社会形态下已经形成的价值观念、宗教信仰、风俗习惯、道德规范等的总和。企业经营要充分考虑目标市场人群受教育程度、宗教信仰、价值观念、消费习俗等。例如不同的民族都有自己独特的商品包装和使用的要求和禁忌，了解目标市场消费者的禁忌、习惯、避讳等是企业进行市场经营的重要前提。

自然环境首先是指自然界提供给人类各种形式的物质资料，包括可再生资源（如森林、农作物等）和不可再生资源（如石油、煤炭、矿石等）。自然环境还包括国家和地方政府为加强环境保护而颁布的有关节能环保的政策法规，以及越来越多的各种官方和非官方环境保护组织。随着人类社会进步和科学技术发展，世界各国都加速了工业化进程，一方面创造了丰富的物质财富，满足了人们日益增长的需求，另一方面也造成了资源短缺、环境污染等问题。为完善全球环境治理，积极应对气候变化，中国已提出在2030年前实现碳达峰、2060年前实现碳中和的目标。自然环境在一定程度上制约了一些企业的经营活动，但企业必须加强环保意识，在经营过程中自觉遵守环保法令，担负起环境保护的社会责任。同时，企业也要制定有效的经营策略，既要消化环境保护所支付的必要成本，还要在经营活动中挖掘潜力，保证经营目标的实现。

4. 科技环境

科学技术是社会生产力中最活跃的因素，科技进步对企业经营活动的影响更是显而易见，主要表现在以下几个方面。

（1）产品创新。每一种新技术的发现和推广都可能推动产品降低成本、提升功能和质量，甚至产生前所未有的颠覆性产品。

（2）市场创新。新产品的诞生无疑会给企业带来新的市场机会，甚至推动新行业的出现，但同时也可能令某些行业、企业受到冲击甚至消亡。例如复印机的发明排挤了复写纸，电脑的运用替代了传统的打字机，数码相机的出现让胶卷相机成为古董，等等。

（3）营销方式创新。例如互联网技术和移动通信技术的发展，带来网上购物和移动支付等新型购买和支付方式，促进流通方式的现代化。消费者可以利用这些新技术更轻松快捷地获取所需的商品和服务，企业也可以更方便高效地掌握市场信息，进行广告宣传和商品销售。

（4）企业生产和管理创新。科技发展为企业生产和管理现代化提供了先进的装备。例如电脑、电子扫描装置、光纤通信等设备的普及，大大改善企业经营管理；数控机床、激光加工、3D打印、机器人等先进制造技术和设备的广泛运用，在迅速提高企业生产效率的同时，也显著地提升了企业产品的质量。

（五）企业微观环境

企业微观环境是指对企业服务其顾客的能力和规模构成直接影响的外部力量，包括竞争者和利益相关者。利益相关者包括供应商、中介机构、顾客（购买者）和各种公众。

1. 竞争者

竞争者是指与企业在产品市场上存在竞争关系的企业和个人。竞争是市场经济的必然现象。在市场经济条件下，任何企业在目标市场进行经营活动时，不可避免地会遇到竞争者的挑战。即使在某个市场上只有一个企业在提供产品或服务，没有显在的竞争者，通常也会有潜在的竞争者。从消费需求的角度看，企业的竞争者主要可划分为品牌竞争者、形式竞争者、平行竞争者和愿望竞争者。

品牌竞争者是指生产或销售同类产品但品牌不同的竞争者。例如汽车生产企业中，奔驰、宝马、通用、福特、大众、丰田、比亚迪等，相互之间都是品牌竞争者。

形式竞争者是指生产或销售同类但不同规格、型号、款式的产品竞争者。例如轿车按照发动机排量可分为微型轿车（排量1升以下）、轻级轿车（排量1~1.6升）、中级轿车（排量1.6~2.5升）、中高级轿车（排量2.5~4升）、高级轿车（排量4升以上），生产或销售不同级别轿车的企业之间是形式竞争者。

品牌竞争者和形式竞争者属于同行业的竞争者，是企业必须特别重视的竞争者。

平行竞争者是指提供能够满足同一种需求的不同产品（即替代品）的竞争者。例如私家车、出租车、公交车都可用于解决市内交通问题，提供这三种产品或服务的企业就存在一种竞争关系，由此而相互成为平行竞争者。

愿望竞争者是指提供不同产品以满足不同需求的竞争者。比如，电视机制造企业的愿望竞争者就是生产冰箱、空调、洗衣机等不同产品的企业。因为如何促使消费者更多地首先购买电视机，而不是首先购买其他产品，这也是一种竞争关系。

2. 供应商

供应商是指提供企业产品生产所需要的特定的原材料、辅助材料、设备、能源、劳务等资源的供应机构。供货价格和质量，以及供应的及时性和稳定性，将直接影响到企业产品的产量、质量、成本和工期，从而影响企业经营计划和经营目标的完成。

供货价格的变动会直接影响企业产品的成本。如果供应商提高原材料价格，必然会带来企业的产品成本上升，生产企业如提高产品价格，会影响市场销路；如保持产品价格不变，则会减少企业的利润。因此，企业必须密切关注和分析供应商的货物价格变动趋势，使企业早做准备，积极应对。

供应商能否供应质量有保证的生产资料直接影响到企业产品的质量，进一步会影响到销售量、利润及企业信誉。例如劣质葡萄难以酿造优质葡萄酒，低档建材难以保证建筑物的百年大计。为此，企业必须牢牢把控好供应商供货质量关，从而来保证自己产品的质量，赢得消费者，赢得市场。

确保供应的及时性和稳定性，是企业经营活动顺利进行的前提。例如造纸厂不仅需要木材等原料来进行加工，还需要设备、能源作为生产手段与要素，任何一个环节在供应上出现了问题，都会导致企业的生产活动无法正常开展。为此，企业为了在时间上和连续性上保证得到货源的供应，就必须和供应商保持良好的关系，必须及时了解和掌握供应商的情况，分析其状况和变化。

3. 中介机构

中介机构是指为企业经营活动提供各种服务的组织，包括销售代理商和中介商。中介商是指储运物流机构、金融机构和其他专业服务机构等。

（1）销售代理商。销售代理商指把产品从生产商转移到消费者的中间环节或渠道，包括批发和零售代理商，能帮助企业寻找目标顾客，为产品打开销路，为顾客创造地点效用、时间效用和持有效用。

（2）储运物流机构。储运物流机构指帮助企业保管、储存、运输经营所需各种物资及产品的机构，包括仓储公司、运输公司、物资分销机构、快递公司等，主要任务是协助企业将产品实体运往销售目的地，完成产品空间位置的移动，并在产品待售期间协助保管和储存。这些物流机构是否安全、便利、经济，直接影响企业经营的效果。

（3）金融机构。金融机构指企业经营活动中进行资金融通的机构，包括银行、信托公司、保险公司等。金融机构的主要功能是为企业经营活动提供融资及保险服务。在现代化社会中，任何企业都要通过金融机构开展经营业务往来。金融机构业务活动的变化还会影响企业的经营活动，比如银行贷款利率上升，会使企业成本增加；信贷资金来源受到限制，会使企业经营陷入困境。

（4）其他专业服务机构。例如市场调研公司、广告公司、经营咨询公司、会计师事务所、律师事务所等。市场调研公司、广告公司的主要任务是协助企业确立市场定位，进行市场推广，对企业的经营活动会产生直接的影响。一些大企业往往有自己的广告、市场调研等部门，但大多数企业则以合同方式委托专业公司来办理有关事务。

4. 顾客

顾客即企业产品或服务的购买者。顾客对企业经营的影响程度远远超过前述的环境因素。顾客是市场的主体，任何企业的产品和服务，只有得到了顾客的认可，才能赢得市场，现代经营强调把满足顾客需要作为企业经营管理的核心。不同的购买者构成不同类型的顾客市场。

（1）消费者市场。消费者市场指为满足个人或家庭消费需求购买产品或服务的个人和家庭。

(2) 生产者市场。生产者市场指为生产其他产品或服务，而从市场上购买产品或服务的组织。

(3) 中间商市场。中间商市场指购买产品或服务以转售，从中营利的组织和个人。

(4) 政府市场。政府市场指购买产品或服务，以发挥组织职能和提供公共服务的政府机构。

(5) 国际市场。国际市场指境外购买本企业产品或服务的个人及组织，包括境外的消费者、生产者、中间商及政府。

5. 公众

公众是与企业经营活动相关的、除上述外部力量以外的各种组织或群体的总称。主要有政府公众、金融公众、媒体公众、社团公众和社区公众。

(1) 政府公众。政府公众主要指与企业经营活动有关的各级政府机构部门，他们所制定的方针、政策、对企业经营活动可能造成限制或带来机遇。

(2) 金融公众。金融公众主要包括银行、投资公司、证券公司、中小股东等，他们对企业的融资能力和投资收益等有重要的影响。

(3) 媒体公众。媒体公众主要包括报纸、杂志、电台、电视台等传播媒介，他们掌握传媒工具，有着广泛的社会联系，能直接影响社会舆论对企业的认识和评价。

(4) 社团公众。社团公众主要指与企业经营活动有关的非政府机构，如消费者组织、环境保护组织，以及其他群众团体。企业经营活动往往涉及社会多方面的利益，来自这些社团公众的意见、建议，无疑对企业经营决策有着十分重要的影响作用。

(5) 社区公众。社区公众主要指企业所在地附近的居民和社区团体。维系与社区公众良好的关系，对于企业营造良好的经营环境和品牌形象有重要意义。

总之，公众对企业的态度会对其经营活动产生巨大的影响。企业必须处理好与公众的关系，树立良好的企业形象，争取公众的支持和偏爱，为自己营造和谐、宽松的社会环境。

二、管理与领导基础

(一) 管理的概念

古典管理理论最杰出的代表人物就是美国管理学家弗雷德里克·温斯洛·泰勒（Frederick Winslow Taylor），他提出了一整套的科学管理方法和管理制度，包括生铁搬运实验、标准化、奖励工资制、管理专业化、“大饼原理”等。泰勒自幼酷爱研究管理，先后当过一般工人、车间管理员、技师、小组长、工长、制图部主任、总经理，其代表作是《科学管理原理》。因为对科学管理理论的突出贡献，他被誉为“科学管理之父”。泰勒认为：“管理就是确切地知道你要别人干什么，并使他用最好的方法去干。”

法国古典管理理论学家、现代经营管理之父——亨利·法约尔（Henri Fayol）在其代表作《工业管理与一般管理》中给出的管理概念，对西方管理理论的发展具有重大的影响力。法约尔认为，管理是所有的人类组织都有的一种活动，这种活动由五项要素组成：计划、组织、指挥、协调和控制。法约尔对管理的看法颇受后人的推崇与肯定，形成了管理过程学派。哈罗德·孔茨（Harold Koontz）是“二战”后这一学派的继承与发扬人，使该学派风行全球。

决策理论学派代表人物，诺贝尔经济学奖获得者赫伯特·亚历山大·西蒙（Herbert A. Simon）认为：“管理就是制定决策。”（《管理决策新科学》）

现代管理学之父彼得·德鲁克（Peter F. Drucker）在《管理：任务、责任和实践》一书中提出，管理是一项工作，有其自身的技巧、手段和方法；管理还是一个器官，一个可以为其管理机构提供生命力的、起作用的和充满活力的器官；管理是一门学科，因为它是一个知识体系；管理也是一种“文化”。

国际标准 ISO 9000 中定义，管理是指挥和控制组织的协调的活动。

综合而言，管理就是运用计划、组织、领导和控制等手段，对所能获取的资源进行合理选择并有效整合，以达成组织既定目标与责任的动态的创造性活动。

管理是科学与艺术的结合，是人与社会的结合。管理首先要讲求效果，同时也要讲求效率，要通过最大化企业系统的“输出/输入”，不断提升企业绩效。管理不仅是向内的管理，也包括向外的管理，例如要与外部环境建立良好的关系；管理不仅是向下的管理，还包括向平、向上的管理，例如整合平级和上级的资源。资源有限，创意无限，管理的理论与实践丰富多彩，魅力无穷。

人生管理与企业管理是相通的。一个人可以看作是一家公司，而且是无限责任公司，每个人都是自己这家公司的 CEO。企业成功需要八大资源，人的事业的成功同样有赖于个人资源的积累与整合，这些个人资源也可以归纳为成功三因素：能力（包含人力资源、金融资源、物资资源、技术资源），关系（包含关系资源、信息资源），以及机遇（包含时间资源、空间资源）。大学生在校期间努力学习专业知识，是其积累个人资源，尤其是人力资源

（知识、学位等）和技术资源的重要过程，应当倍加珍惜。

（二）领导的概念

领导是指一个人或团队对他人施加影响力，引导其行为方向，提高其行为效率，以共同实现组织目标的动态的行为过程。领导与管理是两个既有联系又相互区别的概念，两者目标一致，但对象不同——管理的对象是各种资源，而领导的对象是人。

领导权力即领导者对他人的影响力，包括职权和非职权。职权是由领导者在组织中的职位所赋予的权力，例如指挥权、资源分配权和奖罚权等。非职权则不是因职位产生的，而是来源于领导者的某些特殊条件。非职位权力主要有专长权、人格权、人际权、背景权等。拥有非职权对于一个优秀的领导者至关重要。一个拥有非职权而没有职权的人，要想成为拥有职权的领导人并不难；而一个拥有职权而没有非职权的领导人，失去其职权也是迟早的事。

（1）专长权。“知识就是力量”，换句话说知识就是权力。这种权力源于专业知识和信息优势，谁掌握的知识、信息越多，谁拥有的专长权就越大。许多专家、学者，虽然没有什么行政职位，但是在组织和群体中具有很大的影响力，这就是专长权。例如某位有名望的医生指出某种生活习惯对健康有害，很多人就会设法改变这种生活习惯。在校大学生通过加强知识的学习和信息的收集，包括校内的专业知识学习和校外社会知识的学习和积累，不断拓展知识的深度和广度，是获得专长权的有效途径。

（2）人格权。人格权是一种无形的，很难用语言来描述或概括的权力。它建立在超然感人的个人素质之上，这种素质吸引了欣赏它、希望拥有它的追随者，从而激起人们的忠诚和极大的热忱。例如那些万众敬仰的政治领袖、广受欢迎的明星大腕，都具有某种人格魅力，有着巨大而神奇的影响力。人格权的获得，与个体的成长环境和经历有重要关系，也有赖于个体日常对信仰的坚守和修炼体现出的超凡的意志品质。

（3）人际权。人际权是指个体由于和被影响者感情融洽而获得的权力，也包括个体因广泛而良好的人际关系形象而获得的权力。例如相识多年的老朋友提出要求、请求一些帮助，无论目前工作上或生活中有没有关系，人们都会感到难以拒绝。交际面广的人往往能办成一般人办不到的事，这使得那些有着现实或潜在棘手问题的人们愿意遵从他们，以期他们可以帮助解决自己的难题，这在注重情感和法制尚不健全的族群中尤其如此。不断积累和优化关系资源是获取人际权的重要途径。

（4）背景权。背景权是指个体因与拥有相关影响力人物的特殊关系（例如是公司董事长的亲戚或某知名人士的好友），或者个体有超乎寻常的经历或曾经的荣誉（例如曾担任某大公司总裁或曾获得某公司销售业绩冠军等），所获得的权力。有亲缘关系的背景权与生俱来，无法刻意获得，但其他的背景权可以通过个体的努力（拓展关系资源、积极创先争优等）来获得。

（三）人性假设与管理理论发展

美国社会心理学家、管理学家道格拉斯·麦格雷戈（Douglas McGregor）一针见血地指出，每个管理决策和管理措施的背后，都有一种人性假设，这些假设影响乃至决定着管理决策和措施的制定以及效果。

1. X－Y 理论

X－Y 理论由麦格雷戈在《企业的人性面》一书中首先提出，是他在学术上最重要的贡献。

X 理论假设：一般人的本性是懒惰的，工作越少越好，可能的话会逃避工作。大部分人对集体的目标不关心，缺少进取心，因此管理者需要以强迫、威胁处罚、指导、金钱利益等诱因激发人们的工作原动力。X 理论人性的假设大致上类似于由中国先秦儒家的集大成者荀子提出，继而为法家代表韩非子所发展的“性恶论”。

Y 理论假设：人们具有自我调节和自我监督的能力；人们愿意为集体的目标而努力，在工作上会尽最大的努力，以发挥创造力、才智；人们希望在工作上获得认同感，会自觉遵守规定；在适当的条件下，人们不仅愿意接受工作上的责任，并会寻求更大的责任；许多人具有相当高的创新能力去解决问题；等等。Y 理论人性的假设大致上类似于由中国孟子首先提出的“性善论”。

持 X 理论的管理者会趋向于设定严格的规章制度，以减低员工对工作的消极性。持 Y 理论的管理者主张用人性激发的管理，使个人目标和组织目标一致，会趋向于对员工授予更大的权力，让员工有更大的发挥机会，以激发员工对工作的积极性。

X－Y 理论回答了员工管理的基本原则问题，阐述了人性假设与管理理论的内在关系，即人性假设是管理理论的哲学基础；提出了“管理理论都是以人性假设为前提的”这一重要观点，这表明麦格雷戈已揭示了“人本管理原理”的实质。

2. “经济人”假设

“经济人”假设又称“实利人”或“唯利人”假设。这种理论产生于早期科学管理时期，其理论来源是西方享受主义哲学和亚当·斯密的劳动交换的经济理论，即认为人性是懒惰的，工作都只是为了获取经济报酬，满足自己的私利。因此，管理上主张用金钱等经济因素去刺激人们的积极性，用强制性的严厉惩罚去处理消极怠工者，即把奖惩建立在“胡萝卜加大棒政策”的基础上。麦格雷戈最早提出“经济人”概念，并将以“经济人”假设为指导依据的管理理论概括为X理论。泰勒创立的科学管理也是以“经济人”假设为立论前提的。在“经济人”假设中，雇员和雇主的活动目的都被设定得极为单纯和明确，即经济上充分利己。与此相应，达到目的的手段则被设定为在工资和利润上斤斤计较。这集中体现在“计件工资率”问题上。工人往往用放慢工作速度、限制产量的方法使计件工资率不降低，以便在不提高劳动强度的条件下获得最高工资；而雇主则会采取各种手段使计件工资率下降，以便在不增加工资份额的条件下获得最多利润。

3.“社会人”假设

这种理论源于美国管理学家乔治·埃尔顿·梅奥（G. E. Mayo）主持的霍桑实验及其人际关系学说。“经济人”假设并非毫无根据。然而，霍桑试验结果表明，“经济人”假设有着重大缺陷。由此，梅奥提出了被称为“社会人”假设的管理思想。其要点为：人并不只是为经济利己而行动，维护自己在组织中的地位以得到情感上的满足同样是重要的活动目的；选择行为方式的手段也不只是经济理性和效率逻辑，为改善人际关系而进行感情投入往往被使用。因而得出的逻辑结论是：经济理性并不代表活动的全部合理性，调节人际关系的情感沟通必不可少；经济关系也不是人与人之间的全部关系，与经济关系相关的其他社会关系同样影响人的行为。人是社会人，人们的社会性需要是最重要的，人际关系、职工的士气、群体心理等对积极性有重要影响。因而在管理上要实行“参与管理”，要重视满足职工的社会性需要，关心职工，协调好人际关系，实行集体奖励制度等。

4.“决策人”假设

切斯特·巴纳德（C. I. Barnard）率先在管理理论中提出了被称为“决策人”的人性假设，尔后，由西蒙加以完善并集大成。“决策人”假设包括如下要点。其一，每个人都是自主决策的行为主体，而决策本身并非“不可分解的基本单位”，而应“视为由前提推出结论的过程”。决策前提包括价值要素和事实要素。其二，决策前提的引入既与决策者本身的素质有关，也与决策者所处的环境有关。其三，组织并不代替个人做决策，但是组织可以通过提供相关的事实前提和价值前提以影响个人决策。“决策人”假设把人的行为放在特定的组织背景下，并充分考虑人的工作能动性来进行分析。它不对人的活动目的及相应手段做永恒不变的先验设定，而把目的和手段看成可在一定范围内加以调节的变量。它的着眼点不是单个人的工作积极性，而是群体合理决策中的行为协调，强调了激发工作能动性的重要意义和可能途径。一方面，它提示组织要充分关注组织的生存环境并努力寻找使适应环境的组织决策与组织中个人决策相协调的管理模式，以激发员工的工作能动性；另一方面，它提示组织要充分关注自身所拥有的信息条件，在采集、存储、加工、使用信息方面为劳动者提供适当信息以促使其发挥工作能动性。

5. “自动人”假设

“自动人”假设即“自我实现人”假设，这一概念来源于美国心理学家亚伯拉罕·哈罗德·马斯洛（Abraham Harold Maslow）。马斯洛于 1943 年在《人类激励理论》一文中提出需要层次论，将人的需要由低到高分为五个层次，即：生理需要、安全需要、社交和归属需要、尊重需要、自我实现需要。尔后，麦格雷戈提出了以“自动人”人性假设为理论基础的管理理论，给出“X 理论”相反的“Y 理论”。他明确否定“X 理论”，而肯定“Y 理论”。“自动人”假设认为，人是自主的，勤奋的，自我实现的需要是人的最高层次的需要，只要能满足这一需要，个体积极性就会充分调动起来。所谓自我实现，是指人的潜能得到充分发挥；只有人的潜能得以表现和发展，人才会有最大的满足。因此，管理上应创设良好的环境与工作条件，以促进职工的自我实现；强调通过与工作本身相关的因素，即内在激励因素调动职工的积极性。

6. Z 理论

Z 理论是由日裔美国学者威廉·大内（William Ouchi）在 1981 年出版的《Z 理论——美国企业界怎样迎接日本的挑战》一书中提出来的。威廉·大内在比较了日本企业和美国企业的不同的管理特点之后，参照 X 理论和 Y 理论，提出了所谓的 Z 理论，将日本的企业文化管理加以归纳。Z 理论强调管理中的文化特性，主要由信任、微妙性和亲密性所组成。根据这种理论，管理者要对员工表示信任，而信任可以激励员工以真诚的态度对待企业、对待同事，为企业而忠心耿耿地工作。微妙性是指企业对员工的不同个性的了解，以便根据各自的个性和特长组成最佳搭档或团队，增强劳动率。而亲密性强调个人感情的作用，提倡在员工之间应建立一种亲密和谐的伙伴关系，为了企业的目标而共同努力。具体措施包括：

（1）终身雇佣制。长期雇佣职工，即使经营不佳一般也不解雇工人，要采取别种方法渡过难关，对职工的职业保证会使人更加积极地关心企业利益。

（2）缓慢的评价和晋升。对职工要经过较长时间的考验再做全面评价。

（3）分散与集中决策。企业的重大决策，要先由生产或销售第一线的职工提出建议，经过中层管理人员把各种意见集中调整、统一后上报，最后再由上一级领导经过调查研究后做出比较正确的决策，执行决策时要分工负责。

（4）含蓄的控制，但检测手段明确正规。基层管理者一方面要敏感地抓住问题实质，就地解决，另一方面要在上报情况前，协同有关部门共同制定出解决问题方案。

（5）融洽管理人员与职工的关系。全面关心职工生活，把对生产任务和工作设计的要求同职工劳动生活质量结合起来，让职工在工作中得到满足，心情舒畅。

（6）让职工得到多方面的锻炼。不把职工局限在狭窄的范围内，既注意培养职工的专业知识能力，又注意使职工获得多方面的工作经验，对生产技术和社会活动能力都要进行长期全面的考察。

威廉·大内的Z理论将东方国度中的人文感情揉进了管理理论，也可看作是对X理论和Y理论的一种补充和完善。

（四）复杂人假设与权变管理

“复杂人”假设相关理论产生于20世纪60年代至70年代，其代表人物有美国管理心理学家约翰·莫尔斯（John J. Morse）和杰伊·洛希（Jay W. Lorsch）等。该理论认为，无论是“经济人”假设、“社会人”假设，还是“自动人”假设，虽然各有其合理的一面，但并不适合于所有人。因为，一个现实的人，其心理与行为是很复杂的，人是有个体差异的。人不但有各种不同的需要和潜能，而且就个人而言，其需要与潜能，也随年龄的增长、知识能力的提高、角色与人际关系的变化而发生改变。不能把人视为某种单纯的人，实际上存在的是一种具体的“复杂人”。根据“复杂人”的假定，一种新的管理理论被提出。它主要见于1970年《哈佛商业评论》杂志上发表的《超Y理论》一文和1974年出版的《组织及其他成员：权变法》一书中。该理论认为，没有什么一成不变的、普遍适用的、最佳的管理方式，必须根据组织内外环境自变量和管理思想及管理技术等因变量之间的函数关系，灵活地采取相应的管理措施，管理方式要适合于工作性质、成员素质等。超Y理论是在对X理论和Y理论进行实验分析比较后提出的。它既结合X理论和Y理论，又不同于X理论和Y理论，是一种主张权宜应变的经营管理理论，实质上是要求将工作、组织、个人、环境等因素做最佳的配合。

下述管理方格理论和领导行为连续体理论属于权变管理理论。

1. 管理方格理论

管理方格理论是由美国得克萨斯大学行为科学家罗伯特·布莱克（Robert R. Blake）和简·莫顿（Jane S. Mouton）在1964年出版的《管理方

格》一书中提出的。

管理方格理论倡导用方格图表示和研究领导方式及其有效性。他们认为，在企业管理的领导工作中往往出现一些极端的方式：或者以生产为中心，或者以人为中心；或者以X理论为依据而强调靠监督，或者以Y理论为依据而强调相信人。为避免趋于极端，他们指出：在对生产关心的领导方式和对人关心的领导方式之间，可以有使二者在不同程度上互相结合的多种领导方式。为此，他们提出了管理方格法，使用自己设计的一张纵轴和横轴各9等分的方格图，纵轴表示企业领导者对人的关心程度（包含了员工对自尊的维护、基于信任而非基于服从来授予职责、提供良好的工作条件和保持良好的人际关系等），横轴表示企业领导者对业绩的关心程度（包括政策决议的质量、程序与过程、研究工作的创造性、职能人员的服务质量、工作效率和产量）。全图总共81个小方格，分别表示“对生产的关心”和“对人的关心”这两个基本因素以不同比例结合的领导方式。(1.1) 方格表示对人和工作都很少关心，这种领导必然失败。(9.1) 方格表示重点放在工作上，而对人很少关心。领导人员的权力很大，指挥和控制下属的活动，而下属只能奉命行事，不能发挥积极性和创造性。(1.9) 方格表示重点放在满足职工的需要上，而对指挥监督、规章制度却重视不够。(5.5) 方格表示领导者对人的关心和对工作的关心保持中间状态，只求维持一般的工作效率与士气，不积极促使下属发扬创造革新的精神。只有 (9.9) 方格表示对人和工作都很关心，能使员工和生产两个方面最理想、最有效地结合起来。这种领导方式要求创造出这样一种管理状况——职工能了解组织的目标并关心其结果，从而自我控制、自我指挥，充分发挥生产积极性，为实现组织的目标而努力工作。

布莱克和莫顿认为，作为领导者应该客观地分析组织内外的各种情况，把自己的领导方式改造成 (9.9) 型的方式，以求得最高效率。

2. 领导行为连续体理论

领导行为连续体理论是由坦南鲍姆（R. Tannenbaum）和沃伦·施密特（Warren H. Schmidt）于1958年提出的一种理论。在高度专制和高度民主的领导风格之间，坦南鲍姆和施密特划分出7种主要的领导模式。

(1) 领导做出决策并宣布实施。在这种模式中，领导者确定一个问题，并考虑各种可供选择的方案，从中选择一种，然后向下属宣布执行，不给下属直接参与决策的机会。

(2) 领导者说服下属执行决策。在这种模式中，领导者认识到下属中可能会存在反对意见，于是试图通过阐明这个决策可能给下属带来的利益来说服下属接受这个决策，消除下属的反对意见。

（3）领导者提出计划并征求下属的意见。在这种模式中，领导者提出了一个决策，并希望下属接受这个决策。他向下属提出详细说明，和下属能够共同讨论决策的意义和作用，并允许下属提出问题。这样，下属就能更好地理解领导者的计划和意图。

（4）领导者提出可修改的计划。在这种模式中，下属可以对决策发挥某些影响作用，但确认和分析问题的主动权仍在领导者手中。领导者先对问题进行思考，提出一个暂时的可修改的计划，并把这个暂定的计划交给有关人员征求意见。

（5）领导者提出问题，征求意见做决策。在以上几种模式中，领导者在征求下属意见之前就提出了自己的解决方案，而在这个模式中，下属有机会在决策做出以前就提出自己的建议。领导者的主动作用体现在确定问题，下属的作用在于提出各种解决的方案，最后，领导者从他们自己和下属所提出的解决方案中选择一种他认为最好的解决方案。

（6）领导者界定问题范围，下属集体做出决策。在这种模式中，领导者已经将决策权交给了下属的群体。领导者的工作是弄清所要解决的问题，并为下属提出做决策的条件和要求，下属按照领导者界定的问题范围进行决策。

（7）领导者允许下属在上司规定的范围内发挥作用。这种模式表示了极度的团体自由。如果领导者参加了决策的过程，他应力图使自己与团队中的其他成员处于平等的地位，并事先声明遵守团体所做出的任何决策。

在上述各种模式中，坦南鲍姆和施密特认为，不能抽象地认为哪一种模式一定是好的，哪一种模式一定是差的。成功的领导者应该是在一定的具体条件下，善于考虑各种因素的影响，采取最恰当行动的人。当需要果断指挥时，他应善于指挥；当需要员工参与决策时，他能适当放权。领导者应根据具体的情况，如领导者自身的能力，下属及环境状况、工作性质、工作时间等，适当选择连续体中的某种领导风格，才能达到领导行为的有效性。

三、创新创业与创始人

（一）创新与创意

创新是指人们为了发展需要，利用已知的信息和条件，在特定的环境中突破常规，提出新的思想、观点、方法，或对现有事物加以改进，或创造新的事物，并能获得一定有益效果的行为过程。创新从哲学上说是人的实践行为，是人类对于物质世界矛盾的利用和再创造。人类通过对物质世界的再创造，制造新的矛盾，形成新的物质形态。创新是人类特有的认识能力和实践能力，是人类主观能动性的高级表现，是推动人类进步和社会发展的不竭动力。

创新作为一种理论，形成于20世纪。美国哈佛大学经济学家、被誉为“创新理论”鼻祖的约瑟夫·熊彼特（Joseph A. Schumpeter）教授，在出版的《经济发展理论》中第一次把创新引入了经济领域。熊彼特认为，创新就是建立一种新的生产函数，也就是说，把一种从来没有过的关于生产要素和生产条件的“新组合”引入生产体系。这种新组合包括5种情况：①采用一种新产品或一种产品的新特征；②采用一种新的生产方法；③开辟一个新市场；④掠取或控制原材料或半制成品的一种新的供应来源；⑤实现任何一种工业的新的组织。因此“创新”不是一个技术概念，而是一个经济概念。它严格区别于技术发明，是把现成的技术革新引入经济组织，形成新的经济能力。在熊彼特经济模型中，在没有创新的情况下，经济只能处于一种“循环流转”的均衡状态，经济增长只是数量的变化，这种数量关系无论如何积累，本身并不能创造出具有质的飞跃的“经济发展”。“在例行事物的边界以外，每行一步都有困难，都包含一个新的要素。正是这个要素构成领导这一现象。”这里的领导，就是率先创新的企业家。只有企业家实现创新，“创造性破坏”经济循环的惯行轨道，推动经济结构从内部进行革命性的破坏，才有经济发展。能够成功“创新”的人便能够摆脱利润递减的困境而生存下来，那些不能够成功地重新组合生产要素的人会最先被市场淘汰。

企业要想在激烈的市场竞争中永续生存与发展，就必须抓住市场潜在的盈利机会或技术的潜在商业价值，对生产要素和生产条件进行重新组合，不断创新。对新创企业来说，尤其要关注产品创新、市场创新和商业模式创新这三大创新。

创意是创新的特定形态。“创意”与“创新”中的“创”字中文含义相同，而“意”可解释为意识、意念、意愿、意义等。可以说创意是创新意识和创新思维的过程和结果，强调创新的意义和价值，着重于创新的精神活动部分，属于意识形态的范畴；或者说，创新是创意蓝图的外化、物化。

要获得好的创意成果，创意者除了需要具备相关的知识、经验和能力，还需要有突破常规的创新思维。创意成果属于知识和智力产品，创意者对创意成果拥有知识产权，受知识产权法保护，例如著作、注册商标和专利（包括发明专利、实用新型专利和外观专利）等。创意来自技术、经济和文化的交融，符合市场需要的创意成果可作为商品转让或出售，从而形成创意产业，又称作智力财产产业，属于内容密集型产业。创意产业的概念与文化产业的概念有很多共同之处，二者往往被交互使用，只是在强调产品的创造性和知识产权的场合我们多用前者，在强调产品的文化内涵的场合我们多用后者。

创意产业企业就是那些以知识和智能活动为主来创造价值、获得利润的企业，包括各种设计公司、策划公司、咨询公司、顾问公司等，主要涉及法律、财务、管理咨询，工业设计、建筑艺术、广告公关、时尚设计，艺术品、手工艺品、古董市场、音乐、表演艺术、广播、电影、电视、出版业，软件及计算机服务业等知识、智力密集型行业。创意产业企业在这个知识经济时代拥有无限广阔的前景。

（二）创业与创业者

“创业”一词由“创”和“业”两字组成。“业”可以解释为企业、事业、学业、家业、就业等。因此，从词义上看，“创业”可以是“创立企业”，也可以是“开创事业”之意。如果不做特别说明，通常所说的创业取“创立企业”之意，英文表达一般用“entrepreneurship”，有时也用“venture”以体现其风险性。

创业是一种劳动方式，致力于发现和创造新事物（包括新产品、新市场、新生产过程或原材料、组织现有技术的新方法等），并运用各种方法去利用和开发它们，以产生期望的结果。杰弗里·蒂蒙斯（Jeffry A. Timmons）在所著的创业教育领域的经典教科书《创业学》中提出：“创业是一种思考、推理、结合运气的行为方式，它为运气带来的机会所驱动，需要在方法上全盘考虑并拥有和谐的领导能力。”

一般地说，创业就是人们对自己拥有的资源和引入的资源进行优化整合，从而创造出更大经济或社会价值，同时使个人需要得到满足的过程。

习近平总书记在2013年全球创业周中国站校园伙伴组织开幕式的贺信中指出：“创新是社会进步的灵魂，创业是推动经济社会发展、改善民生的重要途径。”创业的意义如下：

（1）促进资源合理分配。新创企业的成功将会影响行业现有的经营格局，加剧行业竞争，这有利于资源向经营良好、效率更高的企业流动，从而促进市场的发展，促进社会资源合理配置，产生更高的社会效益。

（2）推动社会发展进步。创业发展往往伴随着新技术、新工艺、新方法进入市场，催生大量科研成果转化型企业，这对创新驱动发展战略的实施，全社会创新能力和综合国力的提升有着巨大的促进作用。

（3）增加社会就业。创业可以提供就业岗位，服务社会。全社会广泛的创业活动，有利于解决社会就业问题，促进和谐社会的建设。

（4）帮助实现人生价值。对于那些拥有知识、能力和创意的人们，创业为他们提供了实现个人事业梦想和增加个人财富的机会。

1755 年出版的法国经济学家理查德·坎蒂隆（Richard Cantillon）的著作《商业性质概论》首次将“创业者（entrepreneur）”一词引入经济学。1800 年，法国经济学家萨伊（Say）首次给出了创业者的定义，他将创业者描述为将经济资源从生产率较低的区域转移到生产率较高区域的人，并认为创业者是经济活动过程中的代理人。著名经济学家熊彼特则认为创业者应为创新者，创业者即具有发现和引入新的更好的能赚钱的产品、服务和过程的能力的人。

成功的创业者必须具有创业精神。创业精神是创业者在创业过程中具有开放性的思想、观念、个性、意志、作风和品质等重要行为特征的高度凝结，主要表现为勇于创新、敢当风险、团结合作、坚持不懈等。

（三）创始人

创始人是指一个组织的主要创立者。企业创始人是实际参与并主导和控制初创企业运营和发展的创业者和领导者。作为初创企业最高领导者，企业创始人必须具备相应的领导能力。领导能力大致可分为技术能力、人际能力和概念能力。

技术能力是指能有效处理特定专业领域事务和解决相关问题的能力。例如工程师的技术研发能力、文案人员的写作能力、机械工人的机床操作技能等。在操作人员和专业人员层次上，技术能力是工作绩效的主要影响因素。但是当员工升职并拥有领导责任后，在许多情况下，他们基本上不参与他们所管理的技术能力实践，他们的技术能力就会显得相对不那么重要了，此时他们更加依靠下属的技术能力；实际上，许多企业的高层领导对企业生产的技术细节并不熟悉。

人际能力是有效地与他人共事和建立团队合作的能力。人际能力体现了领导者的情商，组织中任何层次的领导者都不能缺乏人际能力。如果缺乏人际能力，不能与关键下属建立相互支持的关系，或不能协调好下属之间的关系，就无法建立起团结合作的工作集体，无法有效地实施领导职责。

概念能力是基于超凡智力和深厚阅历的能力，包括思维力、洞察力、预见力、应变力、意志力、转化力和创造力等。在越高的管理职位上，它的作用也就越重要。

概念能力处理的是思想、意识，而人际能力关心的是人，技术能力涉及的则是事。不同层次的管理者需要的三种能力的相对比例是不同的。管理层级越高，工作中技术能力所占的比例越小，而概念能力所占的比例越大。这有助于解释为什么杰出的基层领导有时无法胜任副总裁的职位，因为他们的领导能力的结构不适合高层管理职位的要求，特别是没有足够的概念能力。所以说：领导永远不要跟下属比技能，下属肯定比你强；如果不比你强，说明你请错人了。一要比眼光，比他看得远；二要比胸怀，要能容人所不容；三要比实力，抗失败的能力比他强。一个优秀的领导人的素质就是眼光、胸怀和实力。

领导者要想拥有强大的人际能力和概念能力，就必须具备良好的心智模式和意志品质，包括强烈的使命感、责任感和进取心，坚韧不拔的意志，系统辩证的思维，勤奋扎实的工作态度，从容稳健的办事作风，行动果敢机敏，个性乐观自信，心胸宽广善忍，等等。至于企业创始人，大致可以用四个“家”来概括。

创始人首先是梦想家，要实现自我，兼济天下。人的潜力是无限的，就看你怎样定位自己。如果你认为自己是只老鼠，那么你迟早会被猫吃掉；但如果你认为自己是只雄鹰，总有一天会展开翅膀，翱翔在湛蓝的天空。当然，伟大创业者的梦想绝不应仅限于实现自身的经济自由，更应延伸至创建人类美好生活，即所谓“穷则独善其身，达则兼济天下”。人类对自然界的改造永无止境，创业者要展开梦想的翅膀，不断发现和创造新知识、新技术、新产品，带给人们新的体验和生活方式。

创始人同时是探险家，要无惧失败，勇攀高峰。创业往往是在条件极不成熟和外部环境极不明晰的情况下开始的。据不完全统计，中国创业企业失败率高达 80%，创业企业存活率不足三年，大学生创业失败率更是高达 95%。创业者的梦想越大，风险也越大。没有甘冒风险和承担风险的魄力，就不可能取得巨大的成功。

创始人也是社交家，要广聚人脉，寻机借力。没有人能够独自完成创业需要完成的所有事情。创业能否成功，还取决于创业者之间及创业者与其他利益相关者之间能否通力合作。

创始人还是实干家，要马上行动，永不放弃。梦想不去实干，永远只是梦想。创业的过程必然伴随着各种艰辛和曲折，因此创始人必须要有坚韧不拔的毅力，坚持不懈，持之以恒。

有人说，人生有两杯必喝之水，一杯是苦水，一杯是甜水，没有人能回避得了。区别不过是不同的人喝甜水和喝苦水的顺序不同。一般人都是先喝甜水，再喝苦水；而成功者则是先喝苦水，再喝甜水。人生的过程都是一样的，要经历一次又一次“跌倒了，爬起来”，只是成功者跌倒的次数比爬起来的次数要少一次，平庸者跌倒的次数比爬起来的次数多了一次而已。缺乏恒心是大多数人最后失败的根源，一切领域中的重大成就无不与坚韧的品质有关。成功更多依赖的是一个人在逆境中的恒心与忍耐力，而不是天赋与才华。

对于创始人来说，要想成功创业，就要认准目标，坚持到底，永不放弃。即使遇到一千次一万次困难也不放弃追求，不言失败，不退缩，不向命运屈服，如果能做到这一点，那么你就可能会获得成功。

（四）领导者

创始人是初创企业最高层领导者，要带领企业走向成功，就必须深刻认识并扮演好作为最高层领导者的角色和使命。

管理者角色学派的代表人物亨利·明茨伯格（Henry Mintzberg）研究发现，管理者扮演着 10 种角色（见表 1－1）。

表 1－1　明茨伯格管理者十大角色

角色种类		角色内容
人际角色	代表人	作为领头人充当一些具有礼仪性质的角色
	领导者	和员工一起工作并通过员工的努力来确保组织目标的实现
	联络者	与组织内个人、小组一起工作，与外部利益相关者建立良好的关系
信息角色	监控者	持续关注内外环境的变化以获取对组织有用的信息，接触下属或从个人关系网获取信息，依据信息识别组织潜在的机会和威胁
	传播者	分配作为监督者获取的信息，保证员工具有必要的信息，以便切实有效完成工作
	发言人	把信息传递给单位或组织以外的个人，让相关者了解并感到满意
决策角色	企业家	对作为监督者发现的机会进行投资以利用这种机会
	危机管理者	处理组织运行过程中遇到的冲突或问题
	资源分配者	决定组织资源用于哪些项目
	谈判者	与员工、供应商、客户等进行必要的谈判，以确保工作小组朝着组织目标迈进

领导者如何履行其角色？或者说，领导者的日常工作有哪些？归纳而言，领导者的日常工作主要有两类：一是制定战略，二是执行战略。对于前者，相信没有人有异议，且为很多领导者津津乐道；但对于后者，有些领导者则不以为然，甚至不屑于此，他们认为执行完全是下属和有关职能部门的事情。这种观点是非常错误的，也是极其危险的，尤其对企业创始人而言。

执行是制定战略的基础，同时也是实现战略的决定因素。如果对企业的执行能力没有足够了解和把握，或者缺乏以领导者为核心的、强有力的执行机制和进程，任何“精心策划”的战略都将是一纸空文。参与战略执行是领导者的一项重要使命，并应成为领导者的一种本能或习惯。

当然，领导者参与执行，并非要事无巨细、面面俱到。这没有必要，而且也不现实。领导者与一般管理者的区别，在于领导者的主要作用对象是“人”。领导者参与执行的重点应着眼于人员配置、激励和督导三大工作，也就是要招揽和培养合适的人放在精心设计好的组织结构中合适的位置上，并激励、督促、指导他们去共同实现企业目标。海尔 CEO 张瑞敏曾说过：“我在海尔应当是什么角色？第一应是设计师，在企业的发展过程中使组织结构适应于企业的发展；第二应是牧师，不断地布道，使员工接受企业文化，把员工自身价值的体现和企业目标的实现结合起来。”联想公司的管理思想被高度浓缩为“管理三要素”——“建班子、定战略、带队伍”。“建班子”是“定战略”和“带队伍”的先决条件，领导班子通过“定战略”正确决策，通过“带队伍”有力执行，实现企业的稳健发展。建班子——选拔德才兼备的管理者组成领导班子，班子内部形成纵向和横向分工，倡导“有话直说”和“有话好好说”，以群策群力的方式实现理性决策和高效执行，对一把手形成制约，提升领导层威信。定战略——描绘愿景、明确战略、制订策略、分解战术、确定领军人物、调整组织架构和考核激励是联想制定战略的“七步法”，但这并不是一个简单的依次按部就班的过程，也不能过分强调某一环节的作用，而需要在制定战略过程中系统思考，协调推进。带队伍——就是让士兵爱打仗，会打仗，团队作战有序，以确保战略的有力执行。“带队伍”的关键是激励和文化。可见，所谓“建班子”和“带队伍”就是进行人员配置、激励和督导。

真正的领导者，都是执行型的领导者，也就是那些以他们卓越的智慧和敏锐的目光制定战略，同时以满腔热情亲身投入到人员配置、激励和督导三大工作中去执行战略的领导者。前通用公司 CEO 韦尔奇曾在给股东们的一封信中写道：“其实，最好的领导者应该是像教练那样工作的领导者。”教练是怎样工作的呢？拿足球教练来说，他必须密切关注足坛的风云变化，要花一些时间来规划球队目标和制订训练计划，但他还要用更多的时间来训练球员和球队，指挥球队参加比赛，去争取一场又一场的胜利。在此过程中，他还要不断地挑选、考察上场球员和后备球员，不断地激励球员和球队。他的工作场地基本上是在球场边，他的眼睛大部分时间是盯着球员。——这正是一个执行型领导者的写照。

一个执行型的领导者，参与执行工作的最重要手段就是巡视走访。领导者必须摆脱官僚作风和繁文缛节，经常到企业基层巡视、走动，直接与第一线的工作人员以及顾客进行沟通，了解最真实的情况，这样既可以检查、督促工作，又可以发掘、培养、考察和激励员工，甚至为企业战略和策略找到新的灵感。沃尔玛创始人沃尔顿深谙巡视的重要意义，不少好点子和人才，都是他在巡视走访过程中的意外收获。他在自传中写道："曾经有人问我是不是一个大事小事都要参与或爱伸手揽事的那种管理者。我认为，作为管理者，我更喜欢到处巡视，在巡视中我会关心大小事情。我让经理们自己决定事情，倘若他们有错，我也会提出批评和建议。……我大部分的时间都用在视察和奔波上，了解我们的店是否在做该做的事，我给我们所有的经理压上很重的担子，也要求他们亲自下商店检查工作。"为了巡视方便，早在第一家沃尔玛开业之前，沃尔顿就毫不犹豫买了一架旧飞机（后来又不断买入了更多的飞机）。他说："我管理企业一般总是保持个人监督的方式——通常是定期乘飞机四处巡视我们的商店。……我们经常在空中飞来飞去，以便能倾听基层的声音。……我总是乘那架旧飞机，每周去那些商店了解哪些商品卖得好，哪些商品卖得不好，有什么样的竞争对手，经理的工作表现如何，商品的面貌如何以及顾客们心中有何想法。当然，自此以后我对商店的巡视几乎从不间断，它也是我最喜爱而且觉得自己做出了最大贡献的工作，但现在我们已拥有将近 2 000 家商店，许多同事需为我分担这项工作。"尽管后来沃尔玛公司拥有了世界一流的商业卫星通信网络，但仍然始终坚持着经理人员必须每周三至四天离开总部办公室到各地分店巡视的制度。沃尔顿说："一台计算机无法——而且绝对不可能——替代巡视和学习的功效。"

不懂得制定战略，不是一个合格的领导者；同样，不懂得参与执行工作，也不是一个合格的领导者。一个真正的领导者，必须具有合理配置人员、充分激励组织成员和有效督导战略实施的能力和激情。当然，他也许对这三大执行工作不能样样精通、平均用力。比如，他可能在选人、用人上有独到的眼光和技巧；或者他是个优秀的演说家，很擅长与人沟通；或者他虽不善言辞，但处处以身作则，身体力行。这样的领导者如果充分发挥所长，在其他方面也用心去做，他仍然会成为一名成功的领导者。而那些毫无所长又不肯花时间去学习和实践的领导者，则要么他本人将被真正的领导者取代，要么他所领导的企业将不复存在——无数经理人和企业的失败史都是力证。每一位企业领导者都应当牢记自己的使命，在做好战略思考和战略决策的同时，以满腔热情投身到人员配置、激励和督导三大执行工作中，积极引导企业形成执行文化，以确保企业不断创制并实现其卓越的战略目标，使企业在日益复杂多变、激烈竞争的国际经济环境下永远立于不败之地。

（五）创业团队

团队（team）是一个领导与下属充分融合的、具有高度凝聚力的组织。为达成组织共同的目标，团队全体成员密切联系、相互支持、团结协作，每一位成员都能尽力发挥自己的知识和能力。创业者群体要想成为一个优秀的团队，除了每个成员都应当拥有较高的个人素质和能力，同时还应具备以下特质。

1. 优秀的领导

团队建设首先应该从领导做起，优秀的领导是团队走向优秀的首要条件。优秀团队的领导者较之一般组织的领导者要有更强大的领导力，同时更贴近团队成员，更善于凝聚团队全体成员的智慧和力量。因此他必须身先士卒，勇挑重担；他要把团队利益放在个人利益之上，对团队成员表现出发自内心的关怀与尊重，相信和依靠团队成员，与他们同甘苦、共患难，用行动和真情去感染身边的每位员工。领导者率先垂范，成为团队成员的榜样，从而引导全体成员精诚合作，奋勇争先，使团队始终保持高昂的斗志，充满合作与奉献精神。国内外那些知名企业的创始人莫不如是。

2. 互补的成员

要想保证组织团队的有效有力，组织成员的结构也非常关键，最好是互补型的结构。一是能力互补。因为要达成组织目标，通常需要多种能力。对创业者来说，当然离不开领导能力、技术能力、营销能力、财务能力、交际能力等，但这些能力不是短时间能够培养出来的。所谓全能的人只能是极少数甚至不存在，而寻找单项能力强的人就相对容易很多，把这些能力互补的人聚集在一起，因材施用、因人制宜，“三个臭皮匠顶一个诸葛亮”，整个团队的能力一定会大过一个所谓全能的人。二是个性互补。就像这个世界有男有女，方为和谐一样，一个组织的成员个性类型，一定是互补型的，性格都较强或者都较弱，会让团队成为“好斗的群狼”或者“沉默的羔羊”。

3. 共同的信念与目标

生活中的每个人都有自己的信念，有自己的价值观，只愿意做符合自己价值观的事情。如果一个组织没有共同的信念，没有形成共同的愿景，或者说组织的愿景不能成为每个组织成员的目标，那就意味着总有部分组织成员要做不符合或者无关自己价值观的事情，当然也就无法让这些成员为组织目标尽心尽力，甚至还会对其他成员造成负面影响，从而导致组织目标无法达成或无法高效地达成。共同的信念是让团队成员上下同心、同舟共济、排除万难、奋勇前进的动力。例如阿里巴巴创业初期没有实质性的用户和产品服务，没有好的盈利模式，无法获得风险投资，只有“十八罗汉”个人拿出自己的家当赞助事业。创业的条件极其艰苦，他们每人每天至少要工作 16 个小时以上，却只能拿每月 500 块钱的微薄工资，有时甚至拿不到工资。但“十八罗汉”在公司近乎断炊的时候也没人离开，这些人如众星捧月般围绕在创始人的周围，吸引他们的不仅仅是创始人的个人魅力，更重要的是一种信念。

4. 一致的承诺与行动

在共同的信念之下，团队成员对他们的群体形成高度的认同感，对团队表现出高度的忠诚和无我、无私奉献的精神，即一致的承诺。他们把自己属于团队的身份看作是自我的一个重要方面，他们相互信任、相互依靠、相互支持、密切合作，为了能使团队获得成功，他们愿意去做任何事情，愿意为实现团队目标调动和发挥自己的最大潜能。个人的力量是有限的，成功靠团队共同推进。每个成员都要明白，团队的利益、团队的目标重于个人的利益和目标。在团队中如果人人只想照顾自己的利益，这个组织一定会崩溃，团队没有了，个人的目标自然也实现不了。团队目标的实现有赖于团队成员一致的承诺与行动。而要形成一致的承诺与行动，优秀的领导是关键，畅顺的沟通是良策。领导心里始终要装着员工，支持员工的工作，关心员工的生活，平时多与员工沟通交流，对待每个人、每件事都要认真负责，给员工以示范性的引导，捕捉员工的闪光点，激发员工工作的积极性和创造性，更重要的是要沉下身去和员工融为一体，让员工参与管理，给员工创造一个展示自己的平台，形成一种团结协作的氛围，让员工感到家庭的温暖，在这个家庭里面分工不分家，有福同享、有难同担。如此，一致的承诺与行动自然而然达成。

5. 高效的学习与创新

优秀的团队应当是学习型和创新型团队。知识改变命运，学习决定未来。创业团队成员不仅要根据个人分工深入学习相关专业知识与技能，力求成为相关业务的专家而非团队短板，还要努力学习管理理论与知识，以便能在未来伴随企业的不断发展壮大、面对越来越繁重复杂的管理事务能驾驭自如。创业团队还应强化团队学习，在团队领导的带领下，全体成员经常聚在一起，互相学习、互相交流、互相启发、共同进步。学习交流的内容可以是专业技术方面的，也可以是文化建设方面的；可以是成功的经验与心得，也可以是失败的教训与体会。通过个人学习和团队学习，团队成员得以改善心智模式、建立共同愿景、形成系统思考、实现自我超越。只有通过高效地学习，创业团队才能在产品、市场或商业模式上有所创新并不断创新，才能在激烈的市场竞争中无往不胜。

6. 合理的奖酬与激励

人都有惰性，要建成一个具有强大战斗力和持久动力与活力的团队，就必须按照公平、公正、公开的原则，建立一套合理且具有挑战性的奖酬与激励机制，按贡献大小合理分配奖酬，奖优罚劣、奖勤罚懒、优胜劣汰。让大家在同一套制度下良性竞争，施展才华，创先争优，建功立业。在激励机制上要做到“四个结合”。一是物质激励与精神激励相结合。创业初期通常条件都比较艰苦，创业团队要吸引和留住人才，除了实施股权激励，更要强化精神激励。二是正激励与负激励相结合，且以正激励为主。要多奖励，少惩治；即使处罚，也要体现人性化。三是外激励与内激励相结合，尤其要强化内激励，让工作成为每个成员的志趣。四是个人激励与团队激励相结合，引入团队激励机制，对达成目标的整个团队进行奖励，以降低单纯实施个人激励可能造成恶性竞争带来的负面效应，增强团队的凝聚力和战斗力。

总之，团队建设是一个系统工程，团队建设的好坏，将极大地影响组织的凝聚力和战斗力，影响企业的发展前景。要做好团队建设，优秀的领导、互补的成员、共同的信念与目标、一致的承诺与行动、有效的学习与创新、合理的奖酬与激励，缺一不可。只有这样的创业团队，才能形成优秀的团队文化，才能产生核聚效应，才能在激烈竞争的市场中，突出重围，迈向成功。

第二章
创业计划与市场机会发掘

一、计划与创业计划

（一）计划的内涵与作用

计划就是主体对未来的行动或活动以及未来资源供给与使用的事先安排。在管理实践中，计划是组织、领导、控制等其他管理职能的前提和基础，并且还渗透到其他管理职能之中。企业要在激烈竞争的市场中赢得生存空间并持续发展，就必须要有计划，不仅要有近期的、具体的计划，还要有远期的、抽象的计划。企业的计划可以大致归纳为：愿景与使命、战略、目标、政策、程序、规则、方案，以及预算等。计划在管理活动中具有特殊重要的地位和作用，包括导向作用、增效作用、应变作用和控制作用。

1. 导向作用

计划的实质是确定目标以及规定达到目标的途径和方法。计划无疑是组织管理活动中人们组织行为的准则，它指导不同空间、不同时间、不同岗位上的人员，规范有序地去实现各自的分目标，最终实现组织总目标。在现代社会里，每个组织，每项事业，乃至每个人的活动都离不开计划导向。如果没有计划，那就好比交响乐队演奏没有乐谱、复杂零件生产没有图纸一样不可想象。

2. 增效作用

现代社会的各行各业的组织以及它们内部的各个组成部分之间，分工越来越精细，过程越来越复杂，协调关系更趋严密。如果没有计划，管理者必然表现为决策朝令夕改，随心所欲，自相矛盾，被管理者则表现为无目的的盲动。结果必然是组织秩序混乱，效率低下，事倍功半，劳民伤财。而一个严密的计划，可以把各个繁杂的有机体科学地组织起来，让各个环节的活动都能在时间、空间和数量上围绕整体目标相互衔接、相互协调，实现增效提质、事半功倍。

3. 应变作用

任何计划在执行的过程中其所面临实际内外环境难免发生出乎意料的改变。环境的改变可能带来新的机遇，也可能带来巨大的风险，特别是在争夺市场、资源、势力范围的竞争中更是如此。通过在计划中事先制订好应变措施，在尽可能把握机遇的同时，又能最大限度地减少风险，组织就能立于不败之地，在机遇与风险的纵横选择中，得到生存与发展。

4. 控制作用

计划与管理控制活动紧密相连。计划为各种复杂的活动确定了目标标准及查验方法和标尺，它不仅为活动指明了方向，也为控制提供了考核评价依据。未经计划的活动是无法控制的，也无所谓控制，因为控制本身是通过不断纠正偏离计划的偏差，一步步实现阶段性目标，直至实现计划的最终目标。

（二）计划的流程与创业计划

鉴于计划在人们的行动中具有不可或缺的重要意义，人们在开展任何一项活动前都应当制订计划，创业活动当然也不例外。制订计划要遵循一定的程序或步骤，小型计划可以简单些，像创业计划这样的大型计划，则应当遵循下述完整的计划流程。

1. 认识机会，确定目标

认识机会应在实际的计划工作开始以前，严格来讲，它不是计划的一个组成部分，但却是计划工作的一个真正起点。对于创业而言，有的人是在偶然遇到或发现了好的项目后，才萌生了自主创业的想法；有的人则是先有自主创业的想法再去寻找好的项目。但无论如何，创业者要想创业成功，都必须发掘出或捕捉到富于市场前景的机会。微软公司的成功源自创始人比尔·盖茨发现并把握住了计算机时代个人电脑的机会，亚马逊公司的成功源自创始人贝佐斯认识并捕捉到了互联网时代电子商务的机会。

确定目标是在认识机会的基础上进行的。对创业计划而言，就是要确定初创企业产品和目标市场，同时要确立企业的愿景目标和企业使命。

2. 确定前提条件——环境分析

所谓计划工作的前提条件就是计划工作的假设条件，简言之，即计划实施时的预期环境。负责计划工作的人员对计划条件（环境）前提了解得越细越透彻，并能始终如一地运用它，则计划工作也将做得越协调。企业计划的环境，可以划分为外部环境和内部环境；也可以按可控程度，分为不可控的、部分可控的和可控的三种环境。外部环境大多为不可控的和部分可控的，而内部环境大多数是可控的。不可控环境因素越多，不确定性越大，就越需要通过预测工作确定其发生的概率和影响程度的大小。

3．方案决策——制定企业战略

编制计划的第三个步骤就是寻求、拟定和选择可行的行动方案。在创业计划中，就是根据企业的使命与目标，制定企业战略的过程。

实现某一目标的方案途径往往有多条。通常，最显眼的方案不一定就是最好的方案，对同行方案简单复制或稍加修改和推演也不会得到最好的方案，一个好的方案需要创新思维。此外，方案也不是越多越好，要把主要精力集中在对少数最有希望的方案的分析上。

在找出了多种可供选择的方案后，要对这些方案进行评估。评估实质上是一种价值判断，它一方面取决于评价者所采用的评价标准，另一方面取决于评价者对各个标准所赋予的权重。评估时应注意考虑以下几点：一是认真考察每一个方案的制约因素和隐患；二是要用总体的效益观点来衡量计划；三是既要考虑到每一个方案的有形的、可量化的因素，又要考虑到无形的、不可量化的因素；四是要动态地考察方案的效果，不仅要考虑方案执行所带来的利益，还要考虑方案执行所带来的损失，特别注意那些潜在的、间接的损失。应该学会运用决策理论提供的较为成熟的矩阵评价法、层次分析法、多目标评价法等，进行评价和比较。

选定方案是在前述工作的基础上，迈出的关键一步，也是决策的实质性阶段——抉择阶段。有时会发现同时有两个以上可取方案。此时应确定出首选方案，而将其他方案作为备选方案。

4．制订派生计划

基本计划还需要派生计划的支持。当一家公司决定开拓一项新的业务时，就需要制订人员招聘和培训计划、筹集资金计划、营销广告计划等派生计划作为支撑。一份创业计划需要制订的派生计划主要包括人事计划、采购计划、生产计划、营销计划和财务计划等。

5．编制预算

计划工作的最后一步就是把上述计划转变成预算。编制预算，一方面是为了计划的指标体系更加明确，另一方面是使企业更易于对计划执行进行控制。创业计划若想吸引到投资者，其编制的投资预算必须做到细致、准确、合理。

（三）创业计划书编写原则

创业计划书是一份落实创业者创业想法的全方位的商业计划，用以描述与拟创办企业相关的内外部环境条件和要素特点，结合了人力资源、生产、财务、市场营销等派生计划，为业务的发展提供指示图和衡量业务进展情况的标准；同时也是投资者对企业或项目做出评判，以便企业获得融资的重要依据。

编写创业计划书的过程通常包括经验学习、创业构思、市场调研、编撰写作和检查修饰五个阶段，编写时应遵循以下三个原则。

1. 结构合理，重点突出

创业计划书编写的内容和结构布局并不需要统一的模板，创业项目不同，阅读者不同，计划书的结构和重点就会有较大差异。譬如直接投资者特别关注企业的盈利模式和盈利能力，银行等贷款机构更看重企业的风险控制能力，合作伙伴和结盟机构则需要了解计划的可行性以及给他们带来哪些利益，而政府等支持机构则重点着眼于企业的社会效益，等等。要使阅读对象能够在计划中很容易找到他们所关注问题的答案，找到他们特别感兴趣的话题，这就要求计划书必须有一个清楚的结构，有计划摘要并放在最前面，有索引和目录，以便阅读者可以较容易地查阅各个章节，灵活地选择他们想要阅读的部分。

2. 客观理性，说服力强

要以客观性说服创业计划书的阅读者。要有充分的资料显示出创业者已进行过深入的市场分析，要让投资者坚信计划书中描述的产品需求量是真实的，盈利模式是可靠的，企业有能力偿还借款，等等。不能为吸引投资者夸大其词或空口许诺。要牢记创业者和投资者所建立的是一种长期合作的伙伴关系，如果企业不能兑现承诺，企业的信誉必然遭受极大的损害，甚至导致创业失败。

3. 简洁平实，通俗易懂

很多时候创业计划书的阅读者并非企业产品技术的专业人士，也没有足够的时间去厘清技术细节和详细地评估计划书中的数据。因此，要尽量将计划书写得简洁平实，通俗易懂。例如尽量利用照片、示意图、流程图、表格等形式来描述相关内容。如果计划中必须包括产品的技术细节和生产流程，应当把它们放到附录中去。同时要保证在文法上全部正确，计划书的拼写错误和排印错误也很可能让阅读者失去信心，让创业者丧失机会，因为阅读者可能由此推断创业者缺乏应有的认真态度。

在创业计划书写完之后，创业者要再对计划书检查一遍，看一下该计划书是否能准确回答阅读者的疑问，是否能够争取投资者对本企业的信心。以下“创业7问”是创业计划书要重点检查回答的问题。

（1）为什么（Why）。为什么要创业？要阐明创业目的，明确企业愿景与使命。

（2）什么（What）。选择什么行业（产业）和产品创业？要清晰回答企业“卖什么”的问题。

（3）谁（Who）。谁是创业者？谁是创业伙伴？谁是竞争对手？谁是顾客？要清楚表明创业团队具备必要的素质和能力，清晰回答企业产品“卖给谁”的问题。

（4）何时（When）。何时开始创业？包括何时注册、投产、扩张、升级等。

（5）何地（Where）。从哪里开始创业？要说明企业选址、市场定位和企业环境等。

（6）如何（How to）。企业的商业模式如何，企业战略如何，如何制订派生计划进行人事管理、生产管理和营销管理等。要清晰回答企业产品“怎么卖”的问题。

（7）多少（How much）。企业需要融资多少？企业生产成本是多少？企业预计盈利是多少？投资回收期是多少？要有充分理由表明企业将会有较强的盈利能力。

（四）创业计划书内容概要

一般来说，创业计划书应包含以下10个方面的内容。

1. 摘要

摘要在创业计划书的最前面，它浓缩了创业计划书的精华，以便阅读者能在最短的时间内评审计划并做出判断。摘要要尽量简明、生动，要明确宣示企业的愿景与使命，清晰回答企业“卖什么”“卖给谁”和“怎么卖”三大问题。要凸显企业独具特色的产品、卓越可靠的竞争优势、诱人可信的投资回报、团结勤奋的创业团队，以及无懈可击的行动计划。摘要做得好，可以瞬间把阅读者吸引住，让阅读者对计划产生兴趣并渴望阅读整份计划书以得到更多的信息。

摘要内容要点：①创业计划的创意背景和项目简述；②产品和目标市场的描述和预测；③企业的竞争优势；④创业团队概述；⑤商业模式的简述；⑥企业盈利能力预测。

2. 企业与产品介绍

介绍拟创立企业的基本情况：公司名称、拟注册成立时间、注册地区、注册资本；主要股东、合伙人股份比例；主营业务、所属行业、经营的性质和范围等，说明企业现有资源和潜在资源状况。

在产品介绍部分一定要对企业产品（服务）做出详细说明，既要清晰、准确，也要通俗易懂，使不是专业的投资者也能明白。要让投资者充分认识到企业产品的价值和独特性，从而打动他们。产品介绍的要点：①产品的概念、类型、性能及特性，产品技术水平，包括产品的新颖性、创造性和实用性；②产品的研发过程，已有的技术成果、技术水平和专利情况，研发队伍技术水平、竞争力及对外合作情况，对研发人员的激励机制；③已经投入的研发经费及今后投入计划，发展新产品的计划和成本分析；④产品的目标市场及其市场定位等。

3．环境分析与市场预测

环境分析包括对企业外部政治法律（P）、经济（E）、社会自然（S）、技术（T）等宏观环境进行分析（简称 PEST 分析），对企业外部竞争者、供应商、中介机构、顾客（购买者）和各种公众等微观环境进行分析（重点分析行业 5 种竞争力量——现有竞争者、潜在竞争者、供应商、经销商和替代品），以及对企业内部资源与能力进行分析，尽可能明确描述企业的主要竞争对手及其现状，通过 SWOT 分析矩阵列出外部环境可能带给本企业的机会和威胁，以及企业内部环境相比主要竞争者的优势和劣势，并给出相应的战略和策略。努力做到知己知彼，方能百战不殆。要向投资者展示顾客偏爱本企业的原因所在，要使投资者相信，本企业不仅是行业中的有力竞争者，而且将来还会是确定行业标准的领先者。

市场预测先对企业目标市场的现状加以综述，然后对产品未来 3 年市场前景进行令人信服的预测。重点问题：①企业的市场在哪里，谁是企业的顾客，他们有哪些需求；②市场卖方有哪些，企业所面对的竞争格局如何；③竞争对手的产品与本企业的产品相比，有哪些相同点和不同点；④每个竞争者的销售额、毛利润、收入以及市场份额如何；⑤竞争对手所采用的营销策略是什么；⑥市场规模及增长趋势，价格趋向如何；⑦市场对企业产品的需求程度是否可以给企业带来所期望的利益，影响需求的因素有哪些；等等。

4．公司战略

这部分主要包括以下内容。

（1）企业文化。宣示企业使命与愿景，包括企业核心理念与价值观，并对企业文化建设进行战略规划。

（2）企业品牌战略。说明企业品牌设计理念，规划企业 CIS 战略具体内容，提出企业及产品品牌推广计划。

（3）企业发展战略。规划企业经营发展战略策略，包括市场竞争战略和业务拓展战略等，提出企业长、中、短期具体目标与行动方案。

5. 组织与人力资源管理

这部分创业计划书中，首先要介绍企业管理者情况，如姓名、性别、年龄、籍贯、学历、学位、毕业院校、政治面貌、行业从业年限、主要经历和经营业绩等，还要说明企业机构设置、员工持股、劳动合同、知识产权管理、人事计划等。

这部分要给出企业的组织机构图，说明企业各部门的功能与责任，各部门的负责人及主要成员；要明确公司的股东名单及股权，公司董事会成员及其背景资料等。

企业管理的好坏，直接决定了企业经营风险的大小。而高素质的管理人员和良好的组织结构则是管理好企业的重要保证。因此，风险投资家会特别注重对管理队伍的评估。

创业团队即企业高层管理人员应该是互补型的，应当包括产品设计与开发、市场营销、生产作业管理、财务管理等方面的专门人才，或者是有能力快速学习掌握相应知识与技能的人。团队带头人个人的素质对企业的成功往往起关键性的作用。创业计划中介绍创业团队成员一定要显示出其具有管理公司的能力与经验，应尽量突出其优点并表明其强烈的进取精神，以给投资者留下一个好印象。经验和过去的成功比学历、学位等更有说服力。如果准备把一个特别重要的位置留给一个没有经验的人，一定要给出充分的理由。

6. 生产制造计划

在寻求资金的过程中，为了增大企业在投资前的评估价值，创业者应尽量使生产制造计划更加详细、可行。一般生产制造计划应包括以下内容。

（1）生产方式选择和技术准备。包括产能如何规划，企业生产厂房、设备选择和布局，企业拥有哪些生产资源，还需要什么生产资源，是买设备还是租设备，怎样保证新产品在进入规模生产时的稳定性和可行性，设备的引进和安装情况如何，生产线的设计与产品组装是怎样的，生产周期标准的制订以及生产作业计划的编制，物料需求计划及其保证措施，以及企业如何平衡客户满意和生产效率之间的关系，等等。

（2）原材料采购计划。企业生产需要哪些原材料，这些原材料是自产还是外购，这直接影响企业的成本结构和所承担的劳动力、汇率、运输等风险。如果是外购，还要说明如何选择供应商，供货者的前置期和资源的需求量如何，等等。

（3）成本控制计划。企业产品生产成本是多少，产品组装、储存以及发送有关的固定成本和变动成本情况如何，有什么控制和降低生产成本的方法和计划。

（4）需求传递计划。企业如何根据预测和分析制订生产和库存计划来满足客户需求，采取何种销售渠道组合把产品和服务送达客户，这一决策对于客户服务水平和分销成本有直接影响。良好的需求传递计划是成功地满足客户需求、使成本最小化的关键。

（5）质量控制和质量改进计划。包括质量控制理念（例如全面质量管理）和具体措施等。

7. 营销计划

创业计划书尤其要有细致周密的营销计划，描述企业在产品、价格、渠道、促销（即4P）等方面拟采取的策略及其可操作性和有效性，包括对销售机构和人员的激励机制，列出本企业打算开展广告、现场促销以及公共关系活动的地区，明确每一项活动的预算和收益。创业计划书要向投资者提供企业对目标市场的深入分析和理解，要细致分析经济、地理、职业以及心理等因素对消费者选择购买本企业产品行为的影响，以及各个因素所起的作用。

制订市场营销策略时，首先要对市场细分，以确定不同细分市场的顾客期望的产品和服务水平；然后应分析成本，包括企业现有的产品和服务的成本结构，和为达到不同细分市场水平所需的成本；同时进行销售收入管理。要预测当企业为不同客户提供新的产品和服务时，客户对此会如何反应：是客户忠诚度上升，还是会购买增加而需要增加产能。企业必须对客户做出正确反应，以使利润最大化。

8. 财务计划

此部分主要包括两方面内容。①财务预测：未来3~5年的成本费用、销售收入、利润、盈亏平衡点、投资回收期等；②融资说明：资金需求量、来源、用途、使用计划，拟出让股份，投资者权利，退出方式等。

财务计划需要花费较多的精力来做具体分析，首先要对成本和收入进行预测，编制销售收入明细表、成本费用明细表、薪金水平明细表和固定资产明细表，然后在此基础上编制资产负债表、损益表和现金流量表。流动资金是企业的生命线，因此企业在初创或扩张时，对流动资金要有预先周详的计划和进行过程中的严格控制。

一份好的财务计划对评估创业企业所需的资金数量，提高创业企业取得资金的可能性是十分关键的。资本是逐利的，吸引投资者最根本的因素在于诱人的投资回报。创业计划书要向投资者展现企业令人信服的盈利模式，使投资者能够以较低的风险获得高于市场平均的收益率。因此创业计划书应有详细的投资计划、财务分析和利润计算，而这些分析和计算是建立在充分可靠的市场调查基础之上的。如果财务计划准备得不好，会增加未来企业的经营风险，同时也会给投资者以企业管理人员缺乏经验的印象，降低企业的估值。

9. 风险评估与管理

创业企业将面临众多外部与内部环境的风险。创业者要对项目进行全面评估，预测可能出现的风险，并提出相应的管理和应对措施。

10. 附录

这部分放置支持上述信息的资料，包括市场调查问卷和分析报告、销售手册、产品技术细节和标准流程，以及企业内部具有创新特色的管理规章制度等，也包括能够佐证企业资源能力的各种文件，如产品与技术的专利证书、管理层简历和获奖证明等。

二、 市场机会发掘与产品创新开发

发掘市场机会是企业开展创业和经营活动的起点，可以说企业的创业和经营活动就是围绕如何利用市场机会来进行的。所谓市场机会是指某种特定的环境条件，在该环境条件下企业可以通过一定的创业和经营活动获得利益。市场机会的产生来自于企业内外环境的变化，国家出台新的产业政策，新技术、新工艺的采用，新产品、新市场的开发，竞争对手的失误，等等，都可能产生新的待满足需求，从而为企业提供市场机会。创业者根据已获得的市场信息进行市场分析，并运用一定的创新思维和技巧，就一定能发掘到适合自己的市场机会。

（一）望远镜法

所谓望远镜法，即通过分析目标市场宏观环境变化发展趋势，从中发现未来市场机会，抢占先机。

（1）政治法律环境机会。例如逐步收紧的节能环保政策催生节能环保产业不断扩大；逐步放开的生育政策让婴幼儿养育及用品市场持续兴旺。

（2）经济环境机会。随着我国经济环境的逐步改善、生活水平的逐步提高，高端消费品、休闲娱乐、美容化妆、保健养生、宠物等行业市场欣欣向荣。

（3）人口环境机会。人口具有从低收入地区向高收入地区、从中小城市向大城市迁移的普遍规律，人口迁入地区日常生活相关的行业市场将稳定增长。随着人民生活水平的不断提高，人的寿命逐步延长，人口呈现出老龄化趋势，健康养老市场将日趋庞大。

(4) 自然环境机会。自然资源短缺，一方面企业将面临原材料价格大涨、生产成本大幅度上升的威胁；但另一方面又迫使企业研究更合理地利用资源的方法，开发新的资源和代用品，这又为企业提供了新的资源和经营机会。例如地球化石资源的逐步耗尽，倒逼新能源和新能源汽车产业加速发展。环境污染问题已引起各国政府和公众的密切关注，这对企业的发展构成一种压力和约束，要求企业为治理环境污染付出一定的努力，但同时也为企业提供了新的经营机会，促使企业研究废物回收利用、兴建绿色工程、生产绿色产品、开发环保包装等。

(5) 社会文化环境。随着国人文化自信的不断增强和中国国际地位的不断提升，中华传统文化产业和添加了中华文化元素的产品市场前景广阔。尽管“双减”政策对课外教育行业有所限制，但中国人重视教育的文化传统，加上经济条件的不断改善，课外兴趣班和家庭教育等产业仍值得深耕。

(6) 技术环境。现代科学技术突飞猛进，每一种新技术的发明、推广都会带来新的市场机会。18 世纪以来，人类社会已经经历了三次技术革命：以蒸汽机的出现为标志的第一次技术革命，以电动机的出现为标志的第二次技术革命，以电子计算机的出现为标志的第三次技术革命。每次技术革命都起源于某一两项具有根本性和强大带动性的重大技术的突破，引发出新技术体系的建立、新产业的升级和新业态的出现。

2013 年 11 月 14 日，成立不到 3 年的色拉布（Snapchat）公司联合创始人兼 CEO，年仅 23 岁的埃文·斯皮格尔拒绝了 Facebook 高达 30 亿美元收购其“阅后即焚”功能的提议。Snapchat 是由埃文·斯皮格尔和鲍比·墨菲在斯坦福大学产品设计中的一个班级作业而诞生的项目。所谓“阅后即焚”，就是让自己发送的图片或视频在对方手机中显示不超过 10 秒就自动消失。其背后蕴含的趋势是：人类已经进入了“过度分享”的时代。年轻人习惯分享，但排斥约束，减少内容被永久性记录所产生的压力和紧张，正是 Snapchat 吸引用户的特质。埃文·斯皮格尔抓住了这一市场机会并取得成功。

当今世界，新一轮科技革命和产业变革方兴未艾。以人工智能、量子信息、移动通信、物联网、区块链为代表的新一代信息技术加速突破应用，以合成生物学、基因编辑、脑科学、再生医学等为代表的生命科学领域孕育新的变革，融合机器人、数字化、新材料的先进制造技术正在加速推进制造业向智能化、服务化、绿色化转型，以清洁高效可持续为目标的能源技术加速发展将引发全球能源变革，空间和海洋技术正在拓展人类生存发展新疆域。总之，信息、生命、制造、能源、空间、海洋等的原创突破为前沿技术、颠覆性技术提供了更多创新源泉，也为创业者带来无可限量的市场机会。

（二）显微镜法

所谓显微镜法，一是指留意自己和他人在日常生活和工作中遇到的不便和痛点，分析人们的抱怨和期望，从中发现机会；二是指审视自身已拥有及可拥有的资源特点或优势，发掘其中蕴藏的机会。

所谓中国“新四大发明”——网购、高铁、共享单车、移动支付，都可说是在人们的抱怨和希望声中产生的。人们对寻求更方便、更高效地购买到自己需要的产品期望，引发网上购物和快递业快速增长；人们对每逢春节临近火车票一票难求的抱怨，促使中国高铁业从无到有，高速发展；人们对解决短途绿色出行的期望，催生了共享单车的出现；人们对带现金出门的风险和找零麻烦的抱怨，造就了移动支付的普及。因为往来一线城市出差，常常遇到打车难的窘境，程维 2012 年从阿里巴巴辞职，赴北京创立了提供共享出行服务的滴滴出行。因为带家人环球旅游，找不到合适的华人向导，孟雷 2014 年回到北京，创立了全球中文境外包车游服务平台——皇包车。因为 6 个月成功减肥 40 斤，被朋友们追赶着分享经验，但又苦于没有很好的分享工具，王宁 2014 年在北京成立了线上健身平台 Keep。成立于 2011 年、仅用了 10 年时间就发展成为全球第一的数码充电品牌安克公司，专门开发了一套差评搜索系统。通过收集用户的评论，尤其是差评，并分析出用户的需求和痛点，作为产品迭代和新产品研发的方向。比如，安克在评论中发现大量用户在吐槽苹果充电线容易断，他们就设计了一款以尼龙为外包材质的数据线，大幅提高了耐用性。根据这套方法，安克曾 6 个月内推出 150 种新产品，而且一般新产品的库存 2 个月内就卖光了。

理工科大学生如果掌握了新兴产业领域相关知识与技术，或者能够利用好学校、教师和同学资源（研究成果、专利等），从中一定能发掘到具有广阔前景的市场机会。

（三）多棱镜法

所谓多棱镜法，即从企业微观环境各种竞争者和利益相关者的不同角度去思考分析，发掘市场机会。

（1）全面市场机会与局部市场机会。新出现的影响较广的市场机会，可能给大大小小的现有竞争者和潜在竞争者都带来机会。例如更严厉的环保标准发布，给环保行业带来全面市场机会，同时也给小型环保企业带来局部细分市场机会。

（2）表面市场机会与潜在市场机会。当热销产品短缺或价格过高时，将给其替代品生产企业带来机会。例如国际油价上涨，给石油开采业带来表面市场机会，同时给新能源产业带来潜在市场机会。

（3）产品市场机会和平台市场机会。当某区域或某类产品的机会吸引了较多竞争者和利益相关者时，也给有能力整合这些市场力量的企业带来构建平台市场的机会。传统交易平台在线下，例如常见的批发市场、购物中心、超市等，以及一些短期或定期的交易平台，如各种名目的展销会、交易会等。互联网的出现带来了线上平台模式，例如淘宝、京东等网购平台。现在有越来越多的企业是线上线下相结合的模式，例如滴滴打车、中国银联等。

（4）核心市场机会与周边市场机会。此处所谓“核心”与“周边”，包括了功能、供应链和地理三个概念。某核心产品的市场机会，同时可能给该产品及相关产品的竞争者、供应商、中间商和中介商带来机会。例如汽车旺销给汽车制造行业带来市场机会，同时也带旺汽车配件与维修市场；中心区楼盘旺销，带旺周边楼盘；服装批发市场服装旺销，带旺其中餐饮店；游戏、动漫作品中的人物或动物大受欢迎，带动其周边产品和“同款产品”，包括玩具、文具、食品、服饰及各类生活用品等热销；等等。

19 世纪美国加州发现金矿的消息使得数百万人涌向那里淘金。在这股淘金热潮中，有些人的确淘到了真金，而更多的人空手而归，有的人甚至因为环境恶劣等原因命丧黄泉。但也有一批精明的人并没有盲目从众去土里淘金，而是利用“淘金热”带来的人口福利，在“淘金人”身上“淘”到了金。其中包括一位卖水的 17 岁小农女雅姆尔和一位卖日用品的 20 多岁的德裔犹太人李维·斯特劳斯（Levi Strauss）。李维·斯特劳斯原本在纽约为他的两名兄长打工，贩卖布料及家庭用品。淘金热潮袭来，犹太人心中天生的冒险因子让他也怀揣着淘金梦来到加州。但当他看见那么多的淘金人后，就改变主意干起自己熟悉的营生，开店销售当时淘金人所需要的各种日常用品。日用品店果然生意兴隆，让他赚到了第一桶金。1853 年，有一次他进了一大批搭建帐篷用的帆布却没卖出去，眼看要赔本了，正发愁间，有一个淘金人对李维说，他们平时淘金穿的裤子都是棉布做的，容易磨破，如果用这些厚厚的帆布做成裤子，肯定又结实又耐磨。李维从淘金人的话中嗅到了商机，他很快用厚帆布效仿美国西部的一位牧工所特制的式样，制作了一批日后被称为“牛仔裤”的帆布工装裤向淘金工人们出售，果然大受欢迎。李维·斯特劳斯顺势成立了自己的公司，开始了 Levi's 这个牛仔裤著名品牌经久不衰的漫漫长路。

（四）创新镜法

所谓创新镜法，就是运用各种创新思维进行产品创新和市场创新，来发掘市场机会。主要有双面镜法、后视镜法和组合镜法。

1. 双面镜法

双面镜法就是运用创新思维中的联想思维和发散思维进行产品创新和市

场创新，来发掘市场机会。通过参照借鉴引入其他地区出现的新业务，或为传统行业企业的业务找寻新的解决方案。

（1）异质同化。将陌生的创新对象与熟悉的事物进行类比，使新奇的事物变得熟悉。例如线上教育培训平台的运营模式可以借鉴线下教育培训机构的运营模式；淘宝网店的管理模式类似于传统的线下大型集市。

（2）同质异化。用陌生的眼光看待熟悉的事物，找出其新奇点，使熟悉的事物变得与众不同。

餐厅属于传统的饮食行业，竞争非常激烈，生存不易，盈利更难，但有位程序员出身的日本人小林在千代田神保町开了一家“未来餐厅”，只有12个就餐位，一周只营业5天。餐厅没有雇员工，但顾客只需要帮老板50分钟忙，就可以免费吃一顿饭；帮10次忙，除了免费的午餐还能获得免费美餐券；帮20次忙，就可以来当一天体验店长。未来餐厅每天只提供一道菜，天天都不一样，而这道菜品以定食套餐的形式出现，有主食、主菜、副菜、汤，营养均衡搭配，售价900日元（人民币大约53元），如果当天的定食不合你的胃口，你也可以追加400日元，老板就会另外再给你做一道专属料理。未来餐厅店内摆了上百本书籍，每半个月会更新一次，你可以在等餐时随意翻阅。不同于传统餐厅开店方法的未来餐厅，开张后生意兴隆，月入120万日元。

2. *后视镜法*

后视镜法就是运用创新思维中的逆向思维进行产品创新和市场创新，来发掘市场机会。

（1）运用逆向思维进行产品创新。3M公司的一位科研人员本来想发明一种超强的胶黏剂，但几个月的研究得到的却是一种黏性不强的胶。后来另一位科研人员在教堂做礼拜的时候，看到唱诗班的人会把一个纸片放在圣经里做书签，但是纸片常常会从书中滑落下来，他突发灵感，想到在纸片上涂上那种不太黏的胶，于是报事贴的创意诞生了。

（2）运用逆向思维进行市场创新。“绿水青山就是金山银山。”美丽的自然风光就是边远地区乡村振兴的机会所在。但瑞典北部有一个名叫尤卡斯亚维的小镇，位于北极圈以内偏北约两百公里处，这里冬天最低温度可达零下四十多摄氏度，最冷的月份有两个多星期见不着太阳升起，气候恶劣，资源匮乏，是典型的苦寒荒凉之地。没有美丽的自然风光，唯有“冰雪、寒冷和黑暗”。但镇长却逆向思维，将这些让一般人望而却步的恶劣条件视为小镇独特的资源，每年11月份用冰雪建造世界上独一无二的冰雪旅馆，到第二年4月份融化，次年又重建。每年建造旅馆，都会吸引世界上众多经过层层选拔的艺术家在这里献艺，他们把旅馆建成精美绝伦的艺术杰作。冰雪旅馆在世界著名旅游景点中很快声名鹊起，每年慕名而至的各国游客多达五六万人。

3. 组合镜法

组合镜法就是运用创新思维中的组合创新思维，或综合运用各种创新思维进行产品创新和市场创新，来发掘市场机会。

（1）对现有市场上的产品，在功能、构造、成分、材料等方面，按照功能效果上“$1+1\geqslant 2$”且结构成本上“$1+1\leqslant 2$”（不能同时取等号）的原则进行组合创新，以创新产品进行创业。电话和电脑都属于划时代的产品，而智能手机作为移动电话和互联网电脑的组合创新产品，同样开启了一个新的时代。可以说乔布斯正是凭借其主打产品——智能手机 iPhone 实现二次创业，再次缔造了苹果公司的辉煌。

（2）在传统行业中引入互联网、物联网、大数据、区块链、人工智能和虚拟现实等现代科技，以高新技术赋能传统行业，进行融合创新创业。例如智慧农业就是将物联网技术运用到传统农业中去，运用传感器和软件通过互联网平台对农业生产进行控制，使传统农业更具有“智慧”。

（五）企业新产品开发

伴随着科技的不断进步和人们生活品质的不断提升，企业产品的市场寿命和人的生命一样，都会经历导入（形成）、成长、成熟、衰退这样的周期，称为产品生命周期（product life cycle，PLC），即一种新产品从开始进入市场到最终退出市场所经历的市场生命循环过程。因此，企业要想永续生存与发展，就必须持续不断开发和推出新产品。

企业新产品开发是指从研究选择适应市场需要的产品开始到产品设计、工艺制造设计，直到投入正常生产的一系列决策和行动过程，其实质是推出不同内涵与外延的新产品。新产品开发是企业研究与开发的重点内容，也是企业生存和发展的战略核心之一。

1. 新产品开发方向

企业开发新产品，把有限的人、财、物，有效地分配在急需的开发项目上，使新产品开发取得最佳效果，关键在于准确地确定新产品开发方向。由于市场竞争日益激烈，消费需求日趋多样化和个性化，新产品开发呈现出多能化、系列化、复合化、微型化、智能化和艺术化等发展趋势。

企业在选择新产品开发方向时应考虑以下几点：

（1）产品性质和用途。在进行新产品开发前，应充分考察同类产品和相应的替代产品的技术含量和性能用途，确保所开发产品的先进性或独创性，避免“新”产品自诞生之日起就被市场淘汰。

(2) 产品价格和销售量。例如系列化产品可以降低成本以增加销售量，但是系列化产品的单调性也可能影响销售量。因此，对新产品开发，要经过充分调查研究其功能、价格和销售之间的关系后再加以确定。

(3) 消费者需求变化。随着人们物质生活水平的提高，消费者的需求呈多样化趋势，且变化速度很快。而开发一样新产品需要一定的时间，这个时间一定要比消费者需求变动的时间更短，才能赢得市场。

(4) 企业产品创新能力。曾经代表中国民族通信旗帜的巨龙、大唐、中兴、华为4家企业，起步时面对同样的市场机会，但经过三四年时间，华为、中兴已远走在了前面，巨龙则几乎退出了通信市场。而决定4家企业差距的最关键因素就是各自推向市场的产品所包含的产品和技术创新的能力，包括企业技术力量储备和产品开发团队建设情况等。

2. 新产品开发方式

企业开发新产品，选择合适的方式很重要。选择得当，适合企业实际，就能少承担风险，易获成功。一般分为独创方式、引进方式、改进方式和结合方式4种。

(1) 独创方式。从长远考虑，企业开发新产品最根本的途径是自行设计、自行研制，即所谓独创方式。采用这种方式开发新产品，有利于产品更新换代及形成企业的技术优势，也有利于产品竞争。自行研制、开发产品需要企业建立一支实力雄厚的研发队伍、一个深厚的技术平台和一个科学、高效率的产品开发流程。

(2) 引进方式。技术引进是开发新产品的一种常用方式。企业采用这种方式可以很快地掌握新产品制造技术，减少研制经费和投入的力量，从而赢得时间，缩短与其他企业的差距。但相对于自行研发，引进技术不利于形成企业的技术优势和企业产品的更新换代。

(3) 改进方式。这种方式是以企业的现有产品为基础，根据用户的需要，采取改变性能、变换形式或扩大用途等措施来开发新产品。采用这种方式可以依靠企业现有设备和技术力量，开发费用低，成功把握大。但是，长期采用改进方式开发新产品，会影响企业的发展速度。

(4) 结合方式。结合方式是上述3种方式中两者或三者的结合。

3. 新产品开发流程

新产品开发的流程是指从提出产品构思到正式投入生产的整个过程。由于行业的差别和产品生产技术的不同特点，特别是选择产品开发方式的不同，新产品开发所经历的阶段和具体内容并不完全一样。以加工制造企业为例，新产品开发大致需要经历以下几个阶段。

(1) 调查研究阶段。发展新产品的目的，是为了满足社会和用户需要。

用户的要求是新产品开发选择决策的主要依据。为此必须认真做好调研工作。这个阶段主要是提出新产品构思以及新产品的原理、结构、功能、材料和工艺方面的开发设想和总体方案。

（2）新产品构思创意阶段。该阶段对新产品能否开发成功有至关重要的意义和作用，包括 3 个方面的内容：产品构思、构思筛选和产品概念的形成。

产品构思是在市场调查和技术分析的基础上，提出新产品的构想或有关产品改良的建议。企业新产品开发创意构思主要来自 3 个方面。一是用户。企业着手开发新产品，首先要通过各种渠道掌握用户的需求，了解用户在使用老产品过程中有哪些改进意见和新的需求，并在此基础上形成新产品开发创意。二是员工。特别是销售人员和技术服务人员，经常接触用户，用户对老产品的改进意见与需求变化他们都比较清楚。三是专业科研人员。高校和研究院所的科研人员具有比较丰富的专业理论和技术知识，要发扬他们这方面的专长，为企业提供新产品开发的创意。此外，企业还通过情报部门、工商管理部门、外贸等渠道，以及通过面向社会开展产品创意大赛等活动，征集新产品开发创意。例如比亚迪公司研发的新产品，一部分是根据客户特定要求完成，另一部分为公司根据对行业发展趋势的判断自主决策。比亚迪公司依靠自身雄厚的研发创新能力，不断推出在行业内具有领先技术水平的新产品，并以此保持公司在相关市场持续且有力的竞争能力。

并非所有的产品构思都能发展成为新产品。有的产品构思可能很好，但与企业的发展目标不符合，也缺乏相应的资源条件；有的产品构思可能本身就不切实际，缺乏开发的可能性。因此，必须对产品构思进行筛选。

经过筛选后的构思仅仅是设计人员或管理者头脑中的概念，离产品还有相当的距离。还需要形成能够为消费者接受的、具体的产品概念。产品概念的形成过程实际上就是构思创意与消费者需求相结合的过程。

（3）新产品设计阶段。产品设计是指从确定产品设计任务书起到确定产品结构为止的一系列技术工作的准备和管理，是产品开发的重要环节，是产品生产过程的开始，必须严格遵循初步设计阶段、技术设计阶段、工作图设计阶段的“三段设计”程序。

（4）新产品试制与评价鉴定阶段。新产品试制阶段又分为样品试制和小批试制阶段。样品试制阶段的目的是考核产品设计质量，考验产品结构、性能及主要工艺，验证和修正设计图纸，使产品设计基本定型，同时也要验证产品结构工艺性，审查主要工艺上存在的问题。小批试制阶段的工作重点在于工艺准备，主要目的是考验产品的工艺，验证它在正常生产条件下（即在生产车间条件下）能否保证所规定的技术条件、质量和良好的经济效果。试制后，必须进行鉴定，对新产品从技术上、经济上做出全面评价，然后才能得出全面定型结论，投入正式生产。

（5）生产技术准备阶段。在这个阶段，应完成全部工作图的设计，确定各种零部件的技术要求。

（6）正式生产和销售阶段。在这个阶段，不仅需要做好生产计划、劳动组织、物资供应、设备管理等一系列工作，还要考虑如何把新产品引入市场，例如研究产品的促销宣传方式、价格策略、销售渠道和提供服务等方面的问题。新产品的市场开发既是新产品开发过程的终点，又是下一代新产品再开发的起点。通过市场开发，可确切地了解开发的产品是否适应需要以及适应的程度。分析与产品开发有关的市场情报，可为开发产品决策、改进下一批（代）产品、提高开发研制水平提供依据，同时还可取得有关潜在市场大小的数据资料。

三、决策与创业项目选择

（一）决策的概念与类型

决策是指按既定的要求，从若干方案或对象中选择一个的过程。以赫伯特·西蒙为代表建立的决策理论是在系统理论的基础上，吸收了行为科学、运筹学和计算机科学等研究成果而发展起来的，其主要观点有 3 个。一是突出决策在管理中的地位。认为管理的实质是决策，决策贯穿于管理的全过程，决定了整个管理活动的成败。如果决策失误，组织的资源再丰富、技术再先进，也是无济于事的。二是强调了决策者的作用。认为组织是决策者个人所组成的系统，因此不仅要注意在决策中应用定量方法、计算技术等新的科学方法，而且要重视心理因素、人际关系等社会因素在决策中的作用。三是系统阐述了决策原理。西蒙对于决策的程序、准则、类型及其决策技术等做了科学的分析，并提出用“满意原则”来代替传统决策理论的“最优原则”，研究了决策过程中冲突的解决方法。他认为人的实际行动不可能合于完全理性，决策者是具有有限理性的“行政人”，对行政环境的看法简化，往往不能抓住决策环境中的各种复杂因素，而只能看到有限几个方案及其部分结果，不可能预见一切结果，只能在供选择的方案中选出一个“满意的”方案。事实上，理性程度对决策者有很大影响，但也不应忽视组织因素对决策的作用。

传说古希腊哲学大师苏格拉底的 3 个弟子曾求教老师，怎样才能找到理想的伴侣。于是苏格拉底带领弟子们来到一片麦田，让他们每人在麦田中选摘一支最大的麦穗，但不能走回头路。第一个弟子刚刚走了几步便迫不及待地摘了一支自认为是最大的麦穗，结果发现后面的大麦穗多的是。第二位一直左顾右盼，东张西望，直到终点才发现已经错过了前面的大麦穗。第三位把麦田分为三份，走第一个 1/3 时，只看不摘，分出大、中、小三类麦穗，在第二个 1/3 里验证是否正确，在第三个 1/3 里摘到相对较大的一支麦穗。第三位弟子的做法可以说很好地诠释了满意原则的决策方法。

决策按决策者层次，可分为战略决策、管理决策和业务决策，分别由高、中、基层管理人员做出。

决策也可按决策的性质划分为程序化决策和非程序化决策。非程序化决策是对偶然发生的或首次出现的棘手问题的决策。泰罗科学管理的主要原则之一是例外原则，说的是企业的高级管理人员把例行的一般事务授权给下级管理人员处理，而自己只保留对例外事项的决策权，如重大的企业战略问题和重要的人员更替问题等；这样，既能保证稳定性的正常管理工作，又能应付特殊性的例外管理工作。换句话说，就是企业的高级管理人员应注重非程序化决策，而程序化决策则应交由下级管理人员处理。

决策还可按决策问题的类型划分为确定型决策、风险型决策和不确定型决策。确定型决策是指可供选择的方案中只有一种自然状态时的决策，即决策的条件是确定的。例如通过银行存款获取利息。风险型决策是指可供选择的方案中，存在两种或两种以上的自然状态，但每种自然状态所发生概率的大小是可以估计的。例如通过投掷硬币决定谁先开球。不确定型决策是指在可供选择的方案中存在两种或两种以上的自然状态，而且，这些自然状态所发生的概率是无法估计的。创业投资决策大都属于风险型决策。

（二）个人决策与群体决策

决策是由领导者个人做出还是由一个特定的群体做出，要视具体情况而定。因为两者各有其优势和局限性。

个人决策的优势在于它简便、迅速、责任明确，局限性主要体现在决策受到个人的价值观、个性、经验、知识和能力的限制。

群体决策的优缺点与参与决策人员的选择和决策过程相关。对于通常由领导主持、有实施者参加，与会人员在决策中处于同等的地位，可以充分地发表个人见解的会议式群体决策，其优势在于：①集思广益。俗话说“三个臭皮匠胜过诸葛亮”，集中不同背景、经验、个性和知识领域的专家与相关人员，利用众人的知识优势，借助于广泛的信息，可以形成更多的可行性方案，提高决策的科学性，应付日益复杂的决策问题。②鼓舞士气。群体人员在参与决策的过程中，感受到自身的价值，感受到被尊重和融入集体的喜悦，精神将受到很大鼓舞，士气高涨，工作效率因此大为提升。③增添勇气。由于群体决策由决策群体共担风险，产生“冒险转移”，有利于做出那些必要的，但风险较高或危险性较大的决策。④利于实施。由于决策群体的成员具有一定的代表性，所形成的决策是在综合各成员意见的基础上形成的，对问题趋于一致的看法，因而更具正当性，有利于得到有关实施人员和部门的理解与接受，在实施中也容易得到他们的支持与配合。

但传统的群体决策，即一般的会议决策方式也有其局限性，具体体现在：①效率较低。群体决策鼓励各个领域的专家、员工的积极参与，力争以民主的方式拟定出各方满意的行动方案；在这个过程中，如果处理不当，就可能陷入盲目讨论的误区之中，浪费了时间，降低了决策效率，从而限制了管理人员在必要时做出快速反应的能力。②决策折中。在群体决策过程中，决策人员存在从众压力，加上群体成员希望被群体接受和重视的愿望，可能会导致不同意见被压制，形成所谓的“群体思维”，在决策时群体成员为了追求观点的统一，结果只能得到折中的决策。③决策不当。在决策实践中，不同的人或子群体可能会从不同角度或各自的利益考虑问题，如果这些人或子群体较为强势，很可能发生决策目标偏向个人或子群体目标的情况，导致决策不当。④责任不清。对于个人决策，谁来承担风险是很明确的，但群体决策中成员个人的责任都被冲淡了。这一方面导致一旦决策失败难以追究责任，另一方面又增加了决策不当的可能性。传统的群体决策的特点还在于很容易被个别操控，即被个人（尤其是现场领导）或子群体所左右，出现以个人或子群体为主发表意见、进行决策的情况。此时的群体决策实际上转变为了个人决策或小集团决策。有时领导者也会利用这一特点，主动将一些个人决策转变（或伪装）为群体决策，这样既可避免群体决策的某些局限性，又可在一定程度上获得群体决策的某种优势。

为了克服传统的群体决策方式的局限性，保证群体决策的创造性，提高决策质量，管理实践中发展了一系列改善群体决策的方法。比如德尔菲法、名义群体法、头脑风暴法等。

1. 德尔菲法与名义群体法

德尔菲法（Delphi Method）是在20世纪40年代由赫尔姆和达尔克首创，经过戈尔登和兰德公司进一步发展而成的。德尔菲是建造有著名的太阳神阿波罗神庙的圣地，传说中阿波罗具有预见未来的能力，因此，这种方法被命名为德尔菲法。为消除成员间的相互影响，参加的专家可以互不了解，它运用匿名方式反复多次征询意见和进行背靠背的交流，以充分发挥专家们的智慧、知识和经验，最后汇总得出一个比较能反映群体意志的预测结果。德尔菲法的一般程序如下：

（1）确定调查目的，拟订出要求专家回答问题的详细提纲，并同时向专家提供有关背景材料，包括预测目的、期限、调查表填写方法及其他希望要求等说明。

（2）选择一批熟悉本问题的专家，一般至少为20人左右，包括理论和实践等各方面专家。

（3）以通信方式向各位选定的专家发出调查表，征询意见。

（4）对返回的意见进行归纳综合、定量统计分析后再寄给有关专家，每个成员收到一本问卷结果的复印件。

（5）看过结果后，再次请成员提出他们的方案。第一轮的结果常常是激发出新的方案或改变某些人的原有观点。

（6）重复（4）、（5）两步直到取得大体上一致的意见。

这种方法的优点主要是简便易行，具有一定科学性和实用性，可以避免会议讨论时产生的害怕权威、随声附和，或固执己见，或因顾虑情面不愿与他人意见冲突等弊病；同时也可使大家发表的意见较快收敛，参加者也易接受结论，具有一定程度综合意见的客观性。但此决策方法归根到底仍属专家们的集体主观判断，决策质量好坏最终取决于参加决策的专家水平和投入情况。因此，存在选择合适的专家较为困难、征询意见的时间较长、对于快速决策难以使用等缺点。

名义群体法（Nominal Group Technique，NGT）是指在决策过程中对群体成员的讨论或人际沟通加以限制。像召开传统会议一样，群体成员都出席会议，但在进行任何讨论之前，每个成员独立地写下他对问题的看法，然后分别向大家说明自己的想法，直到每个人的想法都表达完并记录下来为止（例如记在活动挂图或黑板上）。之后群体开始讨论，以便把每个想法搞清楚，并做出评价。最后的决策是综合排序最高的想法。可见名义群体法不会抑制每个人的独立思考，具备与德尔菲法类似的相对科学性，同时又避免了德尔菲法决策效率较低的弊端。

将名义群体法与现代计算机技术相结合，就产生了一种最新的群体决策方法——电子会议法。目前电子会议法所需要的技术已经比较成熟，概念和操作也比较简单。主办者将问题显示给决策参与者，决策参与者把自己的回答输入到计算机或手机屏幕上，还可以通过屏幕看到个人评论和票数统计等。

电子会议法的主要优点是匿名、真实和快速，而且能够超越空间和人数的限制。决策参与者能不透露姓名地输入自己所要表达的任何信息。它使人们充分地表达他们的想法而不用担心受到惩罚。在互联网时代，网上一篇文章或新闻报道引发许多网友的热议，其中不乏很好的意见和建议，就类似于电子会议法。

2. 头脑风暴法

头脑风暴法（Brain Storming，BS）又称智力激励法或自由思考法（畅谈法、畅谈会、集思法），最早是由美国创造学家 A. F. 奥斯本于 1939 年首次提出、1953 年正式发表的一种激发性思维的方法。

头脑风暴会议主持人，应当对决策问题的背景比较了解，熟悉会议处理程序和方法，懂得各种创造思维和技法。会议论题要明确，要落在一个具体的问题上，比如“还有什么功能是现在的手机无法实现，而人们又需要的?”论题以提问的形式描述出来，可以举一些设想为例作为参考。论题最好能提前分发给参与者，以便他们能预先思考一下，提高会议效率。

实施头脑风暴法有以下原则。

（1）精选成员，平等相待。一般来说小组由十来个成员组成比较行之有效。包括一个记录员，数个有经验的核心成员，以及数个对论题感兴趣的项目外人员。所有参加者都应具备较高的联想思维能力，彼此能平等相待。

（2）畅所欲言，禁止批评。会议开始后。主持人说明会议的规则，提出引导问题来激发大家的创造力。会议过程中主持人要以赏识激励的词句、语气和微笑点头的行为语言，鼓励与会者多出设想，如说：“说得好，很有想象力!”“太棒了，还有吗?”等等。会议过程中不允许批评与自我批评，每个与会者对别人提出的任何想法都不能批判和阻拦。即使自己认为是幼稚的、错误的，甚至是荒诞离奇的设想，亦不得予以驳斥。禁止在会议上出现诸如“这根本行不通”“你的想法太陈旧”“这不符合某某定律”等语句。只有这样，与会者才可能在充分放松的心境下，在相互激励下，集中全部精力开拓思路、畅所欲言。

（3）以量求质，集（急）中生智。与会者自由发言，提出尽可能多的设想，由记录员做记录。并给每条记录编号，以便主持人能使用这些编号鼓励参与者提出更多的设想来达到目标。例如主持人说：我们已经有 44 条，让我们达到 50 条吧！记录员每次记录时要口头复述，以确保所记内容与提出者想要陈述的意思相吻合。会议后期，记录员协助主持人依照会议宗旨将所有设想进行列表归类整理，再交由与会者和决策者们充分讨论后做出决策。

（三）决策工具

管理实践过程中发展出的决策理论和工具有很多，这里重点介绍决策树法和博弈论。

1. 决策树

决策树（Decision Tree）是在已知各种情况发生概率的基础上，通过构成决策树计算各方案的期望收益加以比较，从而做出选择的决策分析方法，是直观运用概率分析的一种图解法。由于其图形很像一棵树的枝干，故称决策树。决策树法可用于解决风险型决策问题。

例如某公司准备推出一种新产品，预计今后市场对该产品的高需求出现的概率为30%，中需求出现的概率为50%，低需求出现的概率为20%。备选方案有三个：①增加技术开发投入，需要投资100万元。高需求情况下，每年可盈利800万元；中需求情况下，每年可盈利400万元；低需求情况下，每年会亏损200万元。②新建厂房，投入设备，需投资270万元。高需求情况下，每年可盈利600万元；中需求情况下，每年可盈利300万元；低需求情况下盈亏平衡。③更新现有设备，需投资20万元。高需求情况下，每年可盈利400万元；中需求情况下，每年可盈利200万元；低需求情况下仍可盈利100万元。

据此画出决策树（如图2-1所示）。由决策点引出的若干条树枝称为方案枝。由状态结点引出的若干条树枝称为状态枝，状态枝上标明状态情况和可能的概率，各状态结点的期望收益如下：

方案①期望收益：$800 \times 30\% + 400 \times 50\% + (-200) \times 20\% - 100 = 300$（万元）

方案②期望收益：$600 \times 30\% + 300 \times 50\% + 0 \times 20\% - 270 = 60$（万元）

方案③期望收益：$400 \times 30\% + 200 \times 50\% + 100 \times 20\% - 20 = 220$（万元）

可见方案①期望收益最大，选择方案①。

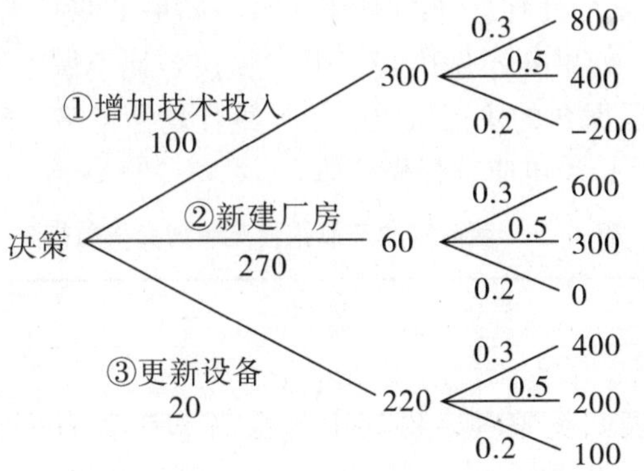

图2-1　某公司新产品开发方案决策树

2. 博弈论

博弈论又被称为对策论（Game Theory），既是现代数学的一个新分支，也是运筹学的一个重要学科。博弈论考虑游戏或竞争性质现象中的个体的预测行为和实际行为，研究双方如何在平等的对局中各自利用对方的策略变换自己的对抗策略，达到取胜的目的。博弈论对人的基本假定是：人是理性的，在具体策略选择时总是以自身利益最大化为目标。1928 年，冯·诺依曼证明了博弈论的基本原理，从而宣告了博弈论的正式诞生，今天博弈论已发展成一门较完善的学科。

博弈可分为静态博弈、动态博弈两类。静态博弈是指在博弈中，参与人同时选择或虽非同时选择但后行动者并不知道先行动者采取了什么具体行动，比如猜拳；动态博弈是指在博弈中，参与人的行动有先后顺序，且后行动者能够观察到先行动者所选择的行动，比如棋牌类游戏。

博弈可以是合作的也可以是非合作的。如果各博弈方可以谈定能使它们设计联合策略的有约束力的合同，博弈就是合作的，博弈结果可由双方协商决定。如果不能谈定并执行有约束力的合同，博弈就是非合作的，此时“纳什均衡”是理性的双方合乎逻辑的结果。纳什均衡是由著名美国数学家约翰·福布斯·纳什 1950 年提出的，指同一时间内各博弈方所做的是它所能做的最好的策略（或行为）。

例如商家 A 和商家 B 销售相互竞争的产品并正在决定是否采用广告计划，各商家会受到竞争对手决定的影响，该博弈的可能结果由表 2－1 的得益矩阵（又称支付矩阵）给出。左上格数字（10，5）的含义是，如果两商家都决定做广告，商家 A 将赚到利润 10，而商家 B 将赚到利润 5；其余格数字含义类推。两个商家应如何决策呢？根据得益矩阵，商家 B 有一个上策：做广告。因为无论商家 A 是否做广告，商家 B 做广告比不做广告都能赚到更多的利润。而商家 A 没有这样的上策。因为如果 B 做广告，则 A 做广告比不做广告赚得多；如果 B 不做广告，则 A 做广告比不做广告反而赚得少。此时 A 的决策需要根据 B 的决策做出。根据纳什均衡策略，理性的 B 会选择上策：做广告；因此，A 也应选择做广告。

表 2－1　两商家的产品销售竞争博弈得益矩阵

竞争策略	做广告	不做广告
做广告	10，5	12，0
不做广告	5，10	15，5

博弈论三个典型例子。

（1）囚徒困境。假设有两个小偷 A 和 B 联合犯事、私入民宅被警察抓住。警方将两人分别置于不同的两个房间内进行审讯，对每一个犯罪嫌疑人，警方给出的政策是：如果两个犯罪嫌疑人都坦白了罪行，交出了赃物，于是证据确凿，两人都被判有罪，各被判刑 5 年；如果只有一个犯罪嫌疑人坦白，另一个人没有坦白而是抵赖，则以妨碍公务罪（因已有证据表明其有罪）再加刑5年，而坦白者有功被减刑至1年。如果两人都抵赖（不坦白），则警方因证据不足不能判两人的偷窃罪，但可以私入民宅的罪名将两人各判入狱2年。表2－2给出了这个博弈的得益矩阵。对A来说，尽管他不知道B做何选择，但他知道无论B选择什么，他选择“坦白”总是最优的。显然，根据对称性，B也会选择“坦白”，结果是两人都被判刑5年。在得益矩阵的四种行动选择组合中，（坦白，坦白）是一个占优策略均衡，即纳什均衡。但是，倘若他们都选择“抵赖”，每人只被判刑2年，实际上两人更得益，（抵赖，抵赖）称为帕累托最优。此例表明：非零和博弈中，帕累托最优和纳什均衡是相冲突的，纳什均衡显然不是顾及团体利益的帕累托最优解决方案。对于两个自身实力和市场地位都基本一致的竞争对手而言，合作对双方都是最优选择。

表2－2 “囚徒困境”得益矩阵

囚徒策略	坦白	不坦白
坦白	－5，－5	－1，－10
不坦白	－10，－1	－2，－2

单次发生的囚徒困境，和多次重复的囚徒困境结果不会一样。在重复的囚徒困境中，博弈被反复地进行。因而每个参与者都有机会去“惩罚”另一个参与者前一回合的不合作行为。这时，合作可能会作为均衡的结果出现。坦白的动机这时可能被受到惩罚的威胁所克服，从而可能导向一个较好的、合作的结果。作为反复接近无限的数量，纳什均衡趋向于帕累托最优。

（2）智猪博弈。假设猪圈里有一头大猪、一头小猪。猪圈的一头有猪食槽，另一头安装着控制猪食供应的按钮，按一下按钮会有10个单位的猪食进槽，但是谁按按钮就会首先付出2个单位的成本，在去往食槽的路上会有2个单位猪食的体能消耗。若大猪先到槽边，大小猪吃到食物的收益比是9∶1；同时行动（去按按钮），收益比是7∶3；小猪先到槽边，收益比是6∶4。那么，在两头猪都有智慧的前提下，最终结果是小猪选择等待。

“智猪博弈”由纳什于1950年提出。实际上小猪选择等待，让大猪去按控制按钮，而自己选择“坐船”（或称为搭便车）的原因很简单：在大猪选择行动的前提下，小猪选择等待的话，小猪可得到4个单位的纯收益，而小猪行动的话，则仅仅可以获得大猪吃剩的1个单位的纯收益，所以等待优于行动；在大猪选择等待的前提下，小猪如果行动的话，小猪的收入将不抵成本，纯收益为－1单位，如果小猪也选择等待的话，那么小猪的收益为零，成本也为零，总之，等待还是要优于行动。用得益矩阵可以更清晰地刻画出小猪的选择（见表2-3），等待是小猪的占优策略。

表2-3 “智猪博弈”得益矩阵

智猪策略	行动	等待
行动	5，1	4，4
等待	9，-1	0，0

高明的管理者善于利用各种有利的条件来为自己服务。“搭便车”实际上是提供给职业经理人面对每一项花费的另一种选择，可以给企业节省很多费用。在小企业经营中，学会如何“搭便车”是一个精明的职业经理人最为基本的素质，比如让其他大的企业先行开发市场。有时候有所不为才能有所作为。

（3）美女的硬币。一位陌生美女主动与一位绅士搭讪，并要求和他一起玩个游戏。美女提议：“让我们各自亮出硬币的一面，或正或反。如果我们都是正面，那么我给你3元，如果我们都是反面，我给你1元，剩下的情况你给我2元就可以了。”（见表2-4）听起来是不错的提议，但这个游戏真的够公平吗？

表2-4 “美女的硬币”得益矩阵

美女的硬币	正面	反面
正面	3，-3	-2，+2
反面	-2，+2	1，-1

假设我们出正面的概率是X，反面的概率是1-X。为了使利益最大化，应该在对手出正面或反面的时候我们的收益都相等，不然对手总是可以改变正反面出现的概率，让我们的总收入减少。由此列出方程就是$3X+(-2)\times(1-X)=(-2)\times X+1\times(1-X)$，解方程得$X=3/8$，也就是说平均每8次出示3次正面，5次反面是我们的最优策略。而将$X=3/8$代入到收益表达式$3\times X+(-2)\times(1-X)$中就可得到每次游戏的期望收益为-1/8元。

用同样的方法可以算出美女每次游戏的期望收益为1/8元，也就是说，在双方都采取最优策略的情况下，平均每次美女赢1/8元。其实只要美女采取了（3/8，5/8）这个方案，不论你再采用什么方案，都是不能改变局面的。但是当你也采用最佳策略时，至少可以保证自己输得少些。否则，你肯定就会被美女采用的策略针对，从而赔掉更多。

这个例子带来的启示是，参与市场交易的企业经营者一定要充分了解交易规则，避免堕入交易陷阱，最好是自己成为规则的制定者。

（四）创业项目选择

管理大师彼得·德鲁克曾在《有效的主管》一书中简明扼要地指出："效率是'以正确的方式做事'，而效能则是'做正确的事'。效率和效能不应偏废，但这并不意味着效率和效能具有同样的重要性。我们当然希望同时提高效率和效能，但在效率与效能无法兼得时，我们首先应着眼于效能，然后再设法提高效率。"也就是说，首先应当"做正确的事情"，然后才是"正确地做事情"。换句话说，就是"选择比努力更重要"。

创业计划首先要回答的三个关键问题是："卖什么""卖给谁"和"怎么卖"，分别属于"产品问题""市场问题"和"营销问题"。能否回答好这三个问题，涉及创业项目的选择，即找到"正确的事情"。对三个问题的创新性回答，即"产品创新""市场创新"和"营销创新"，是从创新走向创业成功的三条主要途径。

要对创业项目做出正确的选择，首先应当对所在行业或产业进行选择。所谓行业，是按产品或服务类别划分的经营单位；所谓产业，则是产出同一类产品或服务的经营单位。一般以第一产业、第二产业指称农业和工业，以第三产业指称服务业。

俗话说："男怕入错行，女怕嫁错郎。"无论创业和就业，选对行业都是走向成功的最关键的第一步。创业者在选择创业行业时，首先要想清楚三个问题：一是市场机会在哪里？二是你个人的生活志向与兴趣在哪里？三是以你现有的或能够获取的资源与能力能够把握的机会在哪里？这三个问题的答案应当尽可能一致或匹配，匹配度越高，创业成功的可能性越大。

相对市场成熟但竞争激烈的传统行业，市场机会毫无疑问更多地存在于新兴产业（朝阳行业），尤其是国家战略性新兴产业和谋划布局的未来产业，创业者应该尽可能选择这些受到国家政策支持的产业创业。2021 年《中国"十四五"规划和 2035 年远景目标纲要》发布，提出聚焦新一代信息技术、生物技术、新能源、新材料、高端装备、新能源汽车、绿色环保以及航空航天、海洋装备等战略性新兴产业，构筑产业体系新支柱，同时在类脑智能、量子信息、基因技术、未来网络、深海空天开发、氢能与储能等前沿科技和产业变革领域，组织实施未来产业孵化与加速计划，谋划布局一批未来产业。这些产业涉及众多领域，立志创业者应当尽早从中找到自己感兴趣的方向，努力积累必要的资源，做好创业准备。对于在相关专业学习和毕业的大学生而言，当然最好是选择在自己的专业领域内创业，这样可以充分发挥自己的专业所学，更容易发现机会、实现创新，从而更快获得成功。从任正非、马化腾，到汪涛、张一鸣等一大批高新科技企业创始人莫不如是。比亚迪公司创始人王传福本科就读中南矿冶学院冶金物理化学系时就开始接触电池，1987 年进入北京有色金属研究总院攻读硕士，专门研究电池，硕士毕业后留院工作，1993 年被任命为研究院在深圳成立的比格电池有限公司总经理。在有了一定的企业经营和电池生产的实际经验后，王传福发现，作为自己研究领域之一的电池面临着巨大的市场机会，尤其是手提电话的发展对充电电池的需求会与日俱增。而在他看来，技术不是什么问题，只要能够上规模，就能做出大事业。1995 年 2 月，王传福创立了比亚迪公司，公司很快取代日本电池企业的垄断地位，成为一流的电池生产商。比亚迪公司凭借其在电池领域不断创新的领先技术，在电子、汽车、轨道交通、新能源等领域不断开疆拓土，2021 年跻身福布斯全球企业 500 强。

创业者选择好进入的行业的同时，要明确具体产品和市场，一般可以按以下思路去选择。

（1）新产品—新市场。毋庸置疑，创业企业应当首选开发颠覆性的新产品，因为它们能带来全新的广阔市场，即所谓“蓝海”。

（2）新产品—旧市场。当然，大部分企业缺乏开发颠覆性新产品所需的资源，此时若能对当前市场上已有产品加以改进升级，能给消费者提供一些新的体验，也能够相对容易地获得部分市场份额。

（3）老产品—新市场。如果既没有颠覆性新产品，也没有改进型新产品，那就要进行市场创新，设法给老产品找到或开发一个新的市场，填补市场空白。电子商务，尤其是跨境电子商务的出现，给国内企业的产品开辟了广阔的市场。

（4）老产品—旧市场。如果初次创业，没有资源与能力开发新产品和新市场，只能在现有市场中经营处于成熟期的产品，可以采取以下经营方式，尽可能降低经营成本，通过营销创新抢夺市场份额。

①经营个人熟识和感兴趣的产品，包括亲朋好友生产和经营的产品，以及所学专业知识领域涉及的产品。这样可以降低采购风险，降低交易成本，还可以提升工作热情。例如计算机软件专业学生成立软件开发公司，美术专业学生开设课外美术培训机构等。

②经营成本相对较低的产品，或者先收集订单后进货。降低经营成本，减小存货风险。例如开网店销售网上热销的产品。

③经营市场消耗比较频繁或购买频率比较高的产品（即快消品），例如饮料、生活日用品等，在消费者方便购买的位置销售，薄利多销。

④经营服务于热点市场或市场热点的产品，以保证客源，减少竞争压

力。例如在兴旺的服装批发市场中开饮食店或便利店。

⑤经营客户认知度较高的产品，可以减少广告等营销费用的支出。

（五）精益创业

精益创业（Lean Startup）是美国硅谷流行的一种创业方法论，由硅谷创业家埃里克·莱斯（Eric Ries）于2012年8月在其著作《精益创业》中首度提出。其核心思想受到另一位硅谷创业专家史蒂夫·布兰克（Steve Blank）的《四步创业法》中“客户开发”方式的很大影响，后者也为精益创业提供了很多精彩指点和案例。精益创业的三个主要工具是：最小可用品、客户反馈和快速迭代。

最小可用品是指将创业者或者新产品的创意用最简洁的方式开发出来，可以是产品界面，也可以是能够交互操作的胚胎原型。它的好处是能够直观地被客户感知到，有助于激发客户的意见。通常最小可用品有四个特点：体现项目创意，能够测试和演示，功能极简，开发成本最低甚至是零成本。

客户反馈是指通过直接或间接的方式，从最终用户那里获取针对该产品的意见。通过客户反馈渠道了解关键信息，包括客户对产品的整体感觉，客户并不喜欢和并不需要的功能点，客户认为需要添加的新功能点，客户认为某些功能点应该改变的实现方式等。获得客户反馈的方式主要是现场使用、实地观察。对于精益创业者而言，一切活动都是围绕客户进行，产品开发中的所有决策权都交给客户，因此，如果没有足够多的客户反馈，就不能称为精益创业。

快速迭代是针对客户反馈意见以最快的速度进行调整，融合到新的版本中。对于互联网时代而言，速度比质量更重要，客户需求快速变化，因此，不追求一次性满足客户的需求，而是通过一次又一次的迭代不断让产品的功能丰满。

抖音快速成长的历程，可以视作精益创业的成功范例。

抖音从2016年立项，到2018年春节爆发，经历了一年多的蛰伏期，横空出世，让15秒的短视频成为人们了解世界的另一个窗口。到2019年，抖音国内日活跃用户规模已超过2.5亿人，海外版TikTok覆盖150多个国家和地区，登顶许多主流国家应用商店榜首。如此亮眼的成绩背后，抖音初创团队的配置其实并不强悍。他们中有第一次当产品经理的张祎，第一次负责整体设计的设计师纪明，第一次从头开始写程序的应届毕业生，以及第一次接触互联网行业的运营实习生。

做视频，是字节跳动公司计划之中的事。早在创始人张一鸣创业伊始写的PPT里，“视频”与“文章”“图片”并列，是产品体裁的重要一项。但当时国内大屏手机还未普及，4G 流量资费成本尚高，相比于正在快速增长的图文类移动消费，短视频的爆发还需要等待时机。

到了抖音准备入场的 2016 年，短视频的赛道上已经有美拍、快手等几款主流产品，而字节跳动公司当时总共才 2 000 名员工，旗舰产品“今日头条”的日活用户规模刚过 5 000 万人，头条视频刚上线不久，火山还只是直播平台，在多媒体技术方面的积累非常薄弱，一切都还是初始的状态。当时市面上已有的短视频产品大多为横屏，少部分竖屏产品，采用一屏展示多个视频的方式，点进去才能全屏观看。而抖音，全屏显示一个视频，一打开就自动播放。一支临时拼凑起来的过于年轻的团队，一种尚未被成功验证过的产品形态，抖音起步时完全不被看好。

抖音项目组盘点了市面上 100 多款短视频产品，从视频时长来看，有 5 分钟的，也有 1 分钟的，但没有产品覆盖 15 秒左右的视频；从用户画像来看，年轻人，特别是一二线城市的“95 后”年轻人，缺少一款专属于他们的产品，项目组决定把宝押在这群人身上。

为了迎合目标用户的需求，项目组邀请附近中学的学生到会议室，听他们你一言我一语地讨论喜欢什么样的产品。设计师纪明发现，用户只能基于市面上已有的产品做判断，想象力很难超出日常经验范围。正如乔布斯所言：“大多数时候，你没有把设计给用户看之前，用户根本不知道他们想要什么。”

火山技术团队用不到一周的时间，抽调出将近十位工程师，进入新项目的封闭开发。其中最资深的，也只有三年工作经验，另有四位刚毕业的应届毕业生和实习生。设计人员每天拿出一个大的模块，凌晨两三点上传标注好，研发人员第二天来上班时就能介入开发。这么干了一周，抖音第一版开发完成。但充满 bug 的第一版，一度让纪明改到崩溃。为了提高需求反应速度，技术团队主动要求取消提需求的流程，高优和 bug 追查可随时插入，保证了每周发一个小版本的迭代速度。为了让技术人员了解问题，抖音运营专门拉了一个技术答疑群，让技术人员和用户直接沟通。遇到线上说不清楚的问题，用户会被邀请来办公室当面聊。早期用户给产品提了很多意见，参与其中的贡献感，支持他们和抖音一起成长。其中有位在加拿大留学的技术流 KOL（关键意见领袖）在体验抖音后曾毫不客气地回绝了入驻邀请：“你们产品太简陋了，就这‘破车’还想上高速？”用户运营李简没有因为这些话就不理他，反而让他给提意见。当时国内的同类产品，普遍存在音画不同步的问题，这两三百毫秒的延迟，普通用户觉察不出来，那位 KOL 给很多同类产品提过意见，都没能改过来。抖音团队决心解决这个问题，运营、产品、技术和这位 KOL 开视频会议，一个版本一个版本地调，经常改了这个，影响那个，这时候只能安慰那位 KOL 先用着，再去想怎么解决新的问题。当时抖音团队的工位，在中航矮楼二层的高台上，运营和产品人员坐前面，技术人员坐后面。夜里两三点发版是常事。发版测试了一个多月，那位 KOL 终于觉得满意，不再搬运自己曾发在其他产品上的视频，而是开始用抖音发原创视频。

像这样的案例还有很多，早期用户几乎都是这样一个个死磕下来的。外界普遍认为抖音在同类产品里很能打，其实所谓的“战斗力”回归到现实工作中，无非是一遍又一遍地打包、测试和沟通。在起步晚的情况下想要赢得用户，只有一个笨办法——把功能体验打磨到极致，拿出超用户预期的产品来。

第三章
组织与绩效管理

一、组织与组织结构

（一）组织的概念

组织是指由多人按照一定的规则、为了一定的目的组成的群体。在国际标准 ISO 9000 中，组织的定义是“职责、权限和相互关系得到安排的一组人员及设施”。

近代管理理论奠基人之一，美国著名管理学家切斯特·巴纳德（Chester I. Barnard）在其 1938 年出版的代表作《经理人员的职能》中，开创了组织管理理论研究，对当代管理学体系产生了重要影响。巴纳德认为，组织是两人或两人以上，用人类意识加以协调而成的活动或力量系统，包含三个要素：协作的意愿、共同的目标和信息联系。所有的正式组织中都存在非正式组织，两者是协作中相互作用、相互依存的两个方面。一个协作系统是由相互协作的许多人组成的。当一个组织系统协作得很成功，能够实现组织目标时，这个系统就是“有效性”的，它是系统存在的必要条件。系统的“能率”是指系统成员个人目标的满足程度，协作能率是个人能率综合作用的结果。这样就把正式组织的要求同个人的需要结合起来了。巴纳德的这一“组织协作理论”是管理思想上一个重大突破。

“组织理论之父”德国人马克斯·韦伯（Max Weber）是西方古典管理理论的三位先驱之一（另两人是泰勒和法约尔），提出了官僚组织模式的理论（即行政组织理论），对后世产生了最为深远的影响。韦伯勾画出理想的官僚组织模式，具有下列特征：

（1）组织中的人员应有固定和正式的职责并依法行使职权。组织是根据合法程序制定的，应有其明确目标，并靠着这一套完整的法规制度，组织与规范成员的行为，以期有效地追求与达到组织的目标。

（2）组织的结构是一层层控制的体系。在组织内，按照地位的高低规定成员间命令与服从的关系。

（3）人与工作的关系。成员间的关系只有对事的关系而无对人的关系。

（4）成员的选用与保障。每一职位根据其资格限制（资历或学历），按自由契约原则，经公开考试合格予以使用，务求人尽其才。

（5）专业分工与技术训练。对成员进行合理分工并明确每人的工作范围及权责，然后通过技术培训来提高工作效率。

（6）成员的工资及升迁。按职位支付薪金，并建立奖惩与升迁制度，使成员安心工作，培养其事业心。

韦伯认为，凡具有上述6项特征的组织，可使组织表现出高度的理性化，其成员的工作行为也能达到预期的效果，组织目标也能顺利达成。韦伯对理想的官僚组织模式的描绘，为行政组织指明了一条制度化的组织准则。

（二）组织分工

设立组织的最重要目的就是要完成个体所不能完成的任务，或者因为任务的单位时间工作量超过了个人能够完成的限度，或者因为完成任务所要求的技能个人无法同时具备。此时的任务需要组织通过分工来完成。分工是一种社会行为，主动的分工合作是人类智慧的产物。

组织将工作任务分配给更小的群体或个人。如果每个更小的群体或个人的工作内容相同或类似，称为横向分工；如果不同则属于纵向分工。横向分工是一种简单的分工，主要解决工作量过大的问题。横向分工通常能够缩短完成任务的时间，但并不能提高个体的工作效率，反而由于多人一起工作需要花费更多沟通成本，总体上效率还可能会下降。

纵向分工是把总任务分解成一个个关联的环节，每个人或每组人完成其中的一个环节。分解后通常任务复杂度降低，个体的工作难度下降，从而能够提高个体的工作效率。纵向分工可以完成一个人所不能具备的多项技能要求的任务。人类活动越来越复杂，单个人能够完成的复杂度无法与整个社会创造的复杂度相比。纵向分工使得一些单个人能力并不冒尖的组织，可以通过团队合作去完成复杂的大型任务，推动着人类文明向高级方向演化。

现代具有一定规模的企业组织都是纵向与横向分工的综合体，表现为工作专业（专门）化和部门化。

1. 专业（专门）化

20世纪初，亨利·福特（Henry Ford）通过建立汽车生产线而富甲天下，享誉全球。他的做法是，给公司每一位员工分配特定的、重复性的工作，例如有的员工只负责装配汽车的右前轮，有的则只负责安装右前门。通过把工作分化成较小的、标准化的任务，使工人能够反复地进行同一种操作。这样，福特利用技能相对有限的员工，每10秒钟就能生产出一辆汽车。福特的经验表明，让员工从事专门化的工作，他们的生产效率会提高。

20世纪40年代后期，工业化国家大多数生产领域的工作都是通过工作专门化来完成的。管理人员认为，这是一种最有效地利用员工技能的方式。在大多数组织中，有些工作需要技能水平很高的员工来完成，有些则不经过训练就可以做好。如果所有的员工都参与组织制造过程的每一个步骤，那么，就要求所有的人不仅具备完成最复杂的任务所需要的技能，而且具备完成最简单的任务所需要的技能。结果，除了从事需要较高水平的技能或较复杂的任务以外，员工有部分时间花费在完成低水平技能的工作上。由于高技能水平员工的报酬比低技能水平的员工高，而工资一般是反映一个人的最高技能水平，因此，付给高技能水平员工高薪，却让他们做简单的工作，这无疑是对组织资源的浪费。

通过实行工作专门化，管理层还寻求提高组织在其他方面的运行效率。通过重复的工作，员工的技能水平会有所提高，在改变工作任务或在工作过程中安装、拆卸工具及设备所用的时间会减少。同样重要的是，从组织角度来看，实行工作专门化，有利于提高组织的培训效率。挑选并训练从事具体的、重复性工作的员工比较容易，成本也较低。对于高度精细和复杂的操作工作尤其如此。

2. 部门化

一旦通过工作专门化完成任务细分之后，就需要按照类别对它们进行分组以便使共同的工作可以进行协调。工作分类的基础是部门化。部门化的依据包括：

（1）职能。根据职能进行部门的划分适用于所有的组织，例如制造业企业一般都会按照人事、会计、技术、采购、生产、销售等职能划分部门。这种职能分组法的主要优点是把同类专家集中在一起，能够提高工作效率。

（2）产品。例如海尔集团设立有冰箱、空调、洗衣机、信息产品、厨卫电器等产品本部。这种分组方法的主要优点是提高产品绩效的稳定性，因为公司中与某一特定产品有关的所有活动都由同一主管指挥。

（3）地域。如果一个公司的顾客分布地域较宽，可以根据地域划分部门，进行分片管理。例如海尔集团的海外推进本部下设北美、欧洲、中东、亚太和新市场等事业部。

（4）过程（流程）。过程部门化方法适用于产品的生产，也适用于顾客的服务。例如一个汽车装配厂设有车身焊接车间、喷漆车间、总装车间等。如果你要开办公司，除了要去工商局，还要去银行、税局、刻章社，甚至要去公安局和消防部门备案。

（5）顾客类型。例如一家销售办公设备的公司下设 3 个部门：零售服务部、批发服务部、政府部门服务部。通过为顾客类型不同的部门分别配置有关专家，能够更高效地解决和满足每个部门顾客存在的共同问题及要求。

大型组织进行部门化时，应当综合利用上述各种方法，以取得较好的效果。例如一家大型制造企业在进行部门化时，根据职能类型来组织其各分部，根据生产过程来组织其制造部门，把销售部门分为若干个地区的工作单位，又在每个地区根据其顾客类型分为若干个顾客小组。

现代企业组织以顾客为基础进行部门化越来越受到青睐。为了更好地掌握顾客的需要，并有效地对顾客需要的变化做出反应，许多组织更多地强调以顾客为基础划分部门的方法。

（三）授权与管理层级

1. 授权

授权就是将完成某项工作所必需的权力授给部属人员。授权实质上是对权力的再分工。学会授权对于管理者有着非常重要的意义。泰勒认为管理中大量的事务性工作应该尽可能实行规范化，企业的高级管理人员把一般的日常事务授权给下级管理人员去处理，自己只保留对例外事项（即重要事项）的决策和监督权，这被称为“例外原则”。

授权的意义在于以下四点。

（1）用人。授权能减轻主管的工作负担，使其能够腾出时间处理管理活动中最重要的问题，可以从事重要性管理或例外管理。

（2）育人。授权为被管理者提供培养和锻炼工作能力的机会，可以训练部属，使其具有独当一面的工作能力，有利于不断充实各级管理人员。

（3）励人。授权通常体现了主管对被授权者的重视与信任，因而能够调动部属积极性，引导组织形成竞争风气，提高组织成员的士气，有利于组织目标的实现。

（4）应变。现代企业管理环境复杂多变，授权使部属拥有相应权力去随机应变达成任务目标，使主管免于鞭长莫及；同时主管可以增加管理幅度，减少组织层次，增进组织沟通效率，这些都有利于增强组织的应变能力。

授权应注意以下原则：

（1）恰当授权。要将恰当之权授予恰当之人。但授权的难点也往往在于不容易找到适合授权的人。

（2）权责统一。授权同时应明确相关责任与利益。权力伴随责任者，授权是完成目标责任的基础，用权是尽责的需要。权责对应或权责统一，才能保证责任者有效地实现目标。

（3）按级授权。不要越级管理，当然也不要越级授权，否则失去设立中间层级的意义。

（4）承担最终责任。授权不是分权，被授权者要对任务负责，授权者也要承担任务的最终责任。因此授权后要注意进行必要的指导和监督，不能放任不管。

另外对于根基不深的主管人员，授权会在一定程度上削减其影响力，以后可能很难再将权力收回来，结果衍生出不少后遗症。

2. 管理幅度与层级

管理幅度即一个主管可以有效地指导下属的人数。显然，当组织总人数规模一定时，管理幅度越大，管理层级越少。有研究称，一个主管可以有效地指导下属的人数在 7 人左右。如果管理幅度过宽，由于主管人员没有足够的时间为下属提供必要的领导和支持，员工的绩效会受到不良影响。

但增加管理幅度，可以减少管理人员数量，降低管理成本；同时由于管理层级减少，可以使组织的垂直沟通更加顺畅，缩短与顾客的距离，加快高层管理人员决策速度，快速适应企业内外环境的变化。因此，尽可能增加管理幅度，减少管理层级，即所谓“组织扁平化”成为现代企业组织管理的发展趋势。

增加管理幅度，可以从以下几个方面着手：

（1）提高工作能力。主管的综合能力、理解能力、表达能力强，则可以迅速地把握问题的关键，就下属的请示提出恰当的指导建议，并使下属明确地理解，从而可以缩短与每一位下属在接触中占用的时间。同样，如果下属具备符合要求的能力，工作自觉性高，受过良好的系统培训，则可以在很多问题上根据自己的符合组织要求的主见去解决，从而可以减少向上司请示、占用上司时间的频率。这样，管理的幅度便可适当宽些。

（2）合理分工授权。要根据工作目标和任务的轻重大小，并结合人员的实际能力，合理做好企业分工。若给主管准备了必要的助手，主管善于授权，懂得运用“例外原则”，则管理幅度可以大些。另外若下属的工作内容和性质相近，则管理幅度也可以大些。

（3）完善管理制度和工作计划。对于一个法规、程序健全的组织，幅度就可大些。如果事先有良好、完整的计划，工作人员都明确各自的目标和任务，清楚自己应从事的业务活动，或工作规范化、标准化程度高，则主管人员就不必花费过多的精力和时间从事指导和纠正偏差，那么主管人员的管理幅度也可以大一些。

（4）改善工作条件。主管的办公地点应尽可能与下属接近，并充分利用现代通信与互联网设备与技术，使主管能更早、更全面地了解下属的工作情况，从而可以及时地提出忠告和建议，而且可使下属了解更多与自己工作有关的信息，从而更能自如、自主地处理分内的事务。这显然有利于扩大主管的管理幅度。

（四）组织结构

企业组织结构，就是根据企业总目标，把企业管理要素配置在一定的方位上，确定其活动条件，规定其活动范围，形成相对稳定的科学的管理体系。组织结构可以反映一个组织系统中各组成部门（组成元素）之间的组织关系（指令关系）或命令链。命令链是一种不间断的权力路线，从组织最高层扩展到最基层。命令链以权威和命令统一性为基础。权威是指管理职位所固有的发布命令并期望命令被执行的权力。为了促进协作，每个管理职位在命令链中都有自己的位置，每位管理者为完成自己的职责任务，都要被授予一定的权威。命令统一性原则有助于保持权威链条的连续性。它意味着，一个人应该对一个主管，且只对一个主管直接负责。如果命令链的统一性遭到破坏，一个下属可能就不得不穷于应付多个主管不同命令之间的冲突或优先次序的选择。

现代企业组织结构主要有以下类型。

1. 直线制结构

直线制是一种最早也是最简单的组织形式。它的特点是企业各级行政单位从上到下实行垂直领导，下属部门只接受一个上级的指令，各级主管负责人对所属单位的一切问题负责。企业不另设职能机构（可设职能人员协助主管人工作），一切管理职能基本上都由行政主管自己执行。直线制组织结构的优点是：结构比较简单，责任分明，命令统一。其缺点是：要求行政负责人通晓多种知识和技能，亲自处理各种业务。这在业务比较复杂、企业规模比较大的情况下，把所有管理职能都集中到最高主管一人身上，显然是难以胜任的。因此，直线制不适宜生产技术和经营管理比较复杂的企业，只适用于规模较小、生产技术比较简单的企业，包括一些小型初创企业。

2. 直线职能制结构

直线职能制，或称直线参谋制，是以权力集中于高层为特征的组织结构。绝大多数中小规模企业以及产品较为单一的大型企业都采用这种组织结构形式（如图 3-1 所示）。这种组织结构形式是把企业管理机构和人员分为两类：一类是直线领导机构和人员，按命令统一原则对各级组织行使指挥权；另一类是职能机构和人员，按专业化原则，从事组织的各项职能管理工作。直线领导机构和人员在自己的职责范围内有一定的决定权和对所属下级的指挥权，并对自己部门的工作负全部责任。而职能机构和人员，则是直线指挥人员的参谋，不能对直接部门发号施令，只能进行业务指导。

直线职能制的优点是：既保证了企业管理体系的集中统一，又可以在各级行政负责人的领导下，充分发挥各专业管理机构的作用。其缺点是：职能部门之间有时不能很好地协作与配合，职能部门的许多工作要直接向上层领导报告请示才能处理，这一方面加重了上层领导的工作负担，使他们陷于日常经营活动，疏于考虑企业长远的发展战略，另一方面也造成办事效率低，管理成本上升。为了克服这些缺点，可以设立各种综合委员会，或建立各种会议制度，以协调各方面的工作，起到沟通作用，帮助高层领导出谋划策。

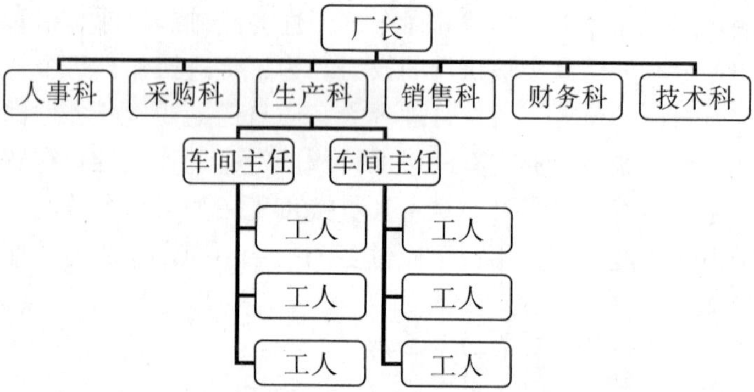

图 3－1　中小型制造企业直线职能制组织机构图示

3. 事业部制结构

事业部最早是由美国通用汽车公司总裁斯隆于 1924 年提出的，故有“斯隆模型”之称，也叫“联邦分权化”，是一种高度（层）集权下的分权管理体制。它适用于规模庞大、品种繁多、技术复杂的大型企业（如图 3－2 所示）。事业部制是分级管理、分级核算、自负盈亏的一种形式，即一个公司按地区或按产品类别分成若干个事业部，从产品的设计、原料采购、成本核算、产品制造，一直到产品销售，均由事业部及所属工厂负责，实行单独核算、独立经营，公司总部只保留人事决策、预算控制和监督大权，并通过利润等指标对事业部进行控制。

事业部制结构的优点是权力下放，有利于高层领导集中精力研究企业的大政方针和战略问题；各事业部独立核算，能充分发挥他们的积极性、主动性和创造性；各事业部之间的竞争有利于提高公司的整体效率；便于培训管理人才。缺点是容易造成机构重叠，管理人员膨胀，管理费用增加，忽视整

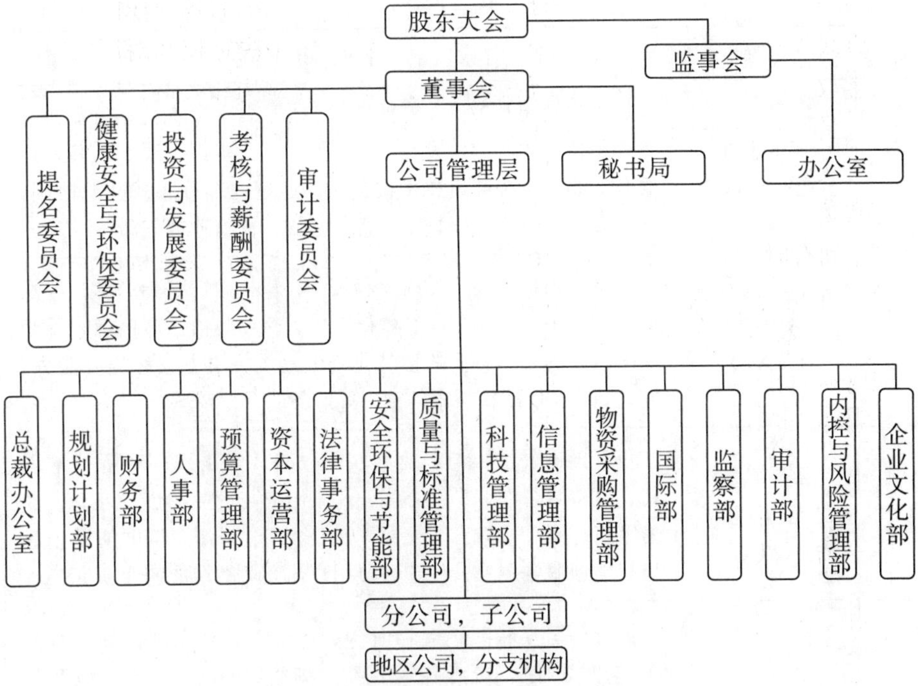

图 3－2　大型股份有限公司组织机构图示

体利益等。

事业部制是企业发展到较大规模，开始从事跨区域或多元化经营时必然要构建的组织结构形式。对于现代超大型企业而言，事业部制需要进一步向事业群制升级，例如腾讯公司于 2012 年升级为事业群制，组建了六个事业群（见表 3－1）。

表 3－1　腾讯公司六大事业群

序号	名称	业　务
1	企业发展事业群（CDG）	作为公司新业务孵化和新业态探索的平台，负责推动包括基础支付、金融应用在内的金融科技业务、广告营销服务等重要领域的发展和创新。同时作为专业支持平台，为公司及各事业群提供战略规划、投资并购、国际拓展、市场公关等专业支持
2	互动娱乐事业群（IEG）	负责公司游戏、电竞等互动娱乐业务的研发、运营与发展。通过系统性研究及前沿科技的探索和应用，不断为用户创造更高品质的互动娱乐内容体验，助力公司在全球互动娱乐领域取得领先地位，并联动公司相关业务共建繁荣向上的内容生态

续上表

序号	名称	业　务
3	技术工程事业群（TEG）	负责为公司及各事业群提供技术及运营平台支持，负责研发管理和数据中心的建设与运营，并为用户提供全线产品和客户服务。同时牵头腾讯技术委员会，通过内部分布式开源协同，加强基础研发，建设技术中台等措施，支持业务创新
4	微信事业群（WXG）	负责微信生态体系的搭建和运营，依托微信基础产品，以及微信公众平台、小程序、微信支付、企业微信、微信搜索等开放平台，为各行各业的智慧化升级提供解决方案和连接能力。同时负责 QQ 邮箱、微信读书等产品的开发及运营
5	云与智慧产业事业群（CSIG）	负责推进公司云与产业互联网战略，依托云、AI 等技术创新，打造智慧产业升级方案，探索用户与产业的创新互动，助力零售、医疗、教育、交通等产业数字化升级，同时协助企业更智能地服务用户，构建连接用户与商业的智能产业新生态
6	平台与内容事业群（PCG）	负责公司互联网平台和内容文化生态融合发展，整合 QQ、QQ 空间等社交平台，和应用宝、浏览器等流量平台，以及新闻资讯、视频、体育、直播、动漫、影业等内容业务，推动 IP 跨平台、多形态发展，为更多用户创造海量的优质数字内容体验

4．矩阵结构与多维网络结构

矩阵结构是指既有按职能划分的垂直领导系统，又有按任务或项目划分的横向领导关系的组织结构，是为了改进直线职能制横向联系差、缺乏弹性的缺点而形成的一种组织形式。它的特点表现在围绕某项专门任务成立跨职能部门的专门机构上，例如组成一个专门的产品（项目）小组去从事新产品开发工作，在研究、设计、试验、制造各个不同阶段，由有关部门派人参加，力图做到条块结合，以协调有关部门的活动，保证任务的完成。

矩阵结构的优点是：机动、灵活，可随项目的开发与结束进行组织或解散；由于这种结构是根据项目组织的，任务清楚，目的明确，各方面有专长的人都是有备而来，因此在新的工作小组里，能沟通、融合，能把自己的工作同整体工作联系在一起，为攻克难关、解决问题而献计献策；由于从各方面抽调来的人员有信任感、荣誉感，使他们增加了责任感，激发了工作热情，促进了项目的实现；它还加强了不同部门之间的配合和信息交流，避免了直线职能结构中各部门互相脱节的现象。

矩阵结构的缺点是：项目负责人的责任大于权力，因为参加项目的人员都来自不同部门，隶属关系仍在原单位，只是为“会战”而来，所以项目负责人对他们管理相对困难，没有足够的激励手段与惩治手段；由于项目组成人员来自各个职能部门，当任务完成以后，仍要回原单位，因而容易产生临时观念，对工作有一定影响；小组成员的双重领导问题也会造成工作中的矛盾。

将事业部制与矩阵制组织结构有机组合，形成多维立体网络结构组织，多用于多种产品、跨地区经营的组织。其优点是管理结构清晰，便于组织和管理；缺点是机构庞大，管理成本增加。

5. 虚拟企业

20 世纪 90 年代以来，随着科技进步和社会发展，世界经济发生了重大变化。人们根据自己生产、工作和生活的需要，对产品的品种与规格、花色式样等提出了多样化和个性化的要求，企业面对不断变化的市场，为求得生存与发展，必须具有高度的柔性和快速反应能力。为此，现代企业向组织结构简单化、扁平化方向发展，于是就产生了能将分散的知识、技术、资金、原材料、市场和管理等资源联合起来的虚拟企业。组织的虚拟化，既可以是虚拟经营，也可以是虚拟的办公空间。1991 年，美国李·艾柯卡（Iacocca）研究所向国会提交了一份题为《21 世纪制造企业战略》的研究报告，在报告中富有创造性地提出了虚拟企业的构想，即在企业之间以市场为导向建立动态联盟，以便能够充分利用整个社会的制造资源，在激烈的竞争中取胜。1992 年威廉·戴维陶（William H. Davidow）与迈克尔·马隆（Michale S. Malone）在《虚拟企业：21 世纪企业的构建和新生》一文中提出：“虚拟企业是由一些独立的厂商、顾客，甚至同行的竞争对手，通过信息技术联成临时的网络组织，以达到共享技术、分摊费用以及满足市场需求的目的。虚拟企业没有中央办公室，也没有正式的组织图，更不像传统组织那样具有多层次的组织结构。”由此可见，虚拟企业是由几个有共同目标和合作协议的企业组成。虚拟企业集合各成员的核心能力和资源，在管理、技术、资源等方面拥有得天独厚的竞争优势，通过分享市场机会和顾客，实现共赢的目的。在虚拟组织平台上，企业间的创新协作可以实现优势互补、风险共担。在网络环境下，企业用虚拟组织的形式组织生产与研发工作，这样可以适应全球化竞争的态势，更好地满足消费者的多变需求，使企业快速发展。

哑铃型组织在信息技术平台上与橄榄型组织结盟，可视为虚拟组织的雏形。哑铃型组织是指企业的产品开发和市场营销这两头能力强，而中间生产能力相对较弱的一种组织结构形式；与哑铃型组织对应的是橄榄型组织，其生产能力很强大，而产品开发和市场营销非常薄弱。例如苹果公司可称为哑铃型组织，富士康科技集团则属于橄榄型组织。苹果产品都是自己设计研发，然后从全球各个硬件供应商处采购定制其产品所需要的硬件，比如CPU由三星代工生产，屏幕由LG、三星、夏普等供应，最后将所有的零配件交由富士康科技集团组装生产后再销往全球。

（五）组织结构设计

1. 组织结构设计考虑因素

企业组织结构类型中，直线职能制组织属于机械式组织，矩阵结构组织和虚拟企业为有机式组织。从直线职能型组织到虚拟企业，组织刚性逐步减少，弹性逐步加大。组织结构设计没有固定的模式，总的要求是从企业的实际出发，保证企业稳定、高效地进行经营活动。组织结构设计主要考虑以下因素：

（1）企业发展阶段。从企业战略发展阶段与组织结构的关系看，企业发展到一定阶段，其规模、产品和市场都将发生变化。这时，企业应采取合适的战略，而且要对组织结构进行相应的调整。

初创阶段，此时企业比较小，结构简单，只生产一种产品或一个产品系列，面对的是一个独特的小型市场。在这个阶段一般采取简单的直线制或直线职能制结构。

快速成长阶段，在经历过原始积累的生存努力之后，很多企业都会慢慢找到属于它的生存方式、业务模式、盈利模式等。这个阶段人员也开始增长得很快，企业进入到了一个快速发展的阶段。在这个阶段一般采取直线职能制或事业部制结构，提高组织效率。

成熟稳定阶段，这个阶段企业管理基本实现规范化，盈利模式运转良好，市场地位稳固，持续稳定发展。在这个阶段一般采取事业部制结构和矩阵结构，保持创新活力。

转型升级阶段，此时企业原有产品市场进入饱和与衰退期，企业需要寻找新的市场机会进行转型升级。在这个阶段企业组织宜采取较为弹性的矩阵结构和虚拟企业组织结构形式。

（2）战略。在组织结构与战略的相互关系上，一方面，战略的制定必须考虑企业组织结构的现实；另一方面，一旦战略形成，组织结构应做出相应的调整，以适应战略实施的要求。适应战略要求的组织结构，有利于战略的实施，从而为组织目标的实现提供必要的前提。

战略选择的不同，在两个层面上影响组织的结构：不同的战略要求开展不同的业务活动，这会影响管理职务的设计；战略重点的改变，会引起组织的工作重点转变，从而影响各部门与职务在组织中重要程度的改变，因此要求对各管理职务以及部门之间的关系做相应的调整。一般而言，在集中及一体化战略下，可采用较为刚性的组织结构形式；在多元化和联盟战略下，则应采用较为弹性的组织结构形式。

（3）外部环境。外部环境无论是宏观环境还是微观环境，包括外部的竞争、购销状况与市场需求等，都会影响到组织结构设计。这是由于组织作为整个社会经济大系统的一个组成部分，它与外部的其他社会经济子系统之间存在着各种各样的联系。一般而言，如果外部环境较为稳定，可以采用较为刚性的组织结构；如果外部环境较为动荡，则宜采用较为弹性的组织结构。

（4）技术。组织的活动需要利用一定的技术和反映一定技术水平的特殊手段来进行。技术以及技术设备的水平，不仅影响组织活动的效果和效率，而且会作用于组织活动的内容划分、职务设置，会对工作人员的素质提出要求。例如信息处理的计算机化，必将改变组织中的会计、文书、档案等部门的工作形式和性质。组织中技术活动的确定性程度决定了对组织结构有不同的管理和协调要求。对于技术较为简单的劳动密集型企业，确定性程度高，可以加强组织结构的正规化和集权化；反之，对于技术密集型企业，则需要组织结构具有较大的弹性。

2. 现代企业组织结构的发展趋势

从企业组织发展的历史来看，企业组织结构的演变过程本身就是一个不断创新、不断发展的过程。当前，金字塔式的层级结构已不能适应现代社会特别是知识经济时代的要求。企业发展已经呈现出竞争全球化、顾客主导化和员工知识化等特点。因此，现代企业十分推崇流程再造、组织重构，以客户的需求和满意度为目标，对企业现有的业务流程进行根本性的再思考和彻底重建，利用先进的制造技术、信息技术以及现代化的管理手段，最大限度地实现技术上的功能集成和管理上的职能集成，以打破传统的职能型组织结构，建立全新的过程型组织结构，从而实现企业经营成本、质量、服务和效率的巨大改善，以更好地适应以顾客、竞争、变化为特征的现代企业经营环境。

因此，现代企业组织结构的发展趋势必然是弹性化和分权化，或者说是网络化和虚拟化，以重心两极化、外形扁平化、运作柔性化和结构动态化为特点，团队组织、动态联盟、虚拟企业等新型的组织结构形式相继涌现，包括横向型组织和无边界组织两大类型。

横向型的组织结构，弱化了纵向的层级，打破刻板的部门边界，注重横向的合作与协调。其特点是：①组织结构是围绕工作流程而不是围绕部门职能建立起来的，传统的部门界限被打破；②减少了纵向的组织层级，使组织结构扁平化；③管理者更多的是授权给较低层次的员工，重视运用自我管理的团队形式；④体现顾客和市场导向，围绕顾客和市场的需求，组织工作流程，建立相应的横向联系。

无边界组织结构寻求的是削减命令链，成员的等级秩序降到最低点，拥有无限的控制跨度，取消各种职能部门，取而代之的是授权的工作团队。无边界的概念，是指打破企业内部和外部边界。打破企业内部边界，主要是在企业内部形成多功能团队，代替传统上割裂开来的职能部门；打破企业外部边界，则是与外部的供应商、客户包括竞争对手进行战略合作，建立合作联盟。

二、绩效管理与激励

绩效即业绩和成效的简称。绩效管理就是构建和完善企业绩效管理体系，衡量和提高组织、部门以及员工个人的绩效水平，从而促进企业发展目标的实现。影响绩效的主要因素有员工技能、外部环境、内部条件以及激励效应。员工技能是指员工具备的核心能力，经过培训和开发是可以提高的；外部环境是指组织和个人面临的不为组织所左右的因素，是客观因素，是完全不能控制的；内部条件是指组织和个人开展工作所需的各种资源，也是客观因素，但在一定程度上能改变；激励效应是指组织和个人为达成目标而工作的主动性、积极性，激励效应是主观因素。可见，激励效应是绩效管理的主要作用对象。

绩效管理在人力资源管理中处于核心地位，因为绩效管理的好坏将直接影响企业的绩效；同时绩效管理为企业人力资源管理各项管理决策提供了必要的依据，企业通过绩效管理，实施绩效考核，使对企业员工的辞退、晋升、转岗、降职等决策行之有据，同时也使员工的培训、薪酬、职业等规划师出有名。

（一）绩效管理工具

1. 目标管理

目标管理（Management by Objective，MBO）亦称“成果管理”，俗称责任制，是指在企业个体职工的积极参与下，自上而下地确定工作目标，并在工作中实行“自我控制”，自下而上地保证目标实现的一种管理办法。经典管理理论对“目标管理”的定义为：目标管理是以目标为导向，以人为中心，以成果为标准，而使组织和个人取得最佳业绩的现代管理方法。

美国管理大师彼得·德鲁克于1954年在其名著《管理实践》中最先提出了“目标管理”的概念，其后他又提出“目标管理”和“自我控制”的主张。德鲁克认为，并不是有了工作才有目标，而是相反，有了目标才能确定每个人的工作。如果一个领域没有目标，这个领域的工作必然被忽视。因此，管理者应该通过目标对下级进行管理，当组织最高层管理者确定了组织目标后，必须对其进行有效分解，转变成各个部门以及各个人的分目标，管理者根据分目标的完成情况对下级进行考核、评价和奖惩。

目标管理流程如下。

（1）制定目标。

制定目标的方式既可以采取由上到下的方式，也可以采取由下到上的方式，还可以两种方式相结合；要全面沟通，达成一致。公司总经理要向全体员工宣讲公司的战略目标，向部门经理或关键员工详细讲解重要的经营目标和管理目标，部门之间相互了解和理解，认可关联性的目标，上司和下属要当面沟通，确认下属员工的个人目标。

制定目标应遵循 SMART 原则。

S 是指目标应是具体明确的（specific）。只有目标明确而具体，才能进行衡量和采取适当的强化措施。要尽可能将目标量化为具体数据，将所有目标量化到数值、公式、表格以便于考核，不能笼统。如年销售额 5 000 万元、利润同比增长 25% 等。对于定性目标，应同时设定一套明确的、可操作的评价标准和方式，不能量化则尽可能细化，如对文员工作态度的考核可以分为工作纪律、服从安排、服务态度、电话礼仪、员工投诉等。

M 是指目标应是可测量的（measurable）。目标指标应可以按照一定标准进行评价，验证这些指标的数据或者信息是可以获得的。如主要原料采购成本下降 10%，即在原料采购价格波动幅度不大的情况下，同比采购单价下降 10%；完善人力资源制度可以描述成“1 月 30 日前完成初稿并组织讨论，2 月 15 日前讨论通过并颁布施行，无故推迟一星期扣 5 分”；等等。

A 是指目标应是可达成的（attainable）。目标应具有挑战性，正如格力公司总裁董明珠所说：“顺手可以拿到的东西不叫目标，一定要跳起来才能达到的东西，才叫目标。”但目标也不能定得太高，让人觉得可望而不可即，因为这就很难充分调动人们为达到目标而做出努力的积极性。要根据企业的资源、人员技能和管理流程配备程度来设计目标，保证目标不能轻易达到，但是在付出努力的情况下可以实现。

R 是指目标应是关联的（relevant），各项目标之间有关联，相互支持，符合实际（reality）。

T 是指目标应是有完成时间期限的（time-bound）。各项目标要订出明确的完成时间或日期，便于监控评价。

（2）分解目标。

公司整体目标分解成部门目标，部门目标分解为个人目标，并量化为经济指标和管理指标。比如年营业收入目标是1亿元，那要分解到各个部门直至个人，时间上分到每季度、每月、每周，甚至是每天。要建立企业的目标网络，形成目标体系图，通过目标体系图把各部门的目标信息显示出来，就像看地图一样，任何人一看目标网络图就知道工作目标是什么，遇到问题时需要哪个部门来支持。

（3）实现目标。

要经常检查和监控目标在实施过程的执行情况和完成情况。如果出现偏差，及时从资源配置、团队能力和管理系统等方面分析原因，及时补充或强化，确有必要时调整目标，避免目标僵化。

（4）考核目标。

按照制定的指标、标准对各项目标进行考核，依据目标完成的结果和质量与部门、个人的奖惩挂钩，甚至与个人升迁挂钩。如果在实现目标过程中，出现了一些不可预测的问题，例如地震、疫情等事件，造成年初制定的目标不能实现，此时应在考核前根据实际情况适当调低目标标准。

目标管理的优点是任务明确，实施效率高，能够形成激励和有效控制；缺点是实施前提条件高，设定恰当的目标不易，可能出现目标短视或目标僵化现象。目标管理是一种能力开发体制，这主要是通过目标管理过程中的自我控制、自主管理实现的。实行自我控制与自我管理，目标责任者必须有一定的自主权。在运用权限自主决定问题和控制过程中，将促使目标责任者对全盘工作进行总体规划，改变靠上级指令行事的局面，这也有利于其发挥能力并不断提高。

2. 关键绩效指标法

关键绩效指标法（Key Performance Indicator，KPI）方法是企业常用的一种考核部门业绩和个人业绩的考核方法，是通过对组织内部流程的输入端、输出端的关键参数进行设置、取样、计算、分析，衡量流程绩效的一种目标式量化管理指标，是把企业的战略目标分解为可操作的工作目标的工具，是企业绩效管理的基础。KPI可以使部门主管明确部门的主要责任，并以此为基础，明确部门人员的业绩衡量指标。建立明确的切实可行的KPI体系，是做好绩效管理的关键。关键绩效指标KPI是用于衡量工作人员工作绩效表现的量化指标，是绩效计划的重要组成部分。KPI不重视行为，而重视结果绩效，KPI体系可以使部门主管明确部门的主要责任，并以此为基础，明确部门人员的业绩衡量指标。

KPI体系有许多优点。KPI可以强化责任，公正评价，提供公正待遇，改进绩效，促进员工发展等；KPI 操作简便，坚持 3～10 项的考核指标考核出 80% 的绩效内容。通过导入 KPI 体系，明晰了对员工绩效评价的侧重点，通过关注几个关键绩效指标，来帮助员工改善绩效，进而改善企业的绩效。

然而 KPI 也有些缺点。KPI 指标的设置应按照功能分析法或流程分析法进行分解、设置，但这两种方法对设置人员的要求很高，设置过程难度较大，因此很多企业往往出现由于没有按照流程导向操作而偏离结果责任导向；另外，一些服务型企业，由于 KPI 指标难于量化，最后的考核流于形式。

3. 360 度绩效考核

360 度绩效考核即从多个维度对员工进行评价。一般至少包括主管、同事、自我、下属等维度。

（1）主管评价。主管评价，即由员工的上级主管来执行对员工的绩效评估工作，这是绩效评估中最常见的方式。为此身为主管必须熟悉评估方法，并善用绩效评估的结果作为指导下属、发展下属潜能的重要参考。为保证评价的准确性，主管人员必须经常与下属接触，观察、了解下属的工作情况。在矩阵制结构组织中，一些员工可能同时会有多个主管。所以在绩效评估的系统建立上，亦可将多主管、矩阵式的绩效评估方式纳入绩效评估系统之中。

（2）同事评价。同事评价是指由员工身边的同事来执行对员工的绩效评估工作。同事长期在一起从事相同的或类似的工作，相互之间较为了解，他们之间的互评，一般都会比较客观、真实。同时，同事之间的互评，还可以让彼此知道自己在人际沟通这方面的能力。但要注意的是，存在明显竞争关系的同事之间的互评，可能会失去客观和真实性。

（3）自我评价。自我评价是指让员工自己对其在工作中的绩效表现做出评估。当员工进行自我评价时，通常会降低自我防卫意识，从而了解到自己的不足，进而愿意加强、补充自己尚待开发或不足之处。但也要注意自我防卫意识较强的员工可能不会进行真实、客观的自我评价的情况。

（4）下属评价。下属评价，即由下属来评价上司的工作绩效，此过程称为向上反馈。管理者可以通过下属的反馈，了解到自己的管理能力有什么地方需要加强，有助于其潜能开发。下属评价运用得好，可以对管理者起到督促作用。下属评价也是体现员工参与管理的一种方式，可以增强企业凝聚力，有助于提升员工的工作绩效。

（5）外部门评价。当员工有较多跨部门联系时，有必要将跨部门相关人员的意见纳入评价系统中。

（6）客户评价。对于直接接触企业外部客户的人员，尤其是营销和售后服务人员，客户的评价意见将非常重要，不可或缺。

对于不同行业、类型的企业，以及不同岗位职责、任务，以上各评价维度在360度绩效考核评价体系中的权重会有所不同，甚至会有很大差异，如果处理不好，很容易影响到评估效果。因此，除非主管由于个人原因无法做到准确评价下属，很多企业真正起作用的仍然是主管评价，其他维度的评价仅作为主管评价的参考。

（二）薪酬设计

企业薪酬体系是紧密结合企业的文化与战略，遵循按劳分配、效率优先、兼顾公平及可持续发展的原则，系统全面科学地考虑各项因素所构建的，并将及时依据实际情况进行修正和调整的企业制度体系，以充分发挥薪酬的激励和引导作用，为企业的生存和发展提供重要的制度保障。一个设计良好的薪酬体系直接与企业的战略规划相联系，使员工能够把他们的努力和行为集中到帮助企业在市场中竞争和生存的方向上去。薪酬体系的设计应该能够补充和增强其他人力资源管理体系，如人员选拔、培训和绩效评价体系等的作用。

企业员工薪酬工资一般分为基本工资（或称标准工资）、绩效工资和附加工资三大部分。

1. 基本工资

基本工资是企业员工所得工资额的基本组成部分，它由用人单位按照规定的工资标准支付，较其他组成部分具有相对稳定性。具体来说，在企业中，基本工资是根据员工所在职位、能力、价值核定的薪资，这是员工工作稳定性的基础，是员工安全感的保证。

基本工资的确定通常应考虑以下四个因素：

（1）外部工资水准。基本工资首先要满足当地最低工资水准，保证职工本人及其平均赡养人口的基本生活需要；同时不能低于当地同类工作劳动者平均基本工资水平，否则难以招收到员工或无法保障员工队伍的稳定。当社会经济状况好、行业景气度高时，基本工资应当定高些。

（2）企业产品成本。员工工资是产品成本的重要组成部分，尤其是劳动密集型产品。基本工资最高额度应以不影响产品的市场竞争力为前提。

（3）岗位工作的繁重程度、复杂程度和困难程度，或者岗位工作对员工体质、知识、技术、能力和经验等要求的程度。工作难度越大，对员工要求越高，则基本工资越高。

（4）员工实际能力与表现。初入职者的体质、知识、技术、能力或经验有欠缺或无法确认，基本工资应低些，正式入职后根据其知识、技术、能力或经验的提升情况和表现按考评标准确定和逐级提升岗位工作级别与基本工资。

2. 绩效工资

绩效工资是基本工资之外基于员工业绩表现而发放的工资，包括奖金和提成等，是对员工超出特定标准的业绩表现的奖励。企业内不同层次的员工，绩效工资占整个薪资总额比例不一样，一般高层占40%～50%，中层占20%～30%，基层占10%～20%。通过对员工业绩进行考核，然后以之为基础发放薪酬，既体现了客观公正公平原则，又促进了员工之间的竞争，从而推动企业提升业绩。

奖金，或称奖励工资，是对岗位角色超履职标准的努力和贡献所给予的经济福利补偿，属于一种激励措施，应按照激励原则发放。没有超履职标准的努力和贡献，就不能享有任何形式和数量的奖金，同时奖金也不能预支，即使是岗位角色可稳定地获得。企业奖金通常并不是一个确定的量，它除了决定于岗位角色个人的努力和贡献之外，企业组织本身的效益也是必须考虑的一个重要因素。

提成工资制是将企业盈利按照一定的比例或额度在企业和员工之间分成的方式。提成制具有激励性，属于一种激励机制，其设立和实施要遵循激励原则。可以按照个人业绩提成，也可以按照群体的业绩提成，或二者兼有。具体采取哪种提成方式，主要要看哪种方式更有利于业绩增长。提成的方式类似计件制，有全额提成和超额提成两种。全额提成即按照总的业务量或销售额的一定比例提成，此时一般采用浮动工资制，提成实际包含了基本工资；超额提成顾名思义即保证完成一定的基本业务量，超额部分会有提成，这种方式下员工会有一定的基本工资，此时的提成类似于奖金。对于提成制来说，确定合适的提成比例是非常重要的，合适的提成比例会对业务员产生努力工作的诱因，比例太低不具有激励性，比例太高影响企业盈利，因此要根据市场行情和企业战略确定合适的提成比例。提成比例一般有固定提成比例和累进或累退提成比例两种方式。累进或累退方式即在不同的业绩区间使用渐增或渐减的分成比例，当然这要根据产品的特性和成本结构来决定。设计合理的提成制能够较好地体现“多劳多得、优劳优酬”的原则，有利于调动员工的积极性，但仅适用于业务可量化且业务增长与企业利润增加密切相关的岗位，例如销售岗位。

3. 附加工资

附加工资是对特定岗位工作相比一般工作所要做出的特别付出的一种补偿。它强调只能是对从事特殊工作和特殊环境条件下的工作给岗位角色带来的额外付出所做的一种补偿，以使这些需要做额外付出的工作能够为人们所接受。设定附加工资的目的在于实现不同工作和不同环境条件下的工作报酬合理化。

附加工资的种类很多，一般分为以下几类。

（1）工作补贴。工作补贴是补偿员工额外劳动消耗的岗位津贴，包括加班加点工资、夜班津贴、中班津贴、班组长津贴、高空作业津贴、井下作业津贴、高温作业津贴、低温作业津贴、特种作业津贴等。工作补贴种类繁多，一般国家都有明文规定，很多是国家强制实行的津贴。企业在执行时，一般需要参照国家的相关法律法规实施。对于没有明文规定的工作补贴，可以列入岗位基本工资中一并计算，以简化工资结构。

（2）生活补贴。生活补贴包括冬季取暖补贴、夏季降温补贴、交通补贴、通信费补贴、住房补贴、水电补贴等。

（3）技术性津贴。技术性津贴主要是针对有特殊技术和技能的员工设立的津贴，是对员工这种特殊技术和技能的稀缺性所支付的等价物，主要包括科研津贴、专家津贴、技师津贴、特殊人才津贴等。有些企业在岗位等级工资中已经包含有相应的内容，不另外单列；但有些企业为了突出对这种技术、技能的稀缺性，在等级工资之外又给予了一定的补偿。

（4）年功性津贴。年功性津贴就是工龄工资（年资），是为了保持员工队伍的稳定，鼓励员工忠诚于企业的一种措施。其计算的方法有两大类：一是平均工龄工资法，即在本企业每增加 1 年工龄给予一定数额的工龄津贴；二是与所承担的岗位等级相对应发给工龄工资，即随着岗位等级的提升，工龄工资也随之提升。工龄工资属于内部普调工资，体现工资的平衡公平性。

（三）激励理论

所谓激励，就是管理者通过一定的物质或精神方式，借助信息沟通，来激发、引导、保持和归化组织成员的行为，以有效地实现组织及其成员个人目标的行为过程。激励的前提是发现或激发客体的某种需要，这一需要造成客体心理紧张并形成动机，主体通过某些手段或方法，引导或归化客体的动机所导致的行为，使之始终保持指向直至达到主体设置的、与需要满足密切相关的目标。

1. *需要层次论*

美国心理学家马斯洛于 1943 年在《人类动机的理论》一文中提出需要层次论，将人的需要由低到高分为五个层次，即：生理需要、安全需要、社交和归属需要、尊重需要、自我实现需要。并认为人的需要有轻重层次之分，在特定时刻，人的一切需要如果都未得到满足，那么满足最主要的需要就比满足其他需要更迫切，只有排在前面的那些属于低层次的需要得到满足，才能产生更高一级的需要。当一种需要得到满足后，另一种更高层次的需要就会占据主导地位。从激励的角度看，没有一种需要会得到完全满足，但只要其得到部分的满足，个体就会转向追求其他方面的需要了。按照马斯洛的观点，如果希望激励某人，就必须了解此人所处的需要层次，然后着重满足这一层次或在此层次之上的需要。比如一个饥肠辘辘的人，他更渴望你给他几个馒头或面包，而不是你赞赏他如何英俊潇洒或出类拔萃。

2. 双因素论

激励因素——保健因素理论，又称双因素理论，是美国的行为科学家弗雷德里克·赫茨伯格（Frederick Herzberg）最主要的成就。20 世纪 50 年代末期，赫茨伯格和他的助手们在美国匹兹堡地区对 200 名工程师、会计师进行了调查访问。结果发现，使职工感到满意的都是属于工作本身或工作内容方面的；使职工感到不满的，都是属于工作环境或工作关系方面的。他把前者叫作激励因素，后者叫作保健因素。

保健因素包括公司政策、管理措施、监督、人际关系、物质工作条件、工资、福利等。当这些因素恶化到人们认为可以接受的水平以下时，就会导致对工作的不满意。但是，当人们认为这些因素很好时，它只是消除了不满意，并不会产生积极的态度，这就形成了某种既不是满意，又不是不满意的中性状态。

那些能带来积极态度、满意和激励作用的因素就叫作“激励因素”，这是那些能满足个人自我实现需要的因素，包括：成就、赏识、挑战性的工作、增加的工作责任，以及成长和发展的机会。如果这些因素具备了，就能对人们产生更大的激励。从这个意义出发，赫茨伯格认为传统的激励假设，如工资刺激、人际关系的改善、提供良好的工作条件等，都不会产生更大的激励；它们能消除不满意，防止产生问题，但这些传统的“激励因素”即使达到最佳程度，也不会产生更大的激励。

赫茨伯格的研究发现，管理者应该认识到保健因素是必需的，不过它一旦使不满意中和以后，就不能产生更积极的效果。只有“激励因素”才能使人们有更好的工作成绩。

双因素理论告诉我们，满足各种需要所引起的激励深度和效果是不一样的。物质需求的满足是必要的，没有它会导致不满，但是即使获得满足，它的作用也往往是很有限的、不能持久的。要调动人的积极性，不仅要注意物质利益和工作条件等外部因素，更重要的是要注意工作的安排、量才使用、个人成长与能力提升等，注意对人进行精神鼓励，给予表扬和认可，注意给人以成长、发展、晋升的机会。

马斯洛的需要层次论和赫茨伯格双因素论都属于需要型激励理论。

3. 期望理论

美国心理学家维克托·弗鲁姆（Victor H. Vroom）于1964年提出了期望理论，属于过程型激励理论。该理论认为，激发的力量来自效价与期望值的乘积，即：

$$激励的效用 = 期望值 \times 效价$$

就是说，推动人们去实现目标的力量，是两个变量的乘积，如果其中有一个变量为零，激励的效用就等于零。效价是激励对象对当目标达到后个人能得到利益或价值的大小的主观估计，期望值是激励对象达到目标的可能性大小，以及目标达到后兑现个人要求可能性大小的主观估计。这两种估计在实践过程中会不断修正和变化，发生所谓“感情调整”。比如，我认为我有能力完成这项任务，完成任务后我估计老板肯定会兑现他给我晋升工资的诺言，而增加工资正是我的最大期望，所以，我工作的积极性肯定很高。任何一个变量的变化，都会影响到工作的积极性。管理者的任务就是要使这种调整有利于达到最大的激发力量。

4. 强化理论

强化理论是美国心理学家和行为科学家斯金纳（Burrhus Frederic Skinner）等人提出的一种理论，也叫操作条件反射理论或行为修正理论。所谓强化是指增强某种行为重复出现次数的一种权变措施。斯金纳强化理论认为在操作条件作用的模式下，如果一种反应之后伴随一种强化，那么在类似环境里发生这种反应的概率就增加。而且，强化与实施强化的环境一起，都是一种刺激，人们可以以此来控制反应。因此，管理人员就可以通过强化的手段，营造一种有利于组织目标实现的环境和氛围，以使组织成员的行为符合组织的目标。

强化的具体方式有4种。

（1）正强化。正强化就是对那些符合组织目标的行为予以奖励，以便使那些行为得以进一步的加强、重复出现。

（2）惩罚。当员工出现一些不符合组织目标的行为时，采取惩罚措施，可以约束这些行为少发生或不再发生。惩罚是力图使所不希望的行为逐渐削弱，甚至完全消失。

（3）负强化。负强化强调的是一种事前的规避。俗语“杀鸡儆猴”形象说明了负强化与惩罚两者之间的联系与区别。对出现了违规行为的“鸡”加以惩罚，意欲违规的“猴”会从中深刻地意识到组织规定的存在，从而加强对自己行为的约束。

（4）忽视。忽视又称不强化或消退，就是对已出现的不符合要求的行为进行“冷处理”，达到“无为而治”的效果。

5．亚当斯公平理论

公平理论是由美国学者亚当斯（J. S. Adams）在综合有关分配的公平概念和认知失调的基础上，于20世纪60年代提出的一种激励理论。该理论认为，对自己的报酬的知觉和比较的认知失调，导致当事人的心理失衡，即不公平感和心里紧张。为减轻或消除这种紧张，当事人采取某种行动以恢复心理平衡。如果报酬公平，当事人就会获得满足感，从而激励当事人的行为。而报酬是否公平，职工们不是只看绝对值，而是进行横向比较，包括和从事相同或类似工作的企业内外人员比较；或纵向比较，即和自己的过去比较。报酬过高或过低，都会使职工心理上紧张不安。尤其是感觉报酬过低时，计时制职工会用降低产量或质量的办法来消除不公平感，计件制职工则以降低质量，增加产量的办法来维持。消除员工的不公平感，是管理者的一项重要职责。当发现有员工因报酬低于预期而产生不公平感、影响到工作情绪时，管理者应当及时介入了解情况，如果暂时无法从物质方面提高报酬，也应当从精神激励和内激励方面增强员工的获得感。当然如果是员工由于自视过高、做了不恰当的比较而造成了不公平感，管理者也要通过细致引导、耐心说服加以消除。

（四）激励的类型与方法

1．物质激励与精神激励

物质激励是指以货币或实物等物质为媒介实施的激励，精神激励是指通过表扬、关心、重视、赞誉等非物质手段实施的激励。虽然物质激励与精神激励的目标是一致的，但是它们的作用机理却是不同的。前者作用于人的生理方面，是对人物质需要的满足；后者作用于人的心理方面，是对人精神需要的满足。随着人们物质生活水平的不断提高，人们对精神与情感的需求越来越迫切。比如期望得到爱、得到尊重、得到认可、得到赞美、得到理解等。精神激励往往比物质激励能起到更大的激励效果。领导者常用的精神激励方法主要有目标激励、荣誉激励、情感激励和榜样激励。

（1）目标激励。使员工能够对工作投入最大的热情的办法莫过于让他们了解到工作的意义。企业愿景目标是企业凝聚力的核心，能够在理想和信念的层次上激励全体员工。领导者要大力宣传企业愿景目标，向员工展示企业光明的未来，更重要的是要说清楚企业愿景目标的实现对员工个人的意义。要不断强化企业价值观，将每个员工的个人目标导入企业目标的轨道，使他们相信企业目标实现的过程，也是他们自我实现的过程。领导者是目标激励的最有效的实施者，因为他的话在企业最具权威。企业目标这面引领千军万马的旗帜，应当由企业最高领导者亲自挥动，号令全体员工聚集在他周围，追随他为共同的理想和信念而奋斗。正如美国通用公司前 CEO 韦尔奇所说的那样："任何一位成功的领导者都是首先向人们描述怎样才能将事情办得更好，从而给他们勾画出一个明晰的前景，激励他们向前进。"

（2）荣誉激励。领导者不失时机地公开承认、赞赏和感谢员工的贡献，给予表现优秀的员工或员工团队以光荣称号或荣誉性奖品如奖章等，可以满足员工尊重和自我实现的需要，从而产生巨大的激励效应。因此，沃尔玛公司创始人山姆·沃尔顿总在公司中寻找一切可以被赞扬的事，特别是那些不为人知的、默默的奉献。他也要求公司所有经理都这么做。他说：当公司的员工有杰出表现时，公司应该知道，让员工们了解自己对于公司来说十分重要。如果你做到了这最简单的一条，员工在被感激的刺激下，人类的天性将被唤起，一种主人翁责任感会油然而生，在极大的程度上能够将整体的利益置于个人之上。任何东西也不能替代适时而真诚的感激之辞。

（3）情感激励。人是一种感情动物，感情因素对人的工作积极性有重大影响。尤其是来自企业最高领导者的友谊和关怀，能让员工在安全、社交和尊重方面的需要得到极大的满足，使员工激发出最大的工作热情和对企业的忠诚。领导者应当乐于与员工交朋友，更多地深入到员工当中，与他们亲切交谈，甚至到员工家中访问，给他们送去温暖。在松下公司，凡是重要节日，或是厂庆，或是职工婚嫁，厂长、经理们都会慷慨解囊，请员工赴宴或上门道喜；在餐桌上，上级和下属可尽情唠家常，谈时事，提建议，气氛和睦融洽，其激励效果远比站在讲台上向员工发号施令好得多。摩托罗拉公司总裁保罗·高尔文只要听到公司哪位员工或其家人生病时，就会打电话这样询问："你真的找到最好的医生了？"由于他的努力，许多人请不来的专家被他请来了；而且在这种情况下，医生的账单可直接交给他，由他来付医疗费。高尔文就是以这种难能可贵的方式表达对员工的关怀和爱护，并因此赢得了员工们的心。

（4）榜样激励。模仿和学习是人们的一种普遍的、基于自我完善的需要。领导者身先士卒、以身作则是最重要的榜样激励形式。世界许多知名企业之所以能够成功，很大程度上应归功于其创始人的率先垂范。比尔·盖茨对工作的狂热与他的富有一样出名。盖茨有时拼命地工作就像发了狂一样：他可以很多天不出办公室——饿了，抓起桌上的汉堡包；渴了，喝几口可口可乐；困了，倒在地板上，顺手抓块毯子，蒙头就睡。正是盖茨的这种工作狂形象，为员工们树立了榜样，使得他们同样自觉地对工作奉献出自己的激情和痴狂。在企业中建立优秀员工评选奖励制度，大力表彰和奖励工作表现突出和贡献巨大的员工，同样也是实施榜样激励的重要和必要手段。

2. 内激励与外激励

所谓内激励是指由内酬引发的、源自于工作人员内心的激励。内酬是指工作任务本身的刺激，即在工作进行过程中所获得的满足感，它与工作任务是同步的。追求成长、锻炼自己、获得认可、自我实现、乐在其中等内酬所引发的内激励，会产生一种持久性的作用。

所谓外激励是指由外酬引发的、与工作任务本身无直接关系的激励。外酬是指工作任务完成之后或在工作场所以外所获得的满足感，它与工作任务不是同步的。如果一项又脏又累、谁都不愿干的工作有一个人干了，那可能是因为完成这项任务，将会得到一定的外酬——奖金及其他额外补贴，一旦外酬消失，他也就不愿意干了。所以，由外酬引发的外激励是难以持久的。因此，管理者不能只看到外激励，一定要学会应用内激励。

3. 正激励与负激励

所谓正激励就是当一个人的行为符合组织的需要时，通过对其进行物质或精神奖励等正强化方式来鼓励这种行为，以达到持续和发扬这种行为的目的。负激励就是当一个人的行为不符合组织的需要时，通过对其进行批评、扣发奖金、降职等惩罚或负强化方式来抑制这种行为，以达到减少或消除这种行为的目的。

奖罚分明是组织管理的一条重要法则，正激励与负激励都是企业管理必不可少的激励手段。但对于现代社会而言，人的需求层次趋向于尊重和自我实现，负激励往往并不能起到预期的激励效果，甚至有时会起到反效果。因此，在现代企业管理实践中，应更多地采用正激励的方式。而且对高绩效者的正激励，在一定程度上就是对低绩效者的负激励。

4. 股权激励

股权激励是一种通过给予企业经营者和员工一定的股权，使他们能够以股东的身份参与企业决策、分享利润、承担风险，从而勤勉尽责地为公司的长期发展服务的一种激励方法。具体模式包括：

（1）业绩股票。当激励对象达到预定的业绩目标（如扭亏为盈）时，则公司提取奖励基金给其购买公司股票或直接授予其一定数量的股票。

（2）股票期权。激励对象可以在规定的时期内以事先确定的价格购买一定数量的本公司流通股票，也可以放弃这种权利。

（3）虚拟股票。公司授予激励对象一种虚拟的股票，激励对象可以据此享受一定数量的分红权和股价升值收益，但没有所有权和表决权，不能转让和出售，在离开企业时自动失效。

（4）股票增值权。公司授予激励对象的一种权利，如果公司股价上升，激励对象可通过行权获得相应数量的股价升值收益，激励对象不用为行权付出现金，行权后获得现金或等值的公司股票。

（5）限制性股票。事先授予激励对象一定数量的公司股票，但对股票的来源、抛售等有一些特殊限制，一般只有当激励对象完成特定目标后，激励对象才可抛售限制性股票并从中获益。

股权激励表面上属于物质激励，实质上也包含精神激励和内激励的成分，因为员工的长期价值能够通过股权激励得到体现。中小企业面临的最大问题之一就是人才的流动问题。由于待遇差距，很多中小企业很难吸引和留住高素质管理和科研人才。实践证明，实施股权激励计划后，员工的工作积极性会大幅提高；同时，由于股权激励的约束作用，员工对公司的忠诚度也会大大增强。英特尔、应用材料、华为等国内外高科技企业都实施全员持股。2004年，已在美国半导体界成就卓著的尹志尧毅然回国创立中微半导体公司，同样实施全员持股。他说："如果员工只有工资和奖金，那么竞争企业可以轻松用高薪挖走你的员工，让你曾经的员工成为你的竞争对手。为长远考虑，我们公司全员持股，每一个级别股票差20%，工资差10%，我称之为中微特色社会主义集体所有制。"

（五）实施激励的过程与原则

1. 设定目标

要实施激励，首先要按照期望理论，遵循SMART原则，为激励对象设置一个明确的、鼓舞人心而又切实可行的目标。可以分阶段设立目标。首先设立较长远的大目标，同时将这一目标进行分解，分成许多小目标，完成每个小目标都及时给予强化，这样不仅有利于目标的实现，而且通过不断的激励可以增强信心。职务和职称等级晋升制度也可以说就是通过分阶段设立目标实施激励的。

2. 确定激励的方法和介质

不同的激励对象有不同的层次和层度的需求，不同的激励类型对行为过程会产生程度不同的影响，所以激励类型和介质（奖金、奖状、荣誉称号、住房、晋升、假期、股权等）的选择也是做好激励工作的关键一环。应遵循以下原则：

（1）因人而异，按需激励。激励的起点是满足员工的需要，但员工的需要因人而异、因时而异（需要型激励理论）；只有满足最迫切需要（主导需要）的介质，其效价才高，其激励强度才大（期望理论）。只有根据所实现目标本身的价值大小确定合理适度的介质和激励量，才能让员工感受到公平（公平理论）。因此，领导者必须深入地进行调查研究，不断了解员工需要层次和需要结构的变化趋势，有针对性地采取激励介质，才能收到实效。

（2）正激励与负激励相结合。正负激励不仅作用于当事人，而且会间接地影响周围其他人。就现代人性而言，正激励比负激励更有效。奖励是激扬人性，惩治是压抑个性，因此，在“正”“负”并举、奖罚分明的同时，应以正激励为主。

（3）物质激励与精神激励相结合。物质激励是基础，精神激励是根本。精神激励相对更为深刻、持久，但具体实施需要领导者付出更多的时间和精力。

（4）外激励与内激励相结合。由外酬引发的外激励是难以持久的，就现代人性而言，尤其要重视内激励。

（5）个人激励与团队激励相结合。企业用于奖励的资源是有限的，而企业目标往往需要多人共同合作才能达成，如果仅仅对个别员工进行奖励，员工之间形成零和竞争，团队凝聚力下降。有些员工能力强，总是获奖，激励效应逐渐递减；另外一些员工由于各种原因总是得不到奖励，逐渐失去工作动力，激励的总体效果大打折扣，甚至妨害到企业目标的达成。因此，企业在实施个人激励的同时应当引入团队激励机制，即对达成企业目标贡献较大的团队进行奖励，给予团队每个成员同等的奖励物资和荣誉。

3. *高效实施激励*

要达到理想的激励效果，激励机制的建立与实施还应遵循以下原则：

（1）公平公正原则。评价标准必须充分考虑岗位本身的价值和贡献差别，并且对同类岗位按统一标准进行激励，做到平等相待，一视同仁，否则会出现激励无效甚至起反作用的情况（公平理论）。对于定性目标，如果难以设定一套明确的、可操作的评价标准和方式，可由同类岗位相互了解的员工采用投票方式评选激励对象以达到相对的公平公正。

（2）公开直观原则。一是激励的制度标准是公开透明的，评价方法得到大多数人的认同，每一位激励对象都清晰了解；二是激励的过程是公开直观的。通常激励影响的心理效应与其直观性成正比，例如召开表彰大会在台上授奖而不是让获奖者自己到发证部门领奖，既能令获奖者获得更大的精神激励，也可对台下未获奖的参会者起到更好的示范效应，因此激励效果会好得多。

（3）及时性原则。应该在行为发生以后，及时通过某种形式和途径将工作结果反馈给行为者，并尽快实施激励。一个人在实施了某种行为以后，即使是领导者表示“已注意到这种行为”这样简单的反馈，也能起到正激励的作用。要把握激励的时机，“雪中送炭”和“雨后送伞”的效果是不一样的。激励越及时，越有利于将人们的激情推向高潮，使其工作热情和创造力连续有效地发挥出来。

（六）多样化的员工配置与管理

现代社会正在进入一个多样化的时代。在经济领域，人的喜好和需求多样化，市场产品和服务多样化，企业经营和管理多样化，三者相互影响、相互推动，共同创造一个色彩缤纷的世界。同时，多样化的员工配置与管理，开始成为现代组织人力资源管理的一个重要发展方向。

1. 多样化员工配置概念和意义

多样化员工配置的具体含义是：一个组织的所有成员在服从共同的组织理念的前提下，个体特质应保持一定差异，例如性别不单一，年龄多层次，智能多元化，气质、性格多类型，各自具有一定的正当爱好或特长，等等；所有员工的能力与其岗位责任相匹配，兴趣尽可能与其工作内容相吻合；使组织成为年龄衔接、知识配套、智能互补、能级合理、心理相容、长短相济、目标一致、团结协作的群体。多样化员工配置的意义主要体现在以下几个方面：

（1）员工队伍的相对稳定性。生物的多样性与稳定性有着重要的联系。员工的多样化，同样可以带来员工队伍的相对稳定性。拿破仑有句名言："不想当将军的士兵不是好兵。"但当所有的兵都只想当将军，而将军的位置又只有一个，多数人想当将军的愿望，几乎没有实现的可能时，他们还能长期安心当兵吗？古语道："一山不容二虎。"当两个特质完全相同的人成为同事时，相互间必然形成攀比：双方可能谁都不服谁，难免明争暗斗，把大量精力浪费在内耗上。当利益或荣誉只能给其中一人时，另一人的心理上必然产生强烈的挫折感，并因此可能萌生去意；而相反，如果两个人的特质差异大，或互有长短，两人之间的可比性就减小，双方和睦相处的机会就大得多。如果员工各自具有不同的爱好或特长，那么每个人都有成为某一方面"将军"——最优者的可能。这无疑有利于避免全员争做唯一"将军"带来的负面影响，从而增强员工队伍的相对稳定性。心理学的研究表明，男女共事有助于缓和工作气氛，提高工作质量。男性与女性在体能、思维习惯、待人处事的方式等方面各具优势或特点，可形成互补；年纪较大的员工，他们的社会经验及他们趋向周密的思维和谨慎的言行，也可与年轻人的浮躁好动、革新意识和冒险精神形成互补；身体有一些不影响工作的缺陷的人，他们可能较一般人更具进取心和更忠于职守；等等。由此可见，通过多样化员工配置，在员工队伍中保持一定比例的求职弱势群体，无疑也可增强员工队伍的相对稳定性。

（2）组织的适应性多性化的员工有着多样的社会背景、技能和经验，以及多样的性格类型（理智型、感性型、逻辑型、独特型、社会型或对立型等)，因而更容易适应复杂多变的环境，更容易理解不同特质人群的需求，更容易接受新事物，随机应变，迎接挑战。具体而言，多样化的员工配置可以丰富组织的产品结构和服务方式，以适应多样化的、日新月异的市场需求；可以丰富组织的关系资源，从而可能影响外部环境向有利于组织的方向发展。一个简单的例子是，一个球队通过引进一名外籍球员，打开和造就了一个庞大的外国市场。

(3) 组织的创造性。世界著名心理学家霍华德·加德纳（Howard Gardner）经长期研究后提出人的智能分为七种：音乐智能、身体运动智能、数学逻辑智能、语言智能、空间智能、人际关系智能和自我认识智能。解决组织的具体问题对员工的能力要求往往是多元的和综合性的。多样化的员工结构一般而言容易形成多元的智能结构，比同质性群体有更广的视角、更宽的思维，在面临问题时能够提供更多的意见和建议，哪怕这些意见是互相矛盾的，智慧的火花也许就在这矛与盾的碰撞中迸发出来。

(4) 平等就业的社会要求。随着社会的发展，追求平等就业机会的呼声日益高涨。组织机构招聘员工时的种种条件限制，无论是族群限制（种族、生长地域、家庭背景等），还是生理限制（性别、年龄、身高、容貌、残疾等），或是其他限制（例如个性、气质、工作经验、过失记录等），甚至仅仅是学历和职称上的限制，如果提不出有力证据证明是必要的，都有可能遭受到就业歧视的指控，并将为此付出很大的代价。多样化的员工配置，其出发点就是要尽可能取消招聘中的各种附加条件限制，因而也就免除了对有关就业歧视指控的担忧。

(5) 人力的招募和发掘。在人力资源市场上因歧视和偏见而形成的弱势群体中，同样存在着许多优秀的人才，摒弃所有歧视和偏见，无疑将直接拓宽人才的来源；同时，因员工多样化带来的美誉，也将有力地吸引各路人才的加盟。另外，多样化的员工配置，也为人才的脱颖而出提供了条件。多样化的员工配置有助于人才的招募和发掘，且能增强员工队伍的稳定性，因而在一定意义上也降低了组织的人力资源成本。

2. 多样化员工的招聘

多样化员工配置的实施包含招聘和匹配两项内容，这两项内容是合并进行的。目前，国内许多组织机构在招聘员工时，仍然保持着一元的思维方式，即只考察应聘员工的岗位技能，而忽略或未意识到员工的多样化配置。招聘中仍普遍存在着限制性别、年龄的情况，学历、职称越高越好，工作经验越丰富越好，甚至还出现过在招聘条件中附带籍贯限制或血型限制的荒唐现象。多样化员工的招聘观念则截然不同，它要求负责招聘的管理人员突破传统思维模式，有意识地招聘多样化的员工，并在招聘的同时充分考虑员工的合理匹配，为实现多样化员工配置优势奠定基础。具体而言有以下几方面：

首先，招聘广告要尽可能取消各种附加条件限制。凡自认为胜任岗位工作的人，都可参加应聘。正所谓“英雄莫问出处，人才不拘一格”。就现实情况而言，应当对目前求职队伍中的弱势群体给予更多的关注。在美国，肯德基、麦当劳等众多公司都把他们的招聘瞄准年纪较大的工人，认为他们能产生一种稳定的效果，并带来良好的职业道德。

其次，招聘途径应多样化。媒体广告、互联网、人才市场、校园招聘、猎头、员工引荐等，多管齐下，这样更有利于招募到不同特质的员工。管理人员的选拔应内外结合，内部提拔有助于鼓舞士气，外部招聘则可能带来新思维，二者皆不可偏废，具体取舍视组织当时需要和人选情况而定。

再次，招聘考核的内容，着重于以下三项要求。

（1）岗位技能。这里要说明的是，并非被聘用的员工岗位技能越高越好。例如日本松下公司认为公司应招聘适用的人才，技能过高，不见得就合用；只要人品好，可以让他去学习，不必非要用有经验的人。有时聘用那些能力仅有“顶尖”人才的70%的人员效果更好，他们会更重视公司给予的职位，全力以赴做好工作以证明自己。

（2）团队精神和对组织理念的认同。多样化的员工，其价值观、信念、工作作风和习惯等差异很大。性格类型各异，如果员工没有团队精神，不能认同统一的组织理念，就无法与组织融为一个整体，给组织带来的将是斥力而非合力。《中国青年报》曾经做过的“人力资源：青年职业前景与跨国公司在华战略”的调查显示，团队精神已成为跨国公司在选才时的最重要指标之一。微软亚洲研究院的一位高管坦言：他对每位求职者的面试都极其严格，不少落选的人并不是不优秀，而是在某一方面不符合微软的文化精神和价值标准要求。

（3）多样化个体特质与匹配。被聘用的员工的个体特质应与其他组织成员保持一定差异，并形成合理匹配。被聘用的员工还应具有一定的正当爱好或特长，管理者从中可以发现或引发员工的自信心和潜能。员工的爱好或特长如果能与工作内容相吻合则更佳，因为这无疑有助于员工高效地完成工作任务，同时享受到工作的乐趣。

最后，具体的招聘考核办法将围绕以上考核内容，采用笔试、面谈、心理测验、实际操作或情景模拟等多种方式进行。有时根据应聘者具体情况的不同，管理人员还可以找到一些独特的考核办法。当年美国诣瞰采购网中国公司考察一个毕业生有没有团队精神，主要看他在大学期间是否参加过学生组织、社团、志愿者协会，及其在这些组织里的表现和取得的成绩。日本电产公司创办初期，因为规模太小，没有竞争力，大学毕业生都不肯来，只有从其他企业淘汰下来的人员中选人。公司创办人永守重信的选才办法可谓别出心裁，他的办法是："快吃考核法"——谁吃饭快就录取谁；"大声考核法"——谁声音洪亮就录取谁；"扫厕所考核法"——谁不怕脏就录取谁。结果令人难以置信，靠这样一套奇特的选才法招来的人，竟使日本电产公司10年间销售额增长100倍，企业资金增加15倍，成为日本一家超优秀企业。

3. 多样化员工的管理

多样化员工配置优势的发挥，还有赖于组织建立有效的人力资源管理机制。首先需要强调的是，实施多样化员工配置战略的组织，必须确立以"人本主义"为核心的组织理念。管理者应当相信，多样化的员工都有各自优秀的方面，都有表现各自优势、实现自身价值的愿望。管理的目标，就是要充分发挥员工的才智、挖掘员工的潜能，尽可能帮助他们实现自我，使员工的满意度达到最大，从而最大限度地激发他们对工作的热情和对组织的忠诚。同时，采取一切办法，通过各种形式来强化组织理念，以统一员工的思想和行为朝向共同的组织目标，形成具有"建设性冲突"的组织文化。以下所列管理制度和文化活动，就是围绕上述目标而设计的，同时它们也是组织培养和锻炼员工素质和能力、发掘组织内部人才的平台。

（1）建立完善的培训制度。一方面，要加强对各级管理干部进行组织理念和管理艺术的培训，使他们能够真正关心、爱护和尊重员工，能够以平等、开放和包容的姿态，听取不同的声音，甚至鼓励员工表达自己的不满。另一方面，要有计划地对员工进行组织理念和个人心理品质培训（包括人际训练和情感训练）。要培养员工平等相待、公平竞争的精神，让每一个员工在勇于表现自我的同时，学会互相理解、互相尊重、互相鼓励、互相欣赏、互相爱护、互相帮助，共同为实现组织目标做出最大努力。

（2）构筑全方位的、畅顺的信息沟通渠道。例如领导接待日、员工信访制、恳谈会、交流会、报告会、墙报、内部报刊、热线电话、调查问卷、单独谈话（甚至家访），以及各式各样的员工参与管理机制和文化活动等。计算机互联网以其双向互动性、快捷全面性、易于统计和存储性，以及避免某些情况下面对面沟通中的尴尬等特点，为现代组织信息通道提供了便利，得到了越来越广泛的应用。

（3）设立多元的晋升路径，帮助员工制订职业生涯规划。例如在朗讯科技公司，当一名新员工进入公司后，部门经理必定与其进行一次深入的长谈，询问其个人发展目标，以及为实际目标需要公司提供什么帮助。以后每年年末和员工一起对照上一年的规划进行检查，制订下一年的规划。

（4）建立动态岗位制度。一方面，要建立公平、公正、公开的岗位考核、评聘制度。打破性别、年龄、资历、身份、学历、专业等界限，真正做到能上能下。能者大胆提拔，委以重任；庸者坚决降职、降级，甚至淘汰出局。另一方面，同级岗位间要定期轮换，以达到保持活力、发掘潜力、增加知识技能、增进相互理解等目的。微软、海尔等许多知名企业，都有十分成熟的岗位轮换制度。值得一提的是，职务晋升和岗位轮换若能够与员工自荐相结合则更好。

（5）营造平等的工作氛围。例如在本田公司，所有管理人员和工人都穿同样的工作服工作，在同一个餐厅吃饭，使用同一停车场。同一部门各级办公人员都在同一个没有间隔的大办公室办公。最令人感叹的是，所有员工，无论是从学校毕业后直接进入公司的，还是来自其他企业的，从进公司之日起有关学历、经历等档案资料一笔勾销，使所有相同岗位的新员工真正站到了同一条起跑线上。

（6）建立有效的员工参与管理机制。例如在许多知名企业已十分成熟的员工建议制度。由员工自由填写各种合理化建议，通过直接或间接渠道送达企业专门设立的评审委员会；建议一经采纳，酌情给予奖励。又如通用公司的“一日厂长”制度。每周由基层员工轮流当一天“厂长”，先听取各部门主管汇报，再到各部门和车间巡视，然后将意见详细记录在公司的《工作日记》上；有关部门和车间主管，必须依其意见改进工作，并将成果在干部会议上汇报，由“一日厂长”签批后交真正的厂长裁决。

（7）实行开放式的技术创新制度，使技术改造和产品开发等不再只是设计、技术部门的事。例如海尔集团的课题攻关工程，由职能部门拟定课题，员工自由参加竞争攻关。又如3M公司的“创新斗士”企业战略，将提出有潜力产品构想的员工称为“创新斗士”，让他自由组织无期限的专职的创新产品小组，其成员包括技术、生产、营销、业务或财务等部门自愿加入的员工。一旦产品取得成功，每一个成员都将升职涨薪。“创新斗士”制度，为3M公司成功的多元化经营战略提供了保障。

（8）围绕提高组织的工作质量、工作效率（劳动生产率）、经济效益等，开展各式各样的竞赛活动，设立多种奖项。例如海尔公司大力开展名目繁多的劳动竞赛，并评选劳动竞赛明星，如质量明星、节耗明星、计改明星、多技能明星、管理明星、服务明星等，每种明星又分为四个级别；对在质量改进、节约物耗等方面做出明显成就的给予“基层老板明星”称号；星级能手和明星老板将获得适当的物质奖励，并与晋升挂钩；开展班组升级达标活动，即评选合格班组、信得过班组、免检班组以及自主管理班组，达标班组长及组员享受先进待遇，每月有补贴。

（9）开展丰富多彩的业余文化活动。为员工发挥各自文学、艺术、体育、技巧等方面才能创造机会、提供舞台，展现他们平时鲜为人知的优秀方面，让他们在同事的掌声中获得满足。支持员工自由组织各种有意义的社团。例如丰田公司员工的同学会、运动部会（如网球、棒球会）、教育部会（如围棋、诗歌会）等，这些组织的领导人是互选的，并且采用轮换制，以便让每一个人都有当一次领导人来发挥能力的机会。

（10）采取多样化的激励方式。多样化的员工，他们的个性和需求也是多样化的，因此激励的方式也应多样化。在日常工作中，要注意观察和及时鼓励员工的良好表现。对员工进行奖励时，应尽可能采用自选式奖励办法，即尽可能让员工在薪酬型奖励（包括持股分红）、提升型奖励（例如晋升或作为培养对象，扩大权限和工作自由度，改善工作环境，公派外出开会、参观、学习、考察、脱产培训、深造等）、福利型奖励（例如带薪假、免费旅游、额外保险、特别养老金及其他额外福利等）和精神型奖励（例如公开表彰、庆功会、以员工名义向慈善机构捐款等）中选择其最渴求的给予满足。这符合人本主义理念，也可使组织以既定的投入，达到最大的激励效益。

当然，多样化的员工配置和管理也会带来一些负面效应，其中最主要是管理手段和过程的复杂化。首先，做到员工的合理配置就不是一件容易的事情，需要组织学、社会学、心理学和相关岗位的一定专业知识等多种知识和技能综合，尤其需要管理者摒弃所有偏见和歧视，真正做到公正无私；其次，由于各个组织的内部要素和外部环境的不同，上述的各种管理制度和文化活动的具体形式在各个组织之间肯定有所不同，这就需要管理者勤于学习，勇于探索，努力打造出最适合本组织的企业文化；最后，多样化员工在思想上和工作中出现的问题将更加复杂多样，员工之间可能更容易形成矛盾冲突，这就需要管理者具有更高的协调能力和控制能力，投入更多的精力，具体问题具体分析，慎重采取相应的解决办法，将员工冲突都控制在“功能正常冲突”的范围内；等等。这些问题对组织的各级管理者的素质和能力提出了更高的要求。尽管如此，多样化的员工配置与管理顺应现代社会的多样化趋势，符合人类对平等就业“享受工作”的追求，充分理解和认识它，并在管理实践中加以正确运用，可以优化员工群体结构，激发员工的良性冲突，使不同层级的管理人员、技术人员、工勤人员等各司其职，各尽所能，使员工在知识、能力、性格等方面形成互补，使组织内耗达到最小、“合力”达到最大，形成一个既团结稳定，又富于朝气和生命力的团队，使企业成为柔性的、创新型的和拥有丰富关系资源的企业，在当代日趋激烈的多样化、全球化的竞争中拥有更强大的能力和竞争优势。

第四章
企业战略

企业战略是为了达到企业目标而对实现目标的轨迹（采取的行动和利用的资源等）进行的总体性、指导性谋划，属宏观管理范畴，具有指导性、全局性、长远性、竞争性、系统性、风险性六大主要特征。企业战略具体可概括为两大战略：企业品牌战略和企业发展战略。二者视角不同，但目标一致，紧密联系，相辅相成。

一、企业品牌战略

（一）品牌与市场定位

“品牌（brand）”这个词来源于古挪威语 brandr，意思是“燃烧”，指的是生产者燃烧印章烙印到产品上。意大利人是最早在纸上使用品牌水印形式的。“现代营销学之父”科特勒在《市场营销学》中定义，品牌是销售者向购买者长期提供的一组特定的特点、利益和服务。

品牌是给拥有者带来溢价、产生增值的一种无形资产，它的载体是用于和其他竞争者的产品或服务相区分的名称、说明、标记、符号、形象设计及其组合，增值的源泉来自于消费者心智中形成的关于其载体的印象。品牌承载的更多是一部分人对其产品以及服务的认可，是一种品牌商与顾客购买行为间相互磨合衍生出的产物。

品牌资产，也称品牌权益，是指品牌主拥有的一种影响和控制消费者心理和由此获利的权益，表现为产品在有品牌时与无品牌时的市场效应之差。从心理学角度说，品牌资产是消费者对品牌刺激的心理回应所产生的市场效益。品牌资产，从经济学角度说，是指品牌主拥有和存在于消费者头脑里的一种知识资本。品牌资产的产权就是一种知识产权。品牌资产与一般资产的区别主要在于：它是以人即消费者为实体的。品牌资产广义的投资对象不仅是消费者市场，也包括人力资源市场、资本市场和供应商市场。

企业品牌战略就是以树立企业品牌形象、实现或增强企业品牌资产价值为目标的企业战略。

市场定位，也称品牌定位，属于企业品牌战略范畴。市场定位包括企业定位和产品定位，是企业用以在目标市场现有和潜在客户的心目中塑造企业或产品独特的形象或个性的营销技术。产品定位服从于企业定位，有两大定位维度：市场特性定位和产品特性定位。企业根据市场现有产品或替代品的位置分布，针对顾客特征和产品特性优势，强有力地塑造出本企业产品与众不同的、给人印象鲜明的个性或形象，并把这种形象生动地传递给顾客，从而使该产品在市场上确立适当的位置。

市场特性定位包括地理位置定位、顾客属性定位和产品特性定位。

1. 地理位置定位

即确定目标市场（即产品销往或服务的顾客群体）所在地理区域。例如是省内、国内还是全球，是西部还是东部，是农村还是城市，等等。不同地区有着不同的营销环境，营销策略必然有所差异。初创企业通常将最初的目标市场定位于注册经营地址所在区域。

除了初期计划单纯从事线上业务的电子商务企业外，一般企业都存在选择实体经营地址（场所）的问题。企业经营地址应与内外环境相适应，符合其产品制造（增值）过程和市场营销的需要，有利于实现其产品定位。对从事线下生产和销售的企业而言，选址的好坏可能显著影响其实际运营的效益、成本以及日后企业规模的扩充与发展。选择得好，企业可以长期受益；选择不好，企业无利可图甚至亏损倒闭。因此，选址必须非常谨慎，一定要到实地考察，做好市场调研。

对于一个新创企业，无论是制造型企业还是服务型企业，选址都必须遵循以下原则。

（1）合法合用原则。选址必须按国家和当地的有关法律、法规要求，购买或租用可用于企业经营的具有所有权证的合法房地产或店铺，确保企业所有必要的经营活动都不会受到法律、法规和其他因素的限制和干扰；同时能够满足企业生产或提供服务的需要，包括有恰当的位置放置所需的机床设备和原材料、半成品，拥有足够的安全生产空间等。

（2）最大利益原则。选址要使企业能以最小的成本获得最大的利益，最好能享受当地政府的招商引资优惠政策。当然首先要确保企业在一定时间后能够盈利。任何企业的盈利都是建立在一定规模的基础之上的。维持一个服务型企业生存的最低人口数量称为该企业的“人口门槛”。因此服务型企业选址要尽可能贴近目标人群，以满足人口门槛的要求。增加租用面积和租期，有利于降低企业单位面积的经营成本，例如一般店铺应签订5年甚至更长的租赁期限，但可能会增加由于业务发展跟不上造成无法回收投资的风险，因此确定租用面积和租期时应综合权衡。除了谈妥租金外，还要注意谈妥有关的附加条件，以便节省开支。比如是否可正常供暖、通水、通电和通电话，是否可对店面的房顶、地板和墙壁等做基本的修缮，添置或维修水电设施等。

(3) 稳定发展原则。选址是一项长期性投资，相对于其他因素来说，它具有长期性和固定性。当外部环境发生变化时，其他经营因素一般都可以随之进行相应调整，而选址一经协议确定在一定时期就很难变动，若勉强变动也往往伴随巨大损失。因此，选址应适应外部环境现实条件与未来变化趋势，应有利于企业以适当的成本稳定地获取经营所需的各种资源，尤其是人力与物质资源，确保企业能在较长一段时间稳定经营、持续发展。

对大多数制造型企业而言，顾客一般不直接上门购买，因此，选址并不一定要接近顾客，而是否接近原材料供应地点、水电供应情况、运输情况等可能成为关键因素。原材料最好有弹性的供应方式，而不要局限于仅依靠某种单一的运输方式或单一的原料供应。可以把原料的来源标在一张地图上，并注明距离。如果所有的原料都来自于同一地区，应当了解离原料来源较近能占据多少优势。还要查明原料供应是否受季节的影响，以及将来是否会出现原料供应短缺的情况。制造型企业选址还必须考虑所需的厂房、设备情况如何；怎样保证新产品在进入规模生产时的稳定性和可行性；设备的引进和安装条件，谁是供应商；供货者的前置期和资源的需求量；生产线的设计与产品组装是怎样的；生产周期标准的制定以及生产作业计划的编制；物料需求计划及其保证措施；等等。

相对于制造型企业而言，服务型企业门店的选址更为重要。选址的好坏在很大程度上直接决定了门店的营业收入，最终决定了企业的存亡。因此门店在制订经营目标和经营策略时，一定要首先对选址做深入细致研究，进行一番市场调研，即商圈分析。要细心地观察商圈的情况，如商圈内的客流量与车流量有多大，商圈内的竞争对手有多少等，并在此基础上按照顾客构成及需求特点，确定其策略，决定商品结构、商品价格、促销活动等。对于服务型企业门店而言，选址接近目标顾客群体是其一般准则，以确保跨越“人口门槛”。但各行各业均有不同的特性和消费对象，商业繁华区并不是唯一的选择。比如便利店和中小型发廊适宜开在社区居民区附近，而专卖店和酒店则适宜开在闹市区附近。

2. 顾客属性定位

顾客属性定位包括自然属性定位、社会属性定位和个性爱好定位。

（1）社会属性定位。社会包含有许多社会群体和阶层（文化、经济、职业等），不同的群体和阶层有不同的消费特点和消费需求，企业的产品究竟面向什么群体和阶层，是企业在选择目标市场时必须考虑的问题。顾客群体市场可划分为消费者、生产者、中间商、政府和国际市场。顾客阶层按经济收入可划分为高收入阶层、中收入阶层和低收入阶层。顾客属性定位就是指企业产品或服务将要销售给什么社会群体和阶层的人。将饲料销售给养殖户，将文具销售给学生，这是非常明显的，而真正能产生营销效益的往往是那些不明显的、不易被察觉的定位。在进行市场定位时要有一双善于发现的眼睛，及时发现竞争者的视觉盲点，这样可以在定位领域内获得巨大的收获。

（2）自然属性定位。自然属性定位，即确定产品顾客的性别和年龄段。不同性别、年龄段的人，有自己不同的需求特点，只有充分考虑到这些特点，满足不同消费者的要求，才能够赢得消费者。如婴儿用品的营销策略应针对母亲而制订，因为婴儿用品多是由母亲来实施购买的。

（3）个性爱好定位。个性爱好定位是考虑把企业的产品如何销售给那些具有特殊个性和爱好的人。这时，选择一部分具有相同个性爱好的人作为自己的定位目标，针对他们的个性（传统或时尚、内敛或豪放等）和爱好（例如奶茶控、古装迷、收藏癖等）实施营销策略，可以取得最佳的营销效果。

3. 产品特性定位

产品特性定位即确认企业产品相对竞争者的特色或优势所在，以吸引有相关需求的顾客。产品的特色或优势可以体现在价格、质量、功能等特征属性上。

（1）价格定位。所谓价格定位，就是营销者把产品、服务的价格定在一个什么样的水平上，这个水平是与竞争者相比较而言的。价格定位一般有三种情况。一是高价定位，即把不低于竞争者产品质量水平的产品价格定在竞争者产品价格之上。这种定位一般都是借助良好的品牌优势、质量优势和售后服务优势。二是低价定位，即把产品价格定得远低于竞争者价格。这种定位的产品质量和售后服务并非都不如竞争者，有的可能比竞争者更好；之所以能采用低价，要么是由于该企业具有绝对的低成本优势，要么是出于抑制竞争对手、树立品牌形象等战略性考虑。三是市场平均价格定位，即把价格定在市场同类产品的平均水平上。

（2）质量定位。质量是一组固有特性满足需要的程度（国际标准

ISO 9000 定义)。例如将某款正常行驶的汽车的油耗限定在每 100 千米 6 升，以期在燃油经济性上获得竞争优势。也可以将一个系列皮鞋的正常使用年限分别定为 1 年、3 年、5 年，以适应不同顾客的需要。产品质量有高低，产品质量定位高时通常其成本会上升，其价格定位和阶层定位也较高。通常所说的高端产品就是指优质高价的产品，面向高端人群（高收入阶层）。

（3）功能定位。把产品、服务定位于其优越或独特的功能或效用。例如“七喜”汽水的定位是“非可乐”，强调它与可乐类饮料不同，是不含咖啡因的饮料；“怕上火，喝王老吉”，则将“王老吉”定位于独有中医药祛火疗效的饮料。另外，也可以把产品、服务定位于多功能，前提是增加的功能是同类产品没有但顾客也需要的，且不会增加太多成本，符合价值工程分析，例如具有空气清新和加湿功能的冷暖变频空调。

（二）定位策略

企业在经营实践中，应当根据环境条件和市场竞争态势，结合自身的资源和能力，选择运用以下定位策略。

（1）避强定位。这种策略是企业避免与强有力的竞争对手发生直接竞争，而将自己的产品定位于市场空白点或盲点，使自己的产品明显区别于强势竞争对手。这种策略可使自己迅速在市场上站稳脚跟，并在消费者心中树立起一定形象。由于这种做法风险较小，成功率较高，常为多数企业所采用。

（2）迎头定位。这种策略是企业为使其产品能较快地为消费者了解，达到树立市场形象甚至取得一定市场地位的目的，将自己的产品定位于与市场头部企业相同的位置，不惜与市场上占支配地位、实力较强的竞争对手发生正面竞争的策略。由于竞争对手强大，这一竞争过程往往相当引人注目，并可能引发激烈的市场竞争，具有较大的风险。因此，企业实施这种策略前必须做到知己知彼，了解市场容量，正确研判自己的资源和能力。

（3）扩展定位。这种策略主要是指企业为老产品找到一种新用途，属于一种市场创新。比如一种老药新发现它对另一种疾病也有很好的疗效；某饼干厂最初将其产品定位为家庭休闲食品，后来又发现不少顾客购买是为了馈赠，又将其定位扩展到礼品；某洗发剂最初定位为“不刺激眼睛的婴儿洗发剂”，但随着出生率的下降，销售量减少，为了增加销售，该企业将产品定位扩展为“爱护眼睛的洗发剂”，以吸引更多、更广泛的购买者。

（4）重新定位。重新定位是指企业为已在某市场销售的产品重新确定某种形象，以改变消费者原有的认识，争取有利的市场地位的策略。初次定位后，如果顾客的需求偏好发生转移，或者由于新的、强有力的竞争者进入市场，选择与本企业相近的市场位置，市场对本企业产品的需求减少甚至消失，企业为摆脱经营困境，寻求新的活力，就需要对其产品进行重新定位。此外，企业如果发现新的产品市场区域，也可以进行重新定位。美国米勒啤酒公司曾将其原来唯一的品牌“高生”啤酒定位于“啤酒中的香槟”，以吸引不常饮用啤酒的高收入妇女。后来发现，占30%的狂饮者大约消费了啤酒销量的80%。于是，该公司在广告中展示石油工人钻井成功后狂欢的镜头，还有年轻人在沙滩上冲刺后开怀畅饮的镜头，塑造了一个“精力充沛的形象”，在广告中提出“有空就喝米勒”，从而成功占领啤酒狂饮者市场达10年之久。重新定位是企业适应市场环境、调整市场营销战略的重要手段，可以视为企业的战略转移。伴随产品原有形象的改变，重新定位可能导致产品的名称、价格、包装等的更改。因此，企业在决定重新定位前，必须考虑定位转移的成本和新定位的收益问题。

（三）单品牌与多品牌策略

1. 单一品牌策略

单一品牌又称统一品牌，它是指企业所生产的所有产品都同时使用一个品牌的情形。这样在企业不同的产品之间形成了一种最强的品牌结构协同，使品牌资产在完整意义上得到最充分的共享。

单一品牌策略的优势不言而喻。商家可以集中力量塑造一个品牌形象，让一个成功的品牌附带若干种产品，使每一个产品都能够共享品牌的优势。比如海尔集团采用的就是单一品牌策略。海尔产品从1984年的单一冰箱发展到拥有白色家电（冰箱、洗衣机、空调类）、黑色家电（电视机、影碟机、音响类）、米色家电（电脑信息产品类）在内的96大门类、15 100多个规格的产品群，并出口到世界100多个国家和地区，使用的全部是单一的“海尔”品牌。不仅如此，“海尔”也作为企业名称和域名来使用，做到了“三位一体”。而作为消费者，我们可将海尔的“真诚到永远”的理念拓展到它名下的任何商品。一个成功的海尔品牌，使得海尔的上万种商品成了名牌商品，单一品牌策略的优势尽显其中。单一品牌的另一个优势就是品牌宣传的成本低，这里面的成本不仅仅指市场宣传、广告费用的成本，同时还包括品牌管理的成本，以及消费者认知的清晰程度。单一品牌更能集中体现企业的意志，容易形成市场竞争的核心要素，避免消费者在认识上发生混淆，也不需要在各个品牌之间协调。

当然作为单一的品牌策略，也存在着一定的风险，它有“一荣共荣”的优势，同样也具有“一损俱损”的危险。另外，作为单一品牌缺少区分度，不能区分不同产品独有的特征，这样不利于商家开发不同层次和不同特色的产品，也不便于消费者们进行有针对性的选择。因此企业在推出改进产品时，可以采用“副品牌”。比如“海尔—小神童”洗衣机，副品牌“小神童”传神地表达了“电脑控制、全自动、智慧型”等产品特点和优势，但消费者对“海尔—小神童”的认可、信赖乃至决定购买，主要是基于对海尔的信赖，因为海尔作为一个综合家电品牌，已拥有很高的知名度和美誉度，其品质超群、技术领先、售后服务完善的形象已深入人心。若在市场上没有把“海尔”作为主品牌进行推广，而是以“小神童”为主品牌，那是十分困难的。一个电器品牌要让消费者广为认可，没有几年的努力和大规模的广告投入是不可能的。当然，副品牌经过不断的推广，在驱动消费者认同和喜欢的力量上与主品牌并驾齐驱的时候，主副品牌就演变成双品牌的关系；当超过主品牌的时候，副品牌就升级为主品牌，原先的主品牌就成为担保品牌和隐身品牌。如“喜之郎—水晶之恋”在刚刚上市的时候，“水晶之恋”是以副品牌出现的，随着“水晶之恋”在市场上受到消费者很大的认同，“水晶之恋”成为消费者认同和企业推广的重心，即成为主品牌，原来的主品牌“喜之郎”就降格为担保品牌。

2. 多品牌策略

一个企业同时经营两个以上相互独立的品牌的情形，就是多品牌策略。一个企业使用多种品牌，其功能不仅仅是区分于其他的商品生产者，也包括区分自己的不同商品。多品牌策略为每一个品牌各自营造了一个独立的成长空间。

多品牌的优点在于：①它可以根据功能或者价格的差异进行产品划分，这样有利于企业占领更多的市场份额，面对更多需求的消费者；②彼此之间的看似竞争的关系，但是实际上很有可能壮大了整体的竞争实力，增加了市场的总体占有率；③避免产品性能之间的影响，比如把卫生用品的品牌扩展到食品上，消费者从心理上来说就很难接受；④可以分散风险，某种商品出现问题了，可以避免殃及其他的商品。

多品牌的最大的缺点是宣传费用的高昂，企业打造一个知名的品牌需要财力、人力等多方面的配合，如果想成功打造多个品牌自然要有高昂的投入作为代价。同时多品牌会增加品牌管理成本，如果品牌定位不清晰，也容易在消费者中产生混淆，造成多个品牌之间的不良竞争。

采用多品牌策略的代表非宝洁公司（Procter & Gamble，P&G）莫属。宝洁公司不仅在不同种的商品上使用不同的商标，即使是在相同的商品上，由于功能的不同也使用不同的商标。宝洁公司的策略目标是：如果某一个种类的市场还有空间，最好那些“其他品牌”也是宝洁公司的产品。例如在美国市场上，宝洁有 8 种洗衣粉品牌、6 种肥皂品牌、4 种洗发水品牌和 3 种牙膏品牌，每种品牌的特征描述都不一样。以洗发水为例：人们熟悉的“飘柔”，以柔顺为特长；“潘婷”，以全面营养吸引公众；“海飞丝”则具有良好的去屑功效；“沙宣”强调的是亮泽。不同的消费者在洗发水的货架上可以自由选择，然而都没有脱离开宝洁公司的产品。

在多品牌策略中，也有些企业使用的并非功能划分，而是等级划分，也就是说，不同的品牌用于相同的商品，但是品质、级别不尽相同。比如说欧莱雅就选择了一个以档次为标准的区分。HR（赫莲娜）是它的顶级品牌，兰蔻是它的一线品牌，碧欧泉是它的二线品牌，而羽西、美宝莲则是它相对低端的品牌。也许即使是热衷化妆的女士们也不一定清楚以上所提及的品牌竟然都归属于欧莱雅公司，各品牌各自占领着自己的市场份额，拥有不同层次的消费人群。为什么人们大都知道“飘柔”“潘婷”和“海飞丝”都是宝洁的产品，而鲜有人知悉兰蔻、碧欧泉、羽西和美宝莲的关系呢？原因在于宝洁使用了“背书品牌”。宝洁在使用它的产品品牌的时候不会忘记表明企业名，例如“飘柔——宝洁公司优质产品”。背书品牌依附于产品，贯穿于整个公司品牌和项目品牌之中，背书品牌的管理通过在价值链的各环节实施，确保开发项目能够成为公司区别于其他品牌的鲜明特征体现。

为什么宝洁使用背书品牌而欧莱雅却不使用？其实仔细分析可以看到宝洁公司也并非所有的品牌都使用了背书品牌的方式。在美容化妆品领域中SK－Ⅱ以及玉兰油也同样是宝洁的产品，但是却没有使用背书品牌。这是因为宝洁在人们心目中已经成为大众消费品的代表，它大量出现在洗涤、卫生用品的领域，如果再把它使用在高档化妆品上，很可能会影响到这些产品的身价。再如“品客”薯片也是宝洁的产品，在这里它也不会使用“宝洁”的背书商标，因为这样会使消费者在购买薯片的时候联想到洗发水、洗衣粉等大家熟知的宝洁产品，而这样很有可能影响到它在公众中的形象。欧莱雅的策略也是同样的道理。所以在这种情况下，商家采用的是淡化总品牌的策略，让高端品牌树立更优越的良好形象，打造自己的领地。通过这样的策略，反而提升了整体的竞争实力，也关照了不同档次的消费人群。

（四）CIS 策略

品牌可看作是企业的一套“标准”或“规则”体系，对理念、行为、视觉三方面进行标准化、规则化，使之成为具备特有性、价值性、长期性、认知性的一种识别系统，称为企业识别体系（Corporate Identity System，CIS），包括理念识别、视觉识别和行为识别。20 世纪 50 年代中期，美国 IBM 公司首开先河，采用 CIS 这一差异化策略取胜市场，此后 CIS 策略风靡世界，成为创立国际名牌的现代企业经营策略，国际行家们称为“赢的策略”，“长期开拓市场的利器”。

1. 企业理念识别

理念识别（Mind Identity，MI）是企业识别系统的核心。它不仅是一个企业经营的宗旨与方针，还包括一种鲜明的文化价值观。对外它是企业识别的尺度，对内它是企业内在的凝聚力。完整的企业识别系统的建立，首先有赖于企业理念的确立。

企业理念是企业在开展生产经营活动中的指导思想和行为准则，是一个企业在生产经营活动过程中的企业愿景、企业使命、企业精神、企业哲学、企业性格、企业座右铭、经营信条和企业战略等的统一化，表达了企业的宏观定位。

企业愿景，或称企业宗旨，是企业的长期目标、愿望和未来的蓝图，体现企业的初心、梦想和永恒的追求。企业使命更加强调为实现这些梦想而需要担负的责任与义务。使命指明一定的组织机构在社会上应起的作用、所处的地位，决定组织的性质，决定此组织区别于彼组织的标志。各种有组织的、有意义的活动，都应该有自己的使命。比如，大学的使命是教书育人和科学研究，医院的使命是治病救人，法院的使命是解释和执行法律，企业的使命是为顾客提供某种商品和服务并帮助所有利益相关者达成其目标。

正如一个期望有所作为的人在年轻的时候就应当要树立自己的理想和抱负，一个期望有所成就的企业在建立之初同样要明确本企业的愿景和使命，即向世人宣告企业是什么企业，企业应是（或将是）什么企业。其中首先要重点表明的是指导企业经营活动的核心思想和理念（价值观），其次是企业的事业发展领域和期望竞争优势。优秀企业的核心思想离不开以人为本、务实进取、学习创新和合作共赢。企业的事业发展领域是根据市场导向确定的企业活动范围和发展方向，包括行业范围、纵向范围、顾客范围、地理范围等。

例如比亚迪公司官网上列出的比亚迪品牌理念，包括品牌使命和品牌核心价值观。比亚迪品牌使命是：“用技术创新，满足人们对美好生活的向往。白天，太阳能电站像植物一样捕捉阳光的能量；夜晚，储能系统将白天储存的能量平稳地输送到千家万户。穿梭在大街小巷的电动车，矗立于绿化带上的云轨，以零排放、零污染的运行方式，成为连接城市的血脉，美好生活的更多可能展现在我们面前。我们分明已经看到新能源世界正在走来，这是比亚迪的使命，也是全人类的绿色梦想。”比亚迪品牌核心价值观是：“竞争，为梦想激发动力；务实，让梦想照进现实；激情，为梦想永存斗志；创新，为梦想攻克难题。”

在中国互联网公司中，阿里巴巴是一家尤其重视使命、愿景、价值观的公司。2019 年 9 月，阿里巴巴公布了预告已久的所谓“新六脉神剑”。在此新一轮的阿里话语体系表述中，企业使命保持不变：“让天下没有难做的生意。”其愿景和价值观都得到了部分调整升级。旧愿景是：“我们旨在构建未来的商业基础设施。我们的愿景是让客户相会、工作和生活在阿里巴巴，并持续发展最少 102 年。”新愿景是：“我们不追求大，不追求强，我们追求成为一家活 102 年的好公司；到 2036 年，服务 20 亿消费者，创造 1 亿就业机会，帮助 1 000 万中小企业盈利。”而价值观都取材于“阿里土话”。旧价值观是：“客户第一，团队合作，拥抱变化，诚信，激情，敬业。”新价值观是：“客户第一，员工第二，股东第三；因为信任，所以简单；唯一不变的是变化；今天最好的表现是明天最低的要求；此时此刻，非我莫属；认真生活，快乐工作。”

2. 企业视觉识别

视觉识别（Visual Identity，VI）是指将企业的一切可视事物进行统一的视觉识别表现和标准化、专有化。通过 VI，将企业形象传达给社会公众。视觉识别系统一般包括基本设计、关系应用、辅助应用 3 个部分。基本设计包括企业名称、产品品牌名称、品牌标志、标准字、标准色、企业象征图案、企业宣传标语、企业口号、吉祥物等；关系应用包括产品、办公器具、设备、招牌、标识牌、旗帜、建筑外观、橱窗、衣着制服、交通工具、包装用品、广告传播、展示、陈列等；辅助应用包括样本使用法、物样使用规格及其他附加使用等。商标是品牌的一部分。根据中华人民共和国商标法，商标是能将自己的商品或服务与他人的商品和服务区分开的标志（包括文字、图形、字母、数字、声音、三维标志和颜色组合，以及上述要素的组合）。中国有“注册商标”与“未注册商标”之分。注册商标是在政府有关部门注册后受法律保护的商标，未注册商标则不受商标法律的保护。注册商标可以使用注册标记“®”（R 是英文 register 的缩写），标注在商标的右上角或者右下角。

颜色是具有色彩联想的，例如红色可能会让人联想到太阳、火焰、紧急、血、喜庆、热情、爱情、活力、积极、危险等。企业标准色引发的色彩联想要有助于表达品牌形象。红色、黄色等暖色调有助于提升食欲，因此成为麦当劳等很多餐饮企业的选择；黑色给人以严肃、庄重、神秘、尊贵的感觉，因此成为高档私家车的主色调。商标申请的时候一般都是以黑色作为商标的标样，使用的时候可以变换颜色。商标的图案和颜色选择，对产品营销有积极作用，要避开目标市场可能存在的对一些图形与色彩的禁忌。例如加拿大忌讳百合花，英国人忌讳山羊和橄榄绿色，法国人忌讳孔雀和核桃。意大利人把菊花当作国花，日本人把菊花视为皇家的象征，都不接受以菊花的文字和图形作为注册商标，而拉丁美洲国家则将菊花视为妖花，也不允许采用菊花图形的商标注册。澳大利亚禁止用兔子的图形做商标，印度以及阿拉伯国家禁用猪的图形做商标，等等。

图 4-1　知名企业品牌标志示例

统一的 VI 设计可以在企业对外宣传和企业识别上快速获得最有效、最直接的具体效果。VI 的核心在企业名称（品牌名称）的设计。企业名称的选择首先要符合法律、法规的要求，要遵循国内商标注册在先的法律原则，且名称中不得含有以下内容或文字：外国国家（地区）名称、国际组织名称；政党名称、党政军机关名称、群众组织名称、社会团体名称及部队番号；汉语拼音字母、阿拉伯数字；有损国家、社会公共利益的内容或文字；可能对公众造成欺骗或误解的内容或文字；其他法律、行政法规规定禁止的内容或文字。

在符合法律、法规要求的前提下，选择企业名称，尤其是被用做产品品牌名称的企业名称，还应遵循以下原则：

（1）独特易识易记。名称只有易读易记才能充分发挥其识别功能和传播功能。具体要求是简洁明快，音节响亮，个性独特，新颖别致。单纯、简洁、明快的品牌名称易于形成具有冲击力的印象。名字越短，就越有可能引起公众的遐想，构成更宽广的概念外延。日本《经济新闻》披露的一个调查结果显示，企业名称字数为 4 个字、5 ~ 6 个字、7 个字、8 个字以上的企业名称，其平均认知度分别为 11.3%、6.0%、4.9%、2.9%。可见，名称简洁有利于传播，其认知度往往就高。今天，我们耳熟能详的一些品牌，如苹果、丰田、华为、海尔等，都非常简单好记。不少研究机构认为，品牌名称最好不超过 3 个汉字，英文长度一般不超过 8 个字母，发音呈现上扬的风格，发出的音调洪亮清晰，有气魄、有气势。

（2）含义丰富正面。品牌名称要富有寓意，能让消费者产生丰富、愉快、积极的联想。比如海尔公司的名称取自原合资公司利勃海尔，海字很容易让人联想到商海、蓝海、海一样宽广的胸怀，海尔的发音谐音英语 higher（更高）等，寓意非常丰富、积极。比亚迪（BYD）的含义，可以用其企业理念“build your dreams”来诠释，意为“成就梦想”。

（3）延展适应性强。不同地区有不同的文化价值观念，有不同的风俗习惯、宗教信仰、价值观念、文化特点等，品牌名称要适应地域文化价值观念，不能和它相冲突。由于各国风土人情、社会文化背景不同，有些在一国常用或为消费者所喜爱的商标，在另一些国家就未必适宜使用。在商标设计方面，似乎已形成一种国际规范，即在选择商标的文字、图形商标设计和色彩时，避免采用销售国禁用的或消费者忌讳的东西。在给品牌命名时也要考虑到，即使品牌发展到一定阶段时也要能够适应。对于一个多元化的品牌，如果品牌名称和某类产品联系太紧，就不利于品牌今后扩展到其他产品类型。通常，一个无具体意义而又不带任何负面效应的品牌名，比较适合于今后的品牌延伸。此外，品牌命名要有超前眼光，在国内外市场大环境中去把握和选定品牌的名称，要用未来是否能参与国际化流通的发展趋势来衡量，使自己的产品不仅成为某一地区的名牌，也要为成为全国名牌乃至世界名牌留有发展空间。

一般而言，功能性命名适合于单一产品，如“支付宝”；非功能性命名适合于包括多个产品的品牌名和企业名，如“华为”；人名适合于独创产品和家族式企业，如“老干妈”；地名适合于地方特色产品，如“贵州茅台”；新造的词适合于体现时尚产品和创新型企业，如“比亚迪”；等等。初创企业的命名可以由创始人团队自己或组织专业人士通过头脑风暴等方式，提出若干名称以便通过注册登记。实施多品牌战略的企业推出新产品时可以在目标市场广泛征集名称，将起名与品牌推广结合到一起。

3. 企业行为识别

行为识别（Behavior Identity，BI），是企业全体人员行为表现的综合，是企业制度对所有员工的要求及各项生产经营活动的再现。企业的行为识别几乎涵盖了整个企业的经营管理活动。行为识别的要旨是企业在内部协调和对外交往中形成一种规范性准则。这种准则具体体现在从高层领导到基层员工，从内务员工到面向客户一线员工，包括企业形象代言人在内的全体人员一致的日常行为中。也就是说，所有人的行为举动都应该是一种企业行为，能反映出企业的经营理念和价值取向，而不是独立的随心所欲的个人行为。行为识别包括对内和对外两部分。对内包括对干部的教育、员工的教育（如服务态度、接待技巧、服务水准、工作精神等），生产福利，工作环境，生产效益，废气废物处理，公害对策，研究发展等；对外包括市场调查，产品开发公共关系，促销活动，流通政策，银行关系，股市对策，公益、文化活动等。

二、企业发展战略

企业发展战略主要包括市场竞争战略、业务拓展战略和联盟战略。在认识企业发展战略前，需要对企业目标、成本管理、规模经济与范围经济、价值链与供应链等基本概念有所了解。

(一) 企业目标

企业在制订发展战略前，首先要明确其目标。企业使命往往太抽象，太原则化，它需要进一步具体化为企业一定时期的目标和各部门的目标。管理大师彼得·德鲁克认为：先有目标才能确定工作，所以“企业的使命和任务，必须转化为目标”。当然，企业的使命支配着企业各个时期的目标和各个部门的目标，或者说这些目标是围绕企业的使命所制定的，并为完成企业使命而努力的。

目标有多种分类方法。按照计划目标达到的时间分为长期、中期和短期目标。长期目标一般为 5 年及 5 年以上的目标，短期目标一般指不超过 1 年的目标。

按照管理层级分为公司目标、部门目标和个人目标。组织目标应符合社会对组织的期待，同时能够尽可能兼顾到每个组织成员的个人目标。例如将组织目标的实现与个人薪资的增加和职务晋升联系起来。

按评价方法的客观性与否分为定量目标和定性目标。定量目标例如销售额、产量等，定性目标例如制度建设、团队建设和工作态度等。

按照作用不同分为经营目标和管理目标。经营目标包含销售额、费用额、利润率、运营成本控制等财务指标；管理目标包含客户保有率、新产品开发计划完成率、产品合格率、物料报废控制率，安全事故控制次数等行政指标。

按具体内容可做以下划分。①盈利目标：毛利、净利润、投资收益率、每股收益率等；②市场目标：销售额、销售量或市场占有率；③产品目标：产品线或产品的销售额和盈利能力，单位产品成本等；④资金目标：资本构成、流动资本、现金流量、新增普通股、回收期表示；⑤生产目标：产量、生产率、工作面积或固定费用等；⑥研究与开发目标：完成的项目或花费的货币量，开发新产品的完成期等；⑦人力资源目标：缺勤率、迟到率、人员流动率、培训人数或将实施的培训计划数等；⑧社会责任：社会活动或服务的类型、服务天数或相关资金投入或资助额等。

要根据企业和部门发展的需要，遵循 SMART 原则，制定合适的目标。

遵循SMART原则制定的目标必然要包含四个要素：数量、质量、时间、成本。例如一个汽车制造企业的生产目标是：本年内制造100万辆合格汽车，每辆成本同比下降5%。

（二）成本与成本管理

根据中国成本协会的定义，成本（cost）是为过程增值和结果有效已付出或应付出的资源代价。因此，企业产品或服务的成本就是指企业为提供这些产品或服务已付出或应付出的资源代价，包括固定成本和变动成本。

固定成本（fixed cost），又称固定费用，相对于变动成本，是指成本总额在一定时期和一定业务量范围内，不受业务量增减变动影响而能保持不变的成本。

固定成本通常可区分为约束性固定成本和酌量性固定成本。

约束性固定成本是为维持企业提供产品和服务的经营能力而必须开支的成本，如厂房和机器设备的折旧、财产税、房屋租金、管理人员的工资等。由于这类成本与维持企业的经营能力相关联，也称为经营能力成本。这类成本的数额一经确定，不能轻易加以改变，因而具有相当程度的约束性。

酌量性固定成本是企业管理当局在会计年度开始前，根据经营、财力等情况确定的计划期间的预算额而形成的固定成本，如新产品开发费、广告费、职工培训费等。由于这类成本的预算数只在预算期内有效，企业领导可以根据具体情况的变化，确定不同预算期的预算数，所以，也称为自定性固定成本。这类成本的数额不具有约束性，可以斟酌不同的情况加以确定。

变动成本（variable cost）与固定成本相反，变动成本是指那些成本的总发生额在相关范围内随着业务量的变动而呈线性变动的成本。直接人工、直接材料都是典型的变动成本，在一定期间内它们的发生总额随着业务量的增减而成正比例变动，但单位产品的耗费则保持不变。

企业成本管理就是充分动员和组织企业全体人员，在保证产品质量的前提下，对企业生产经营过程的各个环节进行科学合理的管理，力求以最少生产耗费取得最大的生产成果。成本管理由成本规划、成本计算、成本控制和业绩评价四项内容组成。成本管理是企业管理的一个重要组成部分，它要求系统而全面、科学且合理，它对于促进增产节支、加强经济核算、改进企业管理、提高企业整体管理水平具有重大意义。

（三）规模经济与范围经济

规模经济（economy of scale）又称“规模利益”，按照权威性的新帕尔格雷夫经济学大辞典的解释，规模经济指的是：给定技术的条件下（指没有技术变化），对于某一产品（无论是单一产品还是复合产品），如果在某些产量范围内平均成本是下降（或上升）的话，就认为存在着规模经济（或规模不经济）。规模经济是企业采取集中经营战略的理论依据。值得注意的是，企业并非任何时候都要追求规模经济，例如定位于奢侈品的企业，因为稀缺才贵，就不宜盲目扩大企业规模。

规模经济的原因大致可以从以下三个方面分析：

1. 固定成本分摊

企业产品的成本可以用以下公式表示：

$$C = C_F/Q + Cv$$

其中，C 是总成本，C_F是固定成本，Cv 是变动成本，Q 是产量。

可见，当 Q 增加，而 C_F和 Cv 不增加或增加较少时，C_F/Q 减少，或者说产量增加摊薄了固定成本，则产品的成本 C 将随之减少。只是当 Q 增加到一定程度，C_F/Q 相对 Cv 太小以致其变动可忽略不计；或者由于 Q 增加造成 C_F或 Cv 的增加（产量大幅增加会导致单位产品工资成本上升，管理费用也增加），规模经济消失。

2. 学习曲线效应

学习曲线（learning curve）也称为经验曲线，是表示单位产品生产时间与所生产的产品总数量之间的关系的一条曲线。学习曲线效应是指在一个合理的时间段内，连续进行有固定模式的重复工作，工作效率会按照一定的比率递增，从而使单位任务量耗时呈现一条向下的曲线。学习曲线效应是在以下两种因素的共同作用下产生的：一是熟能生巧，连续进行有固定套路的工作，操作会越来越熟练，完成单位任务量的工作时间会越来越短；二是规模效应，生产 10 件产品与 100 件产品所需要的生产准备时间、各生产环节间的转换时间是一样的，因此一次生产的产品越多，分摊到每件产品上的准备时间和转换时间越少，单位生产效率越高。学习曲线效应表明，随着产品累计产量的增加，单位产品的制造成本会以一定的比例下降，从而减少总成本；但当产品累计产量超过一定数量后，这种效应会大大降低。

3. 原材料、运输等成本降低

产量上升，同样可以给企业的供应商、物流商等带来规模效应，造成企业原材料、运输等成本降低，从而带来企业产品成本的进一步降低。

范围经济（economies of scope）是研究经济组织的生产或经营范围与经济效益关系的一个基本范畴，是指由厂商的范围而非规模带来的经济，也即当同时生产两种产品的费用低于分别生产每种产品所需成本的总和时，所存在的状况就被称为范围经济。只要把两种或更多的产品合并在一起生产比分开来生产的成本要低，就会存在范围经济。范围经济是企业采取相关多元化和纵向一体化经营战略的理论依据。

与规模经济不同，范围经济通常是企业或生产单位从生产或提供某种系列产品（与大量生产同一产品不同）的单位成本中获得节省，而这种节省来自人事、财务、采购、研发、制造、储运、营销等各个环节。表现为在企业扩大经营范围，增加系列产品和其他产品和业务时，可以充分利用既有的资源与能力，而不必增加或较少增加新的投入，节约交易费用。例如沿纵向一体化的产业链进行多产品生产时，企业可以减少在购买原材料、零部件和中间产品，以及出售自己成品中的交易活动，即以内部市场代替外部市场，从而节省交易费用。

(四) 价值与价值链

1996 年美国著名的市场营销专家菲利普·科特勒（Philip Kotler）在《营销管理》一书中首次提出“顾客让渡价值”理论。顾客让渡价值是指企业转移的、顾客能切实感受到的实际价值。它表现为顾客总价值与顾客总成本之间的差额。顾客总价值是指顾客购买某一产品与服务所期望获得的一组利益，它包括产品价值、服务价值、人员价值和形象价值等。顾客总成本是指顾客为购买某一产品所耗费的时间、精神、体力以及所支付的货币资金等。因此，顾客总成本包括货币成本、时间成本、精神成本和体力成本等。由于顾客在购买产品时，总希望把有关成本降到最低限度，而同时又希望从中获得更多的实际利益，因此顾客在选购产品时，往往从价值与成本两个方面进行比较分析，从中选择出价值最高、成本最低，即“顾客让渡价值”最大的产品作为优先选购的对象。企业为在竞争中战胜对手，吸引更多的潜在顾客，就必须向顾客提供比竞争对手具有更多“顾客让渡价值”的产品，这样，才能使消费者注意到自己的产品，进而购买本企业的产品。为此，企业可从两个方面改进自己的工作：一是通过改进产品、服务、人员与形象，提高产品的总价值；二是通过降低生产成本与销售成本，减少顾客购买产品的时间、精神与体力的耗费，从而降低货币成本与非货币成本。

哈佛大学商学院教授迈克尔·波特（Michael E. Porter）于 1985 年提出价值链的概念，波特认为，“每一个企业都是在设计、生产、销售、发送和辅助其产品的过程中进行种种活动的集合体。所有这些活动可以用一个价值链来表明”。企业要生存和发展，必须为企业的股东和其他利益集团包括员工、顾客、供货商以及所在地区和相关行业等创造价值。企业创造价值的过程可分解为一系列互不相同但又相互关联的经济活动，或者称之为“增值活动”，这些活动构成了一个创造价值的动态过程，即价值链。每一项经营管理活动就是这一价值链条上的一个环节。企业的价值链及其进行单个活动的方式，反映了该企业的历史、战略、实施战略的方式以及活动自身的主要经济状况。

价值链的增值活动可以分为基本增值活动和辅助增值活动两大部分（如图4－2所示）。

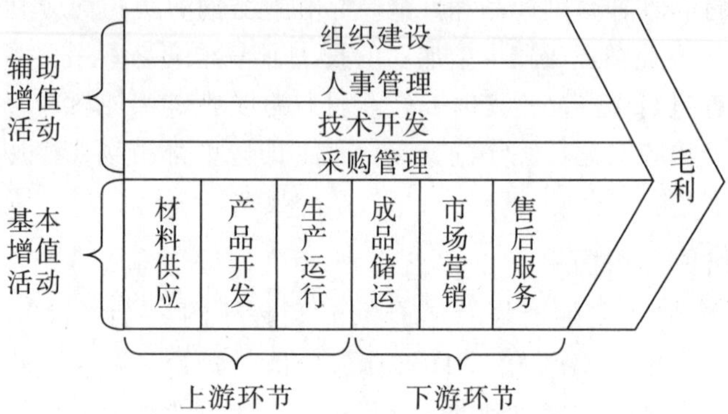

图4－2 价值链结构示意图

企业的基本增值活动，即一般意义上的“生产经营环节”，如材料供应、产品开发、生产运行、成品储运、市场营销和售后服务。这些活动都与产品实体的加工流转直接相关。

企业的辅助增值活动，包括组织建设、人事管理、技术开发和采购管理。这里的技术和采购都是广义的，既包括生产性技术，也包括非生产性的开发管理，例如决策技术、信息技术、计划技术；采购管理既包括生产原材料，也包括其他资源投入的管理，例如聘请有关咨询公司为企业进行广告策划、市场预测、法律咨询、信息系统设计和长期战略计划等。

在企业的基本价值活动中，材料供应、产品开发、生产运行可以被称为“上游环节”；成品储运、市场营销和售后服务可以被称为“下游环节”。上游环节经济活动的中心是产品，与产品的技术特性紧密相关；下游环节的中心是顾客，成败优劣主要取决于顾客特点。价值链的各环节之间相互关联，相互影响。一个环节经营管理的好坏可以影响到其他环节的成本和效益。比方说，如果多花一点成本采购高质量的原材料，生产过程中就可以减少工序，少出次品，缩短加工时间。

不管是生产性还是服务性行业，企业的基本活动都可以用价值链来表示，但是不同的行业价值的具体构成并不完全相同，同一环节在各行业中的重要性也不同。例如在农产品行业，由于产品本身相对简单，竞争主要表现为价格竞争，一般较少需要广告营销，对售后服务的要求也不是特别强烈，与之相应，价值链的下游环节对企业经营的整体效应的影响相对次要；而在许多工业机械行业以及其他技术性要求较高的行业，售后服务往往是竞争成败的关键。

“价值链”理论的基本观点是，在一个企业众多的“价值活动”中，并不是每一个环节都创造价值。企业所创造的价值，实际上来自企业价值链上的某些特定的价值活动；这些真正创造价值的经营活动，就是企业价值链的“战略环节”。企业在竞争中的优势，尤其是能够长期保持的优势，说到底，是企业在价值链某些特定的战略价值环节上的优势。而行业的垄断优势来自于该行业的某些特定环节的垄断优势，抓住了这些关键环节，也就抓住了整个价值链。这些决定企业经营成败和效益的战略环节可以是产品开发、工艺设计，也可以是市场营销、信息技术，或者认知管理，等等，视不同的行业而异。在高档时装业，这种战略环节一般是设计能力；在餐饮业，这种战略环节可能是餐馆地点的选择；在当前芯片制造业，这种战略环节主要是在光刻机等制造设备。对于具有较大规模的企业，例如跨国公司，可以通过价值链上的关键环节也就是核心能力在相关行业中进行扩散和移植，从而提高企业尤其是跨国公司的竞争优势。跨国公司在国际营销活动中拥有全球跨行业营销的范围经济效应。这种范围经济效应是跨国公司通过最佳广度（范围）使用通用型要素和资源而获得的。这种通用型要素可以是通用的生产设备、管理经验、营销技能或研究开发能力。由于在价值链的每一个环节几乎都能发现通用型要素的存在，那么，当两个行业的价值链上的关键环节也就是核心能力需要相同的通用型要素时，跨国公司就将自己在一个行业中的核心能力扩散到另一个相关行业，使得范围经济效应转化为范围经济优势。因此，跨国公司在一个行业的营销沟通活动中获得的先进知识、经验和技能，可以不需要很大的追加投资就能转移到其他相关行业。

波特的“价值链”理论揭示，企业与企业的竞争，不只是某个环节的竞争，而是整个价值链的竞争，而整个价值链的综合竞争力决定企业的竞争力。用波特的话来说：“消费者心目中的价值由一连串企业内部物质与技术上的具体活动与利润所构成，当你和其他企业竞争时，其实是内部多项活动在进行竞争，而不是某一项活动的竞争。”

（五）供应链管理

供应链最早来源于彼得·德鲁克提出的“经济链”，后经由迈克尔·波特发展成为“价值链”，最终演变为“供应链”。“供应链是围绕核心企业，通过对信息流、物流、资金流的控制，从采购原材料开始，制成中间产品以及最终产品，最后由销售网络把产品送到用户手中。它是将供应商、制造商、分销商、零售商，直到最终用户连成一个整体的功能网链模式。”它不仅是条连接供应商到用户的物料链、信息链、资金链，更为重要的是，它也是一条价值链（增值链）。因为物料在供应链上经历了加工、包装、运输等过程而增加了其价值，从而给这条链上的相关企业带来了收益。

供应链管理，就是通过集成和协同，优化和改进供应链活动，合理化供应链上各个企业之间的分工与合作，尽可能优化整个供应链运作，提高整条链的竞争能力，使得从采购开始到满足最终客户需求的所有过程，包括工作流、实物流、资金流和信息流等均能高效率地操作，最终使得商品以正确的数量、正确的品质，在正确的地点以正确的时间和正确的状态送到正确的客户手中（即“6R”），并使总成本最低。供应链管理是一种集成的管理思想和方法，表现了企业在战略和战术上对企业整个作业流程的优化，企业通过改善上、下游供应链关系，获得了企业的竞争优势，最终提高供应链的整体竞争能力。

供应链管理的实现，是把供应商、生产厂家、分销商、零售商等在一条供应链上的所有节点企业都联系起来进行优化，使生产资料以最快的速度，通过生产、分销环节变成增值的产品，到达有消费需求的消费者手中。供应链管理提出了全新的库存观念。传统的库存思想认为：库存是维系生产与销售的必要措施，是一种必要的成本。因此，供应链管理使企业与其上下游企业之间在不同的市场环境下实现了库存的转移，降低了企业的库存成本。同时各个企业成员建立战略合作关系，通过快速反应减少库存总成本，通过协同合作减少采购、运输等环节的成本，使社会资源得到优化配置。更重要的是，通过信息网络、组织网络，实现了生产及销售的有效链接和物流、信息流、资金流的合理流动，最终以合理的价格，把合适的产品及时送到消费者手上。

供应链管理模块包括：需求计划、订单满足（当一方保证向顾客交货时则必须考虑到所需时间和制约因素）、商业战略计划（对何种市场的何种产品应以何种战略及何种营运服务之）、供应商管理、库存管理、客户关系管理、分销计划（协调整个企业的实际生产和分配计划）、生产排程（针对单一节点制订弹性生产日程）、运输计划（针对网络中的多个供应、制造、分销和仓储节点）、运输执行（在批次的基础上制订长期计划，一般是通过所谓代理的集中组织）等等。

供应链管理是一种先进的管理理念。有效实施供应链管理的关键点在于以下 4 点。

1. *以顾客为中心*

供应链管理是以顾客和最终消费者为经营导向的，以满足顾客和消费者的最终期望来生产和供应产品，无论构成供应链的节点的企业数量、类型、层次的多少。正是由于有了客户和最终消费者的需求，才有了供应链的存在的价值；而且，也只有让客户和最终消费者的需求得到满足，才能有供应链的更大发展。供应链管理的架构包括三个部分：客户服务战略决定企业如何从利润最大化的角度对客户的反馈和期望做出反应；需求传递战略则是企业以何种方式将客户需求与产品服务的提供相联系；采购战略决定企业在何地、以何种方式生产产品和提供服务。从某种意义上讲，供应链管理本身就是以顾客为中心的“拉式”营销推动的结果，其出发点和落脚点，都是为顾客创造更多的价值，都是以市场需求的拉动为原动力，即顾客价值是供应链管理的核心，企业根据顾客的需求来组织生产；而以往供应链的起始动力来自制造环节，先生产物品，再推向市场，在消费者购买之前，是不会知道销售效果的，这就是“推式系统”。在“推式系统”里，存货不足和销售不佳的风险同时存在；而“拉式系统”的供应链是以顾客的需求为原动力的，产品从设计开始，企业就已经让顾客参与，以使产品能真正符合顾客的需求。

2. *以核心业务为主导*

由于企业的资源有限，企业要在各个行业领域都获得竞争优势是十分困难的，因此它必须集中资源在某个自己具有核心竞争力的领域，即核心业务上，并为其在供应链上定位，将非核心业务外包。企业应想方设法地缩短产品完成时间，使生产尽量贴近实时需求，以维护其核心地位。

一些优秀企业之所以能够以自己为中心构建起高效的供应链，就在于它们有着不可替代的竞争力，并且凭借这种竞争力把上下游企业串在一起，形成一个为顾客创造价值的有机链条。例如沃尔玛作为一家连锁商业零售企业，高水准的服务以及以此为基础构造的顾客网络是它的核心竞争力。于是，沃尔玛超越自身的“商业零售企业”身份，建立起了高效供应链。首先，沃尔玛不仅仅是一家等待上游厂商供货、组织配送的纯粹的商业企业，而且也直接参与到上游厂商的生产计划中去，与上游厂商共同商讨和制订产品计划、供货周期，甚至帮助上游厂商进行新产品研发和质量控制等方面的工作。这就意味着沃尔玛总是能够最早得到市场上最希望看到的商品，当别的零售商正在等待供货商的产品目录或者商谈合同时，沃尔玛的货架上已经开始热销这款产品了。其次，沃尔玛高水准的客户服务能够做到及时地将消费者的意见反馈给厂商，并帮助厂商对产品进行改进和完善。过去，商业零售企业只是作为中间人，将商品从生产厂商传递到消费者手里，反过来再将消费者的意见通过电话或书面形式反馈到厂商那里。表面上看起来沃尔玛并没有独到之处，但是最终结果却差异很大。原因就在于沃尔玛能够参与到上游厂商的生产计划和控制中去，因此能够将消费者的意见迅速反映到生产中，而不是简单地充当二传手或者传声筒。

沃尔玛的思路并不复杂，但多数商业企业更多的是“充当厂商和消费者的桥梁”，缺乏参与和控制生产的能力。也就是说，沃尔玛的模式已经跨越了企业内部管理和与外界“沟通”的范畴，而是形成了以自身为链主，链接生产厂商与顾客的全球供应链。而这一供应链正是通过先进的信息技术来保障的，这就是它的一整套先进的供应链管理系统。离开了统一、集中、实时监控的供应链管理系统，沃尔玛的直接“控制生产”和高水准的“客户服务”将无从谈起。

3. 协同集成、合作共赢

传统的企业运营中，各企业之间以及企业内部职能部门之间的性质、目标不同，可能导致相互的矛盾和利益冲突，无法完全发挥其职能效率，影响整体协同效应。企业与供应商、经销商都缺乏合作的战略伙伴关系，且往往从短期效益出发，挑起供应商之间的价格竞争，容易失去供应商的信任与合作基础；市场形势好时对经销商态度傲慢，市场形势不好时又企图将损失转嫁给经销商，因此也得不到经销商的信任与合作。

而供应链管理采用集成的思想和方法。它是一种从供应商开始，经由制造商、分销商、零售商直到最终客户的全要素、全过程的集成化管理模式，是一种新的管理策略，它把不同的企业集成起来以增加整个供应链的效率，注重的是企业之间的合作，以达到全局最优。在供应链管理的模式下，所有环节都被看作一个整体，链上的企业除了自身的利益外，还应该一同去追求整体的竞争力和盈利能力。因为最终客户选择一件产品，整条供应链上所有成员都受益；如果最终客户不要这件产品，则整条供应链上的成员都会受损失。可以说，合作是供应链与供应链之间竞争的一个关键。供应链是由供应商、制造商、分销商、销售商、客户和服务商组成的网状结构。链中各环节不是彼此分割的，而是环环相扣的一个有机整体。供应链管理把物流、信息流、资金流、业务流和价值流的管理贯穿于供应链的全过程。它覆盖了整个物流，从原材料和零部件的采购与供应、产品制造、运输与仓储到销售各种职能领域。它要求各节点企业之间实现信息共享、风险共担、利益共存，并从战略的高度来认识供应链管理的重要性和必要性，从而真正实现整体的有效管理。

当然在供应链管理中，不仅要有合作的理念，更重要的是通过技术手段把理念形态落实到操作实务上，将企业内部供应链与外部的供应商和用户集成起来，形成一个集成化的供应链。而与主要供应商和用户建立良好的合作伙伴关系，即所谓的供应链合作关系，是集成化供应链管理的关键。此阶段企业要特别注重战略伙伴关系管理，增加与主要供应商和用户的联系，增进相互之间的了解（产品、工艺、组织、企业文化等），相互之间保持一定的一致性，实现信息共享等。例如让供应商管理库存，共同计划、预测库存量及补充方式；建立以主要用户为核心的、具有不同职能领域功能的小组，为他们提供有针对性的服务；等等。通过建立良好的合作伙伴关系，企业可以更好地与用户、供应商和服务提供商实现集成和合作，共同在预测、产品设计、生产、运输计划和竞争策略等方面设计和控制整个供应链的运作，为用户提供更为优质的产品和服务，并从中而获利。供应链管理把所有节点企业看作是一个整体，实现全过程的战略管理。

4. 保障高效畅顺的信息沟通

信息流程是企业内员工、客户和供货商的沟通过程，以前只能以电话、传真，甚至面见达成信息交流的目的，现在能利用电子商务、电子邮件以及各种社交软件进行信息交流。计算机信息系统的优势在于其自动化操作和处理大量数据的能力，使信息流通速度加快，同时减少失误。

为了适应供应链管理的优化，必须从与生产产品有关的第一层供应商开始，环环相扣，直到货物到达最终用户手中，真正按链的特性改造企业业务流程，使各个节点企业都具有处理物流和信息流的自组织和自适应能力。要形成贯穿供应链的分布数据库的信息集成，从而集中协调不同企业的关键数据。所谓关键数据，是指订货预测、库存状态、缺货情况、生产计划、运输安排、在途物资等数据。

为便于管理人员迅速、准确地获得各种信息，应该充分利用互联网、大数据等技术手段和信息系统优化供应链的运作，实现供应链的分布数据库信息集成，达到共享采购订单的电子接收与发送、多位置库存控制、批量和系列号跟踪、周期盘点等重要信息。

(六) 市场竞争战略

市场竞争战略或称市场渗透战略，是指企业为实现市场规模扩大和市场占有率提升等市场目标而采取的企业战略，包括成本领先战略、差异化战略和集中化战略。

1. 成本领先战略

成本领先战略或称低成本战略，是通过加强企业价值链各环节成本控制，使企业总体经营成本处于行业最低水平，让企业产品相对竞争者拥有低成本优势，可以以比竞争者更低的价格进入市场，从而实现市场渗透的战略。该战略主要通过以下单一策略或组合策略来开展。

(1) 强化采购管理，在不影响产品质量的前提下，尽可能寻找和采用更低成本的原材料、能源等资源来制造产品，降低产品的流动成本。

(2) 强化生产管理，通过实施技术改造和加强员工激励等措施，提高企业生产能力和员工劳动效率，以扩大产量，形成规模经济。

（3）强化营销管理，通过强化市场营销、拓宽销售渠道、开发新市场等策略，扩大销售量，薄利多销，换取产品更大的成本降低。

（4）强化辅助增值活动管理，消除不必要的固定成本支出，对酌量型固定成本精打细算，尽可能降低企业固定成本。

成本领先战略的适用条件：市场需求具有较大的价格弹性；所处行业的企业大多生产标准化产品，价格因素决定了企业的市场地位；实现产品差异化的途径很少；多数客户以相同的方式使用产品；用户购买从一个销售商改变为另外一个销售商时，转换成本很小，因而倾向于购买价格最优惠的产品。

2. 差异化战略

差异化战略是在企业价值链一个或多个环节扩大价值增值，让企业产品相对竞争者拥有非成本独特优势，满足顾客个性化的需求，从而实现市场渗透的战略。该战略主要通过以下单一策略或组合策略来开展。

（1）增加产品功能，改进产品用途，增加或强化产品某种有别于竞争对手的功能特色。

（2）加强质量管理，提升产品质量，形成超越竞争对手的性价比。

（3）增加服务特色，提升服务水平，形成特色服务优势。

采取差异化战略的风险包括：产品的差异对消费者来说意义不大；竞争者可能模仿，使得差异消失；增加产品成本，造成价格劣势；因产品差异化增加的市场份额少于失去的份额。

3. 集中战略

集中战略是企业通过集中资源服务于某专业市场或立足某一区域市场，形成专业化或区域化竞争优势的战略。集中战略又可分为集中成本领先战略和集中差异化战略，分别对应在个别细分市场形成成本或差异化优势。当目标市场具有较大的需求空间或增长潜力，而现有或潜在竞争对手实力较强时，或者企业的资源和能力有限，例如初创企业，难以在整个产业实现成本领先或者差异化，只能选定个别细分市场时，应当采取集中战略。当企业实施一体化或多元化等扩张战略失败时，需要转而实施收缩战略，缩减经营规模或业务范围，集中资源以在细分市场维持一定的竞争优势，也可视为一种集中战略。

（七）业务拓展战略

业务拓展战略是指企业通过扩大其经营规模或业务范围来增加营业收入和利润，以实现其持续发展目标而采取的企业战略，包括一体化和多元化，属于企业扩张性战略。

1. 一体化战略

一体化战略包括纵向（垂直）一体化和横向（水平）一体化。纵向一体化又称垂直整合，包括前向（向下）一体化和后向（向上）一体化，前者获得对经销商或者零售商的所有权或控制权，后者获得对供应商的所有权或控制权。若企业获得与自身生产同类产品的企业的所有权或控制权，则称为横向一体化。一体化战略可以通过合并、兼并、参股等途径实现。合并是指参与企业通过所有权与经营权同时有偿转移，实现资产、公共关系、经营活动的统一，共同建立一个新法人资格的联合形式。采取合并战略，能优化资源结构，实现优势互补，扩大经营规模，但同时也可能会吸纳不良资产，增加合并风险。兼并是企业通过现金购买或股票调换等方式获得另一个企业全部资产或控制权的联合形式。其特点是：被兼并企业放弃法人资格并转让产权，但保留原企业名称成为存续企业。兼并企业获得产权，并承担被兼并企业债权、债务的责任和义务。通过兼并可以整合社会资源，扩大生产规模，快速提高企业产量，但也容易分散企业资源，导致管理失控。参股是企业通过出资参与成立公司或购买股份等方式获得另一个企业全部或部分控制权的联合形式。

例如2021年下半年，磷酸铁锂电池需求量呈现爆发式增长，导致上游原材料供应持续吃紧，价格一路攀升。为保障产业链安全，A股新能源巨头争相布局产业链上游，即向上一体化。2021年底，比亚迪参股成立四川蜀能矿产有限责任公司，一旦遭遇紧急情况，可以保证蜀能矿产的资源优先供应比亚迪。比亚迪公司以生产二次充电电池起步，后进入电动汽车领域，也可视为向下一体化。

2. 多元化战略

多元化经营战略是指一个企业同时经营两个或两个以上大类甚至跨行业业务的扩张战略，目标是获取新的利润增长点或者从财务上考虑平衡现金流。多元化经营战略主要包括四种形式：同心多元化、水平多元化、综合多元化和离心多元化。同心多元化也称为相关多元化，是以现有业务为基础进入相关业务的战略，是利用原有技术及优势资源，面对新市场、新顾客增加新业务实现的多元化经营。同心多元化可以获得范围经济。当企业在产业内具有较强的竞争优势，而该产业的成长性或者吸引力逐渐下降时，比较适宜采取同心多元化战略。水平多元化是针对现有市场和顾客，采用新技术增加新业务实现的多元化经营。综合多元化是直接利用新技术进入新市场实现的多元化经营。离心多元化，也称为不相关多元化，是企业进入与现有业务完全不相关业务的战略。多元化战略同样可以通过合并、兼并、控股等途径实现。

多元化经营战略适合大中型企业选择，该战略能充分利用企业的经营资源，提高闲置资产的利用率，通过扩大经营范围，缓解竞争压力，降低经营成本，分散经营风险，增强综合竞争优势。但实施多元化战略应考虑选择行业的关联性、企业控制力及跨行业投资风险。

比亚迪公司1995年以生产二次充电电池起步，2000年成为摩托罗拉第一个中国锂离子电池供应商，2002年进入半导体行业并在香港上市，2003年通过收购原西安秦川汽车有限责任公司开始从事汽车业务（综合多元化），2007年比亚迪电子（国际）有限公司在香港上市，2009年进入纯电动客车、纯电动叉车行业（同心多元化）。2011年在深圳交易所上市，国家风光储输示范工程比亚迪6兆瓦储能电站项目第一个2兆瓦储能单元顺利并网（综合多元化）。2016年进入轨道交通领域（综合多元化）。2020年援产口罩和消毒液，成为全球最大口罩制造商（离心多元化）。成功的多元化战略使得比亚迪在20多年内迅速扩张，业务横跨汽车、轨道交通、新能源和电子四大产业，营收从2008年的不到200亿元，快速增加到2020年的1 565.98亿元，其中汽车、汽车相关产品营收占比约53.6%，手机部件、组装等产品占比约38.3%，二次充电电池及光伏产品占比约7.7%。

（八）联盟战略

市场竞争战略和企业拓展战略都是企业充分利用自身资源和能力，使企业不断向深度和广度发展的战略。联盟战略则是与其他企业结成互利互惠的合作关系，借助外力实现企业发展的战略。联盟战略有以下形式。

（1）定牌生产。如果一方有知名品牌但生产力不足，而另一方有剩余生产能力，则另一方可以为对方定牌生产。对于拥有品牌的一方，还可以降低投资或并购所生产的风险。

（2）研发协议。为了某种新产品或新技术，合作各方签订一个联合研发协议。通过汇集各方的优势，大大提高成功的可能性，加快开发速度；同时各方共担开发费用，降低了各方开发费用与风险。

（3）特许经营。一方具有重要无形资产，可以与其他各方签署特许协议，允许其使用自身品牌、专利或专用技术，从而形成一种战略联盟。这样不仅可获取收益，也可利用规模优势加强无形资产的维护。

（4）相互持股。合作各方为加强相互联系而持有对方一定数量的股份。这种战略联盟中各方的关系相对更加紧密，而双方的人员、资产无须合并。

（5）合资。由两家或两家以上的企业共同出资组建新企业，共担风险、共享收益。合作各方将各自的优势资源投入到合资企业中，从而使其发挥单独一家企业所不能发挥的效益。例如2022年比亚迪和一汽集团合资成立一汽弗迪新能源科技有限公司，注册资本 10 亿元，两公司分别占股 51% 和 49%。

企业实施联盟战略主要有以下两大动因。

（1）填补战略缺口。根据泰吉（T. T. Tyejee）和奥兰德（G. E. Osland）等人提的“战略缺口（Stategic Gap）”假设，企业在分析竞争环境和评估自身的竞争力及资源时，往往会发现在竞争环境中它们所要取得的战略绩效目标与它们依靠自有资源和能力所能达到的目标之间存在着一个战略缺口，而战略缺口的存在一定程度上限制了企业走依靠自有资源和能力自我发展的道路，这就在客观上要求企业走战略联盟的道路。企业的战略缺口越大，参加战略联盟的动力越大。通过战略联盟，企业尽量采用外部资源并积极创造条件以实现内外资源的优势相长，提升竞争力，让企业只需投入相对较少的资金就可以在数个市场上纵向或横向发展起来。例如在产品技术日益分散化的今天，已经没有哪个企业能够长期拥有生产某种产品的全部最新技术，企业单纯依靠自己的能力已经很难掌握竞争的主动权。为此，一个比较典型的做法是与其他企业结成战略联盟，并将企业的信息网扩大到整个联盟范围。借助与联盟内企业的合作，相互传递技术，加快研究与开发的进程，获取本企业缺乏的信息和知识，并带来不同企业文化的协同创造效应。战略联盟与传统的全球一体化内部生产战略和金字塔式传统的全球一体化内部生产战略和金字塔式管理组织相比，除了具有更为活跃的创新机制和更经济的创新成本，还能照顾到不同国家、地区、社会团体甚至单个消费者的偏好和差异性，有利于开辟新市场或进入新行业，因而具有更强的竞争力。

（2）降低风险与成本。激烈变动的外部环境给企业战略带来巨大风险。例如对任何一个企业来说，研究和开发一项新产品、新技术常常要受到自身能力、信息不完全、消费者态度等因素的制约，需要付出很高的代价。而且随着技术的日益复杂化，开发的成本也越来越高。这些因素决定了新产品、新技术的研究和开发需要很大的投入，具有很高的风险。在这种情况下，企业自然要从技术自给转向技术合作，通过建立战略联盟、扩大信息传递的密度与速度以避免单个企业在研究开发中的盲目性和因孤军作战引起的全社会范围内的重复劳动和资源浪费，从而降低风险。与此同时，市场和技术的全球化，提出了在相当大的规模和多个行业进行全球生产的要求，以实现最大的规模和范围经济，从而能在以单位成本为基础的全球竞争中赢得优势。虽然柔性制造系统可以将新技术运用到小批量生产中，但规模和范围经济的重要性对于企业的全球竞争力来说仍具有决定意义。建立战略联盟是实现规模经营并产生范围经济效果的重要途径。

在 2010 年 3 月日内瓦汽车展上，比亚迪与戴姆勒签订电动车和零部件领域合作备忘录，双方计划结合比亚迪在车用电池和驱动电机方面以及戴姆勒在传统汽车制造领域的经验开发电动车，最终甚至有可能成立一家全面的合资公司。

联盟战略与任何的企业战略一样，也有其不可避免的局限性。寻找合适的伙伴是联盟构建过程中所遇到的最大难题。如果双方不匹配乃至不相容，容易产生消极的后果。若能寻找到合适的伙伴，随着联盟进程的发展，双方的配合将越来越有成效，还可进一步发展为兼并收购。另一大问题是联盟的控制权问题。尤其是双方各占50%的合资企业项目，当双方意见不一致时，一方会担心失去对联盟的控制权。控制权问题要得到合理解决，需要管理机制设计得当。

三、企业战略分析与决策

（一）五力分析模型

五力分析模型（如图4－3所示）由迈克尔·波特于20世纪80年代初提出，对企业战略制定产生了全球性的深远影响。五力分析模型用于竞争战略的分析，可以有效地分析企业的竞争环境。行业内五种竞争力量分别是：现有竞争者的竞争能力、潜在竞争者的进入能力、供应商的议价能力、购买者的议价能力、替代品的替代能力。

1. 现有竞争者的竞争能力

现有竞争者主要是指行业内现有的品牌竞争者和形式竞争者。大部分行业中的企业，相互之间的利益都是紧密联系在一起的，各企业竞争战略的目标都在于使得自己的企业获得相对于竞争对手的优势，所以在实施中就必然会产生冲突与对抗现象，这些冲突与对抗就构成了现有企业之间的竞争。

现有竞争者的竞争强度与许多因素有关，一般来说，出现下述情况之一将意味着竞争加剧。

（1）势均力敌的竞争对手较多，密度较大。

（2）市场趋于成熟，产品需求增长缓慢；竞争者发起竞争战略行动的欲望强烈。

（3）产品差异较小，竞争者提供几乎相同的产品或服务，用户转换成本很低。

（4）一个战略行动如果取得成功，其收入相当可观。

（5）行业中实力薄弱企业被行业外部实力强大的公司并购后，发起进攻性行动，成为市场的主要竞争者。

（6）退出障碍较高，即退出竞争要比继续参与竞争代价更高。退出障碍主要受经济、战略、感情以及社会政治关系等方面考虑的影响，例如资产的专用性高、退出费用高、战略上的相互牵制、难以接受的挫败感、政府和社会的各种限制等。

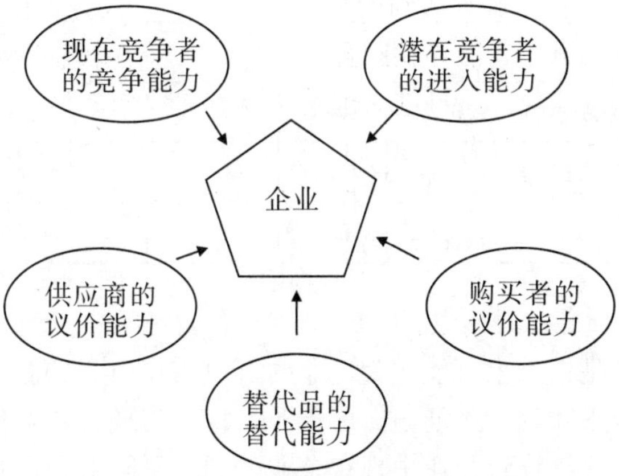

图4-3　行业中的五种竞争力量

以比亚迪集团在A股上市前国内现有竞争者分析为例。根据2011年发布的《比亚迪股份有限公司首次公开发行A股股票招股说明书》（以下简称《比亚迪招股书》），比亚迪集团汽车业务的主要竞争对手为规模较大的合资汽车厂商和自主品牌汽车厂商，具体来说就是中国汽车工业协会2010年全国汽车市场的统计销量排名前十位的轿车生产企业（如表4-1所示）。

从表4-1中可知，国内十大厂家各自的市场份额都不大，差别也不大，行业处于群雄并举、激烈竞争阶段。

表4-1　2010年销量排名前十位轿车生产厂商销量情况

名次	汽车厂商	销量/万辆	占当期轿车总销量比/%
1	上海通用	95.99	10.11
2	上海大众	90.89	9.57
3	一汽大众	83.75	8.82
4	北京现代	58.32	6.14
5	东风日产	56.31	5.93

续上表

名次	汽车厂商	销量/万辆	占当期轿车总销量比/%
6	比亚迪	51.71	5.45
7	奇瑞	50.21	5.29
8	吉利	41,62	4.38
9	长安福特	40.64	4.28
10	一汽丰田	38.64	4.07
合计		608.08	64.05

2. 潜在竞争者的进入能力

潜在竞争者是指未来可能成为企业的行业内竞争者的企业。潜在竞争者若进入行业，带来新的生产能力、新资源，将会与现有企业发生原材料与市场份额的竞争，最终导致行业中现有企业盈利水平降低，严重的话还有可能危及现有企业的生存。潜在竞争者进入威胁的严重程度取决于两方面的因素：进入障碍的大小与预期现有企业对于进入者的反应情况。

进入障碍，或称进入门槛，主要来自三个方面。第一，国家和地方政策限制进入。例如石油、煤炭等自然资源开采业，国家综合平衡统一建设的钢铁、电力行业，以及涉及金融、信息安全的银行、电信业等。第二，现有企业的资源与能力优势。例如高昂的资金投入、稀缺的专门人才、受控的专有设备、独特的地理位置、独占的专利技术、与关键利益相关者的关系，以及强大的资源整合能力等。第三，现有企业经过长期经营建立的企业文化与品牌忠诚。

《比亚迪招股书》中列举了汽车整车制造企业四大门槛：

(1) 政策门槛。目前我国对汽车整车制造的准入、投资、生产及销售等均进行严格管理和控制。政府有关职能部门按照准入管理制度对汽车生产企业设定准入条件，对企业及产品实行动态管理，凡不符合规定的企业或产品，将撤销其在《车辆生产企业及产品》中的名录。

(2) 资金门槛。汽车行业属于资金密集型行业，研发设计、制造设施、产品推广、品牌宣传、渠道建设、原材料采购等都需要大量资金。国家发改委发布的《汽车产业发展政策》对汽车行业的投资条件做出了明确规定，新建汽车生产企业的项目投资总额不得低于20亿元，其中自有资金不得低于8亿元，产品研发机构的投资金额不得低于5亿元。

(3) 规模门槛。汽车行业具有典型的规模效应，只有生产及销售达到一定规模后才会盈利。因此，新进入企业很难在短期内实现规模效应和资金保证。

（4）技术门槛。汽车行业对生产厂商的技术要求较高，如果不具备自主研发能力并掌握核心技术，将在激烈的市场竞争中处于不利地位。

预期现有企业对进入者的反应情况，主要是采取报复行动的可能性大小，这取决于现有企业的财力情况、报复记录、固定资产规模、行业增长速度等，取决于现有企业对进入者主观估计其进入所能带来的潜在利益、所需花费的代价与所要承担的风险这三者的相对大小情况。

3. 供应商的议价能力

供应商主要通过提高投入要素价格与降低单位价值质量的能力，来影响行业中现有企业的盈利能力与产品竞争力。供应商力量的强弱主要取决于他们所提供给买主的是什么投入要素，当供应商所提供的投入要素其价值构成了买主产品总成本的较大比例、对买主产品生产过程非常重要，或者严重影响买主产品的质量时，供应商对于买主的潜在议价力量就大大增强。一般来说，满足如下条件之一的供应商集团会具有比较强大的议价力量。

（1）符合条件的供应商较少，供不应求，形成卖方（供应商）市场。

（2）供应商行业为一些具有比较稳固市场地位而不受市场剧烈竞争困扰的企业所控制。

（3）供应商产品客户众多，以至于每一单个客户购买量占比都较小，不可能成为供应商的重要客户。

（4）不同供应商的产品各具特色，以至于买主难以转换或转换成本太高，或者很难找到可与供应商企业产品相竞争的替代品。

（5）供应商能够方便地实行前向联合或一体化，而买主难以进行后向联合或一体化。

以汽车整车制造企业为例，其上游行业主要包括钢材、塑料（聚丙烯）等原材料行业，以及动力总成、轮胎、玻璃、电子等零部件行业。在我国，近几年钢材、塑料（聚丙烯）等定价的市场化程度较高，产品品质也不断提高，原材料行业市场化的发展将有利于保障汽车行业的原材料供给，同时在一定程度上削弱了供应商的讨价还价能力。比亚迪集团2008—2010年各年度前五名非关联供应商的采购额占集团当期采购总额的比例分别为20. 19%、24. 71%、21. 08%，显示对单个供应商的采购额比例不大，表明期间供应商不具有较强的议价力量。

4. 购买者的议价能力

购买者主要通过其压价与要求提供较高的产品或服务质量的能力，来影响行业中现有企业的盈利能力。一般来说，满足如下条件之一的购买者可能具有较强的议价力量：

（1）卖方企业提供的基本上是一种成熟的或标准化的产品，供大于求，形成买方市场。

（2）购买者的总数较少，而每个购买者的购买量较大，占了卖方销售量的很大比例。

（3）卖方行业由众多独立且相互自由竞争的企业所组成。

（4）购买者有能力实现后向一体化，而卖主难以前向一体化。

比亚迪集团2008—2010各年度来自前五名非关联客户的营业收入占集团当期营业收入总额的比例分别是43.82%、30.91%、36.46%，显示对单个客户的销售额比例不大，期间购买者不具有较强的议价力量。

5. 替代品的替代能力

两个处于不同行业中的企业，可能会由于所生产的产品互为替代品，从而在它们之间产生相互竞争行为，构成平行竞争者。这种源自于替代品的竞争会以各种形式影响行业中现有企业的竞争战略。首先，现有企业提高产品售价以获取高额利润的潜力，将由于存在着能被用户方便接受的替代品而受到限制；其次，由于替代品生产者的侵入，使得现有企业必须提高产品质量，包括增加产品特色，或者通过降低生产成本来降低售价，否则其销量与利润增长的目标就有可能受挫；此外，产品购买者转换成本的高低，也会影响企业与替代品生产者的竞争强度。总之，替代品价格越低、质量越好、用户转换成本越低，其所能产生的竞争压力就强。其强度可以具体通过考察替代品销售增长率、替代品厂家生产能力与盈利扩张情况来加以描述。

行业中的每一个企业或多或少都必须应付以上各种力量构成的威胁。要应对威胁，前提是必须能清晰识别这五种力量，有时这并不容易。比如一些初学者可能说不清一家美术培训机构供应商是谁，替代品又是什么。回答问题的关键是要知道给企业带来收入的产品是什么。通常美术培训机构收入来源主要是美术课程学生的学费，或者说给美术培训机构带来收入的产品是美术课程，因此美术培训机构的供应商（者）应该是授课的老师，替代品（者）是本机构内或外的其他课程老师。越是授课质量好的老师，越难以被替代，其议价能力也就越强。

在识别分析了行业中的五种竞争力量后，企业要根据自身相对竞争者的优势和劣势，确定自己的市场定位，设置进入壁垒，建立护城河。同时因势利导，不断巩固优势，补强劣势，防范被环境因素如产品生命周期、行业增长速度等变化所损害。一旦时机成熟，就可以采取市场竞争战略和企业扩张战略来对付五种竞争力量，以增强自己的市场地位与竞争实力。

（二）波士顿矩阵

企业的业务通常会伴随企业产品的生命周期，经历导入、成长、成熟、衰退四个阶段。对应不同的阶段以及企业内外环境变化，企业应采取不同的战略，包括成长、保持、收缩和转移战略。

美国著名的管理学家、波士顿咨询公司创始人布鲁斯·亨德森（Bruce Henderson，1915—1992）于1970年创设了波士顿矩阵（BCG Matrix）。如图4－4所示，波士顿矩阵以纵轴表示产品的销售增长率，横轴表示产品的市场占有率，将坐标图划分为四个象限，落入每个象限的产品（业务）分别称之为"问题类（?）""明星类（★）""金牛类（¥）"和"瘦狗类（×）"。按照波士顿矩阵的原理，产品市场占有率越高，创造利润的能力越大；而销售增长率越高，则为了维持其增长及扩大市场占有率所需的资金亦越多。通过矩阵分析，掌握企业产品结构的现状及预测未来市场的变化，进而有效地、合理地分配企业经营资源，采取针对性的战略策略。

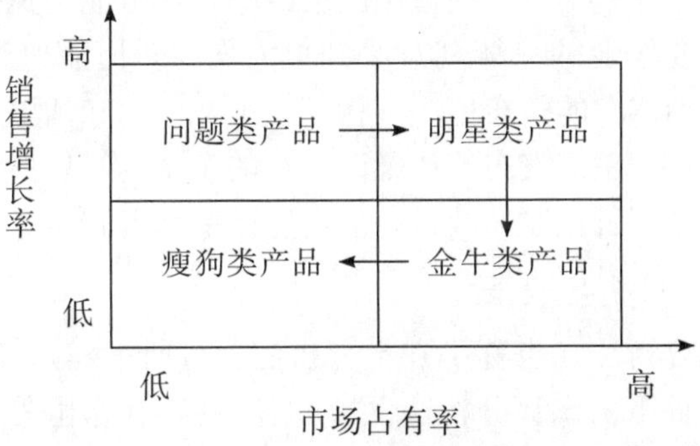

图4－4　波士顿矩阵

在产品从导入期进入成长期阶段，产品销售增长率迅速提升。企业应抓住市场机会，采取成长战略，增加资源投入，扩大经营规模以满足市场需求，不断提升产品市场占有率，使"问题类"产品尽快成为"明星类"。

当企业外部环境稳定，企业市场地位稳固，企业产品处于成熟期，成为"金牛"，可获得稳定的现金流，且企业没有发现新的市场机会，或企业评估扩张的风险大于收益时，企业可采取保持战略，维持其业务范围和经营规模，以规避盲目扩张的风险；同时强化运营管理，降低运营成本，以获得最大投资收益。

当产品进入了衰退期，市场逐步萎缩，同时企业发现了新的、可以利用的产品市场机会，或者多元化经营企业的一些产品业务进入了衰退期，而另一些产品业务正处于成长期时，企业应当采用转移战略，转移战略重心，将企业资源从进入衰退期的业务，收缩转移至处于成长期的业务或开拓新业务上，从而实现企业整体和长远利益的最大化。

当企业由于内外环境恶化（包括产品业务进入衰退期），或企业经营失误、实施扩张战略失败等原因，造成企业竞争地位虚弱、经营状况不佳，出现产品滞销、财务状况恶化、投资已无法收回等情况，就要考虑采用收缩（收割或放弃）战略，缩减经营规模或业务范围，以最大限度地减少损失，保存企业实力。对没有发展前景的“瘦狗类”和“问题类”产品业务可以考虑采取收缩战略，但应尽量在“金牛”阶段而不是到了“瘦狗”阶段才考虑如何收缩。是否使用收缩战略，需要对企业的市场、财务、组织机构等方面做出全面估计，认真比较实施收缩战略的机会成本，经过细致的成本—收益分析，最后才能下结论。当企业预测到或已经感知到了外界环境对企业经营的不利时，企业应当尽量采用转移而非收缩战略。因为实施收缩战略常常伴随着不同程度的裁员和减薪，从而导致员工不满，工作情绪低落；同时，如果发生战略误判，盲目地使用收缩战略，还可能会扼杀具有发展前途的业务和市场，使企业的总体利益受到更大伤害。比亚迪汽车宣布自2022年3月起停止燃油汽车的整车生产，将专注于纯电动和插电式混合动力汽车业务，成为全球首个正式宣布停产燃油汽车的车企。对比燃油汽车和电动汽车发展前景，不难理解比亚迪的这一战略选择是恰当的和富有远见的。

（三）SWOT分析与决策

所谓SWOT分析法（也称TOWS分析法、道斯矩阵），即基于内外部竞争环境和竞争条件下的态势分析法，20世纪80年代初由美国旧金山大学管理学教授海因茨·韦里克（Heinz Weihrich）提出，就是将与研究对象密切相关的各种主要内部优势（strengths，S）、劣势（weaknesses，W）和外部的机会（opportunities，O）和威胁（threats，T）等，通过调查列举出来，并依照矩阵形式排列，然后用系统分析的思想，把各种因素相互匹配起来加以分析，从中得出一系列相应的结论的一种决策方法，经常被用于企业战略制定、竞争对手分析等场合。按照企业竞争战略的完整概念，战略应是一个企业“能够做的”（即发挥组织的强项，扬长避短）和“可能做的”（即抓住环境的机会，趋利避害）之间的有机组合。对经营管理者来说，通过SWOT分析，制定相应的对策，可以做到“知己知彼，百战不殆”。

1. 企业外部环境机会与威胁分析

企业外部宏观环境与微观环境可能给企业带来机会与威胁。机会有：政策支持，市场壁垒解除，特区特殊优惠，竞争对手失误，市场增长迅速，发现市场空隙，能争取到新的用户群，有能力进入更好的企业集团，及其他新政策、新产品、新市场、新需求等；威胁有：市场增长较慢，竞争压力较大，用户议价能力增强，客户偏好改变，新的竞争对手，替代产品增多，行业政策多变，不利的政府政策，经济衰退，市场紧缩，资金链断裂，突发负面事件等。

其中微观环境分析的重点是行业中的五种竞争力量（五力分析），尤其要重点分析和识别出对企业最具威胁的现有或潜在的竞争者，以便为下一步企业内部环境优势与劣势分析提供依据。

2. 企业内部环境优势与劣势分析

企业内部环境是指企业内部能够加以控制或应用的各种因素，包括以下三大内容：

（1）资源（resource），包括人力、金融、物资、时间、空间、信息、技术和关系等八大资源。

（2）能力（capability），包括企业管理能力与文化力。企业管理能力指企业在人事、财务、采购、研发、制造、储运、营销等各个环节所体现出的计划能力、组织能力、领导能力、控制能力、资源整合能力及创新能力。企业文化力即企业思想力、策略力、行动力和形象（品牌）力的总和。

（3）产品（product），包括产品的功能、成本、质量等。企业彰显于外的产品的优势源自企业内在的资源与能力优势。

企业内部环境的优势与劣势是指企业相对于其主要竞争对手在内部环境各方面的优势与劣势。优势有：技术力量雄厚，资金充足，具有产权技术，规模大，成本低，产品质量好，创新能力、营销能力强，高素质的管理人员，适应力强的经营战略，公认的行业领先者，良好的企业形象，优秀的企业文化等；劣势有：设备老化，管理混乱，缺少关键技术，技术开发滞后，资金短缺，经营不善，产品积压，产品线范围太窄，营销水平低于同行业其他企业，战略实施不善，历史记录不佳，相对竞争对手成本太高等。

3. SWOT 分析矩阵

将上述调查分析结果，依照矩阵形式排列，然后用系统分析的思想，把S、W、O、T四方面因素相互匹配起来加以分析，最终做出能够抓住机会、发挥优势、克服劣势和抵御威胁的一系列具体战略决策。

表4-2是根据2011年《比亚迪招股书》中披露的信息，给出的SWOT分析矩阵以作为示例。比亚迪集团当时的主要竞争对手如表中所示，企业战略的总目标是“成为具备国际一流竞争能力的汽车生产企业”。

表4-2　比亚迪集团汽车业务SWOT分析矩阵

环境	S优势	W劣势
环境	（1）具备前瞻性的战略运筹能力，能及时应对技术变革和行业变化。 （2）高度垂直整合和低成本运作能力，造就持续高性价比的产品优势及成本和效率优势。 （3）通过自主研发，掌握了从研发到生产的全流程开发设计能力，汽车整车、核心零部件及模具的制造能力，以及部分生产线及设备的开发能力，形成突出的创新研发能力和技术优势。 （4）优秀的管理团队和突出的执行力，保证了本集团战略的实施。 （5）广阔的战略合作前景彰显关系资源优势。 （6）以人为本的企业文化，有效激发了员工的创造力和工作热情	（1）与上海汽车、一汽集团、东风集团等大型汽车生产企业相比，本集团规模仍相对较小。 （2）本集团作为自主品牌的汽车厂商，进入汽车行业时间较短，在客户群基础和品牌知名度方面与大型汽车生产企业仍然存在差距。 （3）本集团推出的各款车型均为自主研发，其影响产品稳定性的未知因素仍然存在，是否符合消费者需求也有待市场检验。 （4）本集团汽车业务产品线相对单一，车型相对较少，其中F3的销量占本集团汽车总销量的比例一直超过50%，对单一车型的过度依赖增加了经营风险，且汽车产品的售价较低，中高端汽车销量占总销量的比例较低。 （5）与大型汽车生产企业相比，本集团在业务运营和渠道管理方面的经验仍有所欠缺，未能及时根据市场变化调整销售策略和渠道政策，给本集团的运营管理带来了一定影响
O机会	SO战略：抓住机会，发挥优势	WO战略：抓住机会，克服劣势
（1）庞大的国内市场。中国的汽车消费市场仍处于起步阶段，居民对汽车的需求及实际消费量也在逐年增长。	扩充产能满足市场需求。本集团将在现有生产基地上扩充产能，并积极布局新的汽车生产基地，包括加快新基地的建设，有效提升整车组装和关键零部件制造等产能，以满足市场需求。	不断推出新车型，提高市场占有率，提升市场地位。本集团现有上市车型以基本型乘用车（轿车）为主。为实现产品的多元化，本集团将拓展至运动型多功能车（SUV）、多用途汽车（MPV），以及客车系列和新能源汽车系列；积极扩展产品线，覆盖高、中、低端的各级别

续上表

O 机会	SO 战略：抓住机会，发挥优势	WO 战略：抓住机会，克服劣势
（2）国家产业政策的大力支持。 （3）消费者心理的积极驱动。国内居民对汽车的消费观念已从奢侈品逐渐转变为生活耐用品	继续精品路线，进一步巩固和提升市场形象。延续当前的精品路线，以打造精品汽车作为汽车研发、生产和销售的首要标准。 通过客户导向的产品设计，成本领先的产品生产，严格的产品检测，及完善的售后服务，打造每个细分市场的经典车型，不断提升品牌的市场形象。 加强品牌建设与管理，加大品牌宣传力度，增强品牌营销意识，实现品牌和产品相互促进和保障的良性循环	车型，进一步挖掘细分市场，并有针对性地推出更具竞争力的多样化汽车产品，最大限度地满足不同消费者的差异化需求；加大新车型的开发力度，以全方位的产品系列和丰富的产品线，不断提高市场占有率，提升市场地位。 在拓展国内销售网络的同时，积极开拓海外市场，重点发展与大型优秀经销商的合作，逐步培育并建立一个覆盖全球主要汽车市场的高品质销售网络，为本集团未来的全球化战略提供渠道支持
T 威胁	ST 战略：发挥优势，抵御威胁	WT 战略：克服劣势，抵御威胁
（1）机动车排放标准的逐渐提高，将会增加行业投资成本和产品的制造成本。 （2）不断提高的原油价格，在一定程度上抑制消费者对汽车的需求，影响汽车产品的销量。 （3）生产厂商的多元化和产品的多样化加剧了国内市场的竞争。 （4）经销商资金实力尚不够雄厚，抗风险能力相对较弱，受市场波动影响相对较大	遵循“自主研发、自主生产、自主品牌”的发展战略，继续采用垂直整合的经营模式，通过对整车设计、汽车模具、发动机、底盘、各类内饰件、车载电子等全方位的垂直整合，提高对资源的配置能力和对成本的控制能力。 提高汽车各部件之间的相互匹配和协调水平，进而提高整车性能，增强产品竞争力。 通过技术平台的共享，进一步实现技术深度整合，以有效降低新车型开发成本，缩短新车型开发周期。 通过持续的流程再造和工艺创新，不断改善和优化产品成本结构，提高对生产成本的控制能力	加大新能源汽车的研发投入，推进新能源汽车的市场化培育。本集团将积极推进新能源汽车市场化的培育，加大新能源汽车的研发力度，特别是对核心零部件的投入，如车载动力电池，驱动电机及动力控制系统等；着力提升新能源汽车的整体性能，并通过降低成本增强新能源汽车的竞争力。 优化国内销售网络，并积极开拓海外市场。本集团将努力优化销售网络，完善销售网络布局；严格对经销商的筛选条件，继续加强对经销商的指导与培训，规范服务流程，提升本集团的品牌形象和经销商的销售能力

第五章
商业模式及财务与风险管理

一、商业模式

（一）商业模式的概念

商业模式是用以描述企业为满足目标市场客户需求同时实现自身发展而构建的价值创造、传递和交换的企业体系结构（含内部结构和外部关系网络）和运行管理方式的商业概念，广义的商业模式的概念涵盖了企业生产方式、供应链模式、盈利模式、营销模式等所有企业经营管理模式概念，或者说是对这些概念的统称。时势造英雄，每一个时代同样也会造就一批成功的企业，而每一个成功的企业，也代表了那个时代甚至跨时代的成功的商业模式。例如20世纪50年代的麦当劳和丰田汽车公司，60年代的沃尔玛混合式超市，70年代的联邦快递、微软和苹果公司，80年代的英特尔和戴尔公司，90年代的星巴克、eBay和亚马逊公司等，都是商业模式创新造就成功的典型案例。

一个完整的商业模式由四个密切相关的要素构成：客户价值、盈利模式、关键资源和关键流程。其中，客户价值是指你能为客户带来什么不可替代的价值，盈利模式是指你如何从为客户创造价值的过程中获得利润，关键资源是指企业内部如何汇聚资源来为客户提供价值，关键流程则是指企业如何在内部以制度和文化确保客户价值的实现。客户价值主张和盈利模式分别明确了客户价值和公司价值，关键资源和关键流程则描述了如何实现客户价值和公司价值。

商业模式画布（The Business Model Canvas）是亚历山大·奥斯特瓦德

(Alexander Osterwalder)、伊夫·皮尼厄(Yves Pigneur)在《商业模式新生代》一书中提出的一种用来描述商业模式、可视化商业模式、评估商业模式以及改变商业模式的通用语言。

商业模式画布(如图5-1所示)由九个格子组成,每一个格子代表了一个做生意的关键要素,所有的格子之间都是密不可分、相互影响的。客户细分、价值主张、渠道通路(不只是分销,还包括沟通渠道)、客户关系和重要合作属于外部视角,关键活动、核心资源、成本结构和收入来源属于由内而外的内部视角。

<table>
<tr>
<td rowspan="2">重要合作 KP
(Key Partnership)
描绘让商业模式有效运转所需的供应商与合作伙伴</td>
<td>关键活动 KA
(Key Activities)
描绘为了确保其商业模式可行,企业必须做的最重要的事情</td>
<td rowspan="2">价值主张 VP
(Value Propositions)
描绘为特定客户细分创造价值的系列产品和服务</td>
<td>客户关系 CR
(Customer Relationships)
描绘公司与待定客户细分群体建立的关系类型</td>
<td rowspan="2">客户细分 CS
(Customer Segments)
描绘一个企业想要接触和服务的不同的人群或组织</td>
</tr>
<tr>
<td>核心资源 KR
(Key Resoures)
描绘让商业模式有效运转所必需的最重要因素</td>
<td>渠道通路 CH
(Channels)
描绘公司是如何沟通、接触其客户细分而传递其价值主张</td>
</tr>
<tr>
<td colspan="3">成本结构 C $(Cost Structure)
描绘运营一个商业模式所引用的所有成本</td>
<td colspan="2">收入来源 R $(Revenue Streams)
描绘公司从每个客户群体中获取的现金收入(需要从创收中扣除成本)</td>
</tr>
</table>

图5-1 商业模式画布构造图

使用商业模式画布需要按照一定的顺序:首先要了解目标用户群,再确定他们的需求(价值定位),想好如何接触到他们(渠道),怎么盈利(收益流),凭借什么筹码实现盈利(核心资源),能向你伸出援手的人(合伙人),以及根据综合成本定价。

以共享单车业务为例,其商业模式画布参见图5-2。

<table>
<tr>
<td rowspan="2">重要合作：
地方政府和管理部门
资金供应方
单车供应商</td>
<td>关键活动：
获得入驻许可；
单车设计、生产、投放
单车搬运、维修、保养
客户管理</td>
<td rowspan="2">价值主张：
方便短途出行，省时省力
无须购车，取用方便，随走随停</td>
<td>客户关系：
通过 APP 与客户直接建立关系，交流互动</td>
<td rowspan="2">客户细分：
能骑单车，有短途出行需求的人士
大型校园里的大中学生</td>
</tr>
<tr>
<td>核心资源：
资金，管理人才，APP 设计维护技术人才</td>
<td>渠道通路：
在城市适当地点投放单车，APP 注册，卫星定位</td>
</tr>
<tr>
<td colspan="3">成本结构：
人力成本
单车采购和维修成本
运营系统硬件购置和软件开发维护成本
管理与营销成本</td>
<td colspan="2">收入来源：
单车使用费
广告费
增值服务费</td>
</tr>
</table>

图 5－2　共享单车业务商业模式画布

（二）门店模式与连锁经营

门店模式是指企业直接在其运营场所或其开设的实体店铺销售产品的商业模式，属于最传统、最古老的商业模式。那些消费体验或产品价值与消费场景密切相关的产品，以及生产过程与消费过程不可分离的服务产品，包括景点乐园、酒店旅馆、影院歌厅、美容美发店、医院诊所等等，都需要采用门店模式。

在产品零售门店（前店）附近设立生产作坊（后场），直接销售现场生产制作的产品而盈利的模式，称为前店后场模式。那些生产即时消费产品的企业，例如餐厅饭店、咖啡甜品店等，自然要采用这一模式；那些生产满足顾客个性化或特别需求的产品的企业，以及掌握了某种特色产品的特殊制作工艺的企业，也会采用这一模式。一些企业还会将产品生产过程直接展示给消费者和路人，以吸引顾客，扩大市场。

集中在一个地方生产，而在多个不同地点的门店销售产品盈利的模式，可称为前店后厂模式。这种模式可利用规模效应，降低产品成本。广义的前店后厂模式的门店不限于企业直接管理和控制的直营店和专卖店，也常用来描述某一区域的生产企业与销售企业的经济合作模式。例如珠江三角洲地区与港澳地区经济合作中地域分工与合作模式，其中“前店”指港澳地区商业企业，“后厂”指珠江三角洲地区生产企业，双方形成一种优势互补、互惠互利的关系，促进两个地区经济的迅速发展。

经营同类商品或服务的若干个企业，以一定的形式组成一个联合体，在整体规划下进行专业化分工，并在分工基础上实施集中化管理，把独立的经营活动组合成整体的规模经营，从而实现规模效益，这种经营模式称为连锁经营。连锁经营模式的实质，是企业运用无形资产进行资本运营，实现低风险资本扩张和规模经营的有效方法和途径。

连锁经营最早出现在美国。1859 年第一家颇具规模的连锁商店是由吉尔曼和哈特福特在纽约创办的“大美国茶叶公司”。1865 年，美国胜家缝纫机公司首创连锁经营式分销网络，从此雄霸美国市场。20 世纪 50 年代，麦当劳、肯德基引入连锁经营体系，公司得到迅速发展，同时完善了连锁经营业态。从 20 世纪 80 年代起，全球连锁经营飞速发展，成为当时最具获利能力的投资方式和创业途径。

连锁经营有以下特点：

（1）连锁经营是一种授权人与被授权人之间的合同关系，授权人与被授权人之间是相互独立的法律主体，由各自独立承担对外的法律责任。

（2）连锁经营把分散的经营主体组织起来，统一店名店貌，统一广告、信息，统一进货，统一核算，统一库存和统一管理，节省流通费用，降低成本，具有规模优势。连锁经营都要建立统一的配送中心，与生产企业直接挂钩，一般价格能低于同类商店 2% ~5%。

（3）消费者在商品质量上可以得到保证，容易产生定向消费信任或依赖。

最基本的连锁模式有两种，即直营连锁和加盟连锁。加盟连锁又分为特许连锁和自愿连锁两种形式。三种形式的连锁经营所有权和经营管理权的集中程度依次降低。

1. 直营连锁（Regular Chain，RC）

直营连锁又称正规连锁，是世界上最早出现的连锁形式，也是连锁经营的基本形态。它是指连锁公司的店铺均由公司总部全资或控股开设，在总部的直接领导下统一经营。总部采取纵深式的管理方式，直接下令掌管所有的连锁店，各连锁店也毫无疑问地必须完全接受总部的指挥。直营连锁的主要任务在“渠道经营”，即透过经营渠道的拓展从消费者手中获取利润。因此直营连锁实际上是一种“管理产业”。不少连锁企业在没有形成一定连锁规模以前，其单店盈利能力可能并不是太强。但形成连锁规模后，与上下游的谈判能力加强，利润空间也不断提升。国美、苏宁、7－11 商店以及诸多零售连锁企业都是这种情况。相对加盟连锁而言，资本对直营连锁更为青睐。

主要原因是：第一，直营能够将各连锁店的财务报表进行合并；第二，直营有利于总部掌控各门店；第三，直营连锁能有效降低品牌风险。

2. 特许连锁（Franchise Chain，FC）

由拥有技术和管理经验的总部，指导传授加盟店各项经营的技术经验，并收取一定比例的权利金及指导费，此种契约关系即为特许加盟。特许加盟总部必须拥有一套完整有效的运作技术优势，从而转移指导，让加盟店能很快地运作，同时从中获取利益，加盟网络才能日益壮大。因此，经营技术如何传承，是特许经营的关键所在。

特许连锁模式的主要优点在于：

（1）授权人只以品牌、经营管理经验等投入，便可达到规模经营的目的，不仅能在短期内得到回报，而且使无形资产迅速提升。

（2）被授权人由于购买的是已获成功的运营系统，可以省去独自创业的学习成本，包括选择盈利点、开拓市场等独自创业所必要的摸索过程，降低了经营风险。

（3）被授权人可以在选址、设计、员工培训、市场等方面，得到经验丰富的授权人的帮助和支持，经营启动成本低于其他经营方式，因此可在较短的时间内收回投入并盈利，使其运营迅速走向良性循环。

（4）授权人与被授权人之间不是一种竞争关系，有利于共同扩大市场份额。

在保证品牌安全的前提下，特许连锁无疑是知名企业实现其品牌价值最大化的重要途径。据报道，全球麦当劳有超过80%的餐厅由被特许人经营。自2010年起，麦当劳在中国陆续开放传统式特许经营业务，申请人通过初审、面试、实习和为期9～10个月的全职培训后，还要根据餐厅所在的位置、规模、营业额等多方面因素，一次性支付不少于200万元，才能成为被特许人，得到一家现有麦当劳餐厅的10年运营权；并且每个月仍需缴纳各种经营费用，一是租金或物业费用，二是特许经营费、系统费和广告促销费，三是餐厅工作人员的工资以及日常经营现金流。特许经营的麦当劳门店除了运营方是个人之外，其他与直营店没有任何差别，包括原材料、烹饪工艺和食品监控等各方面，以确保食品安全和品牌价值。

3. 自愿连锁（Voluntary Chain，VC）

自愿连锁又称自由连锁，是指中小零售企业在某一龙头企业或标识集团的统率下，通过自愿联合的方式组成经营联合体。其在组织上主要表现为商品采购的联购分销和业务经营的互利合作。与直营连锁、特许连锁不同，自愿连锁群体的各成员企业，仍保持自己的资产所有权并进行独立财务核算。在国际上，自由连锁的组织类型一般分为零售主导型和批发主导型两种。从实践上看，批发主导型的自由连锁显示了更为强大的生命力。日本、欧洲和美国等发达国家所采用的也是以后者为主。美国加州自由连锁食品配送中心以组织商品、面向独立经营的单体超市门店，开展以食品为主的共同配送，通过这种社会化配送形式，既可解决独立经营的单体店因规模小、投资短缺而不能实现低成本经营的问题，也解决了批发企业自身在市场上的占有份额，同时也实现了有限资源合理利用的社会效益。

（三）制造业企业的商业模式

1. 福特汽车公司与大规模生产

大规模生产，又称大量生产，是指产品数量很大，长期按照一定的生产节拍在同一工作地点，进行同一个零件的同一道工序的加工的生产方式。产品品种单一，但产量大，生产重复程度高，从而实现规模经济，成本大幅下降，让企业产品可以形成价格优势，赢得市场竞争。

大规模生产方式的典型，是美国的福特汽车公司。亨利·福特于1903年创立福特汽车公司，设想“打造一款大批量生产的汽车，它需要足够大，能够满足全家人的出行需要，也要足够小，一个人就可以轻松驾驶与维护；它有最简单实用的设计，低廉的价格要让每个普通家庭都负担得起，使购买它的人与家人一起享受汽车带来的乐趣”。对于当时的美国汽车行业，通过大规模生产降低成本这一经营模式参与市场竞争是可行的。因为当时汽车市场刚起步，基本的需求还没有满足，很多家庭还没有汽车，一般消费者的收入水平低买不起汽车，使得汽车需求具有高弹性。通过增加产量，形成规模经济，可以急剧降低成本，从而可以降低价格。而价格越低，销量就越大，又会进一步加速成本的下降，使得有进一步降低价格的空间，形成良性循环。从1908年开始，福特着手在T型汽车上实行单一品种大量生产，2013年福特成功将流水线应用于T型汽车装配。在流水线应用之前，汽车工业完全是手工作坊型的，每装配一辆汽车要728个人工小时，当时汽车的年产量大约12辆，这一速度远不能满足巨大的消费市场的需求。流水线的产生，使得工人间的分工更为精细，工人们分工协作，每个人只需重复自己的那道工序，极大促进了生产工艺过程和产品的标准化，大大降低了招募和培训合格工人的成本，同时提高了生产效率，产品的质量和产量也得到大幅度提高。第一条流水线使每辆T型汽车的组装时间由原来的12小时28分钟缩短至10秒钟，生产效率提高了4 488倍。到1916年，T型汽车的累计产量达到58万辆。随着产量的增加，每辆汽车的成本也大幅下降，从1909年的950美元，降到了1916年的360美元。到1927年，T型车的累计产量突破了150万辆，市场占有率达到50%。福特公司的大规模生产经营模式让汽车成为大众的代步工具，实现了美国很多家庭的汽车梦想。

对于制造业企业而言，大规模生产方式一直是成熟和热点产品，以及低技术含量新产品迅速渗透市场、扩大市场份额的重要战略手段。

2. 丰田汽车公司与精益生产

精益生产（Lean Production，简称 LP），是美国麻省理工学院数位国际汽车计划组织（IMVP）的专家对日本丰田准时化生产 JIT（Just in Time）生产方式的赞誉称呼。1953 年，日本丰田公司副总裁大野耐一综合了单件生产和批量生产的特点和优点，创造了一种在多品种小批量混合生产条件下高质量、低成本的生产方式，即准时制（JIT）生产，又称作无库存、零库存、一个流或者超级市场生产方式，是多品种、少批量、短周期的生产方式。看板系统是准时制生产现场控制技术的核心，将传统生产过程中前道工序向后道工序送货，改为后道工序根据“看板”向前道工序取货。JIT 生产方式的基本思想是生产的计划和控制及库存的管理。“只在需要的时候，按需要的量，生产所需的产品”，也就是追求一种无库存，或库存达到最小的生产系统。所以，JIT 生产模式被称为“精益生产”。

福特的大规模生产方式为顾客低成本、高效率地提供了大量的商品，但不能适应顾客日益扩大的多样化、个性化需求。伴随经济、科技的发展，社会的进步，基本商品的充盈，商品基本功能的满足已不再是顾客的第一需求，张扬个性的需要成为制约商品选择的重要因素。因此大规模生产的理念和规范化产品的定位难以适应市场环境的这种变化。精益生产是通过系统结构、人员组织、运行方式和市场供求等方面的变革，使生产系统能很快适应用户需求不断变化，并能使生产过程中一切无用、多余的东西被精简，最终达到包括市场供销在内的生产的各方面最好结果的一种生产管理方式。与传统的大量生产方式不同，其特色是“多品种”“小批量”。规模经济的本质，是大量生产能力的高利用率，或以更高效率进行大量生产的能力。超过企业有效运作能力的限度，必然会导致规模不经济。大量生产若采用福特式“总动员生产方式”，即一半时间人员和设备、流水线等待零件，另一半时间等零件一运到，全体人员总动员，紧急生产产品，必定会造成生产过程中的物流不合理现象，尤以库存积压和短缺为特征。生产线或者不开机，或者开机后就大量生产，这种模式导致了严重的资源浪费。“零浪费”是精益生产终极目标，包括：“零”制造搬运浪费、“零”转产工时浪费、“零”库存、“零”不良、“零”故障、“零”停滞、“零”灾害。

精益生产理论和生产管理体系目前仍然在不断演化发展当中。从过去关注生产现场的持续改善，转变为库存控制、生产计划管理、流程改进（流程再造）、成本管理、员工素养养成、供应链协同优化、产品生命周期管理

(产品概念设计，产品开发，生产线设计，工作台设计，作业方法设计和改进)、质量管理、设备资源和人力资源管理、市场开发及销售管理等企业经营管理涉及的诸多层面。精益生产方式的优越性不仅体现在生产制造系统，同样也体现在产品开发、协作配套、营销网络以及经营管理等各个方面。

3. 戴尔公司与大规模定制

1970 年，美国未来学家阿尔文·托夫勒（Alvin Toffler）提出了一种全新的生产方式的设想：以类似于标准化和大规模生产的成本和时间，提供客户特定需求的产品和服务。1987 年，世界上最伟大的未来学家之一斯坦·戴维斯（Stan Davis）首次将这种生产方式称为大规模定制（Mass Customization，MC）。1993 年，美国经济学家 B. 约瑟夫·派恩（B. Joseph Pine）在《大规模定制：企业竞争的新前沿》一书中写道："大规模定制的核心是产品品种的多样化和定制化急剧增加，而不相应增加成本；其范畴是个性化定制产品和服务的大规模生产；其最大优点是提供战略优势和经济价值。"大规模定制的基本思想在于通过产品结构和制造流程的重构，运用现代化的信息技术、新材料技术、柔性制造技术等一系列高新技术，把产品的定制生产问题全部或者部分转化为批量生产，以大规模生产的成本和速度，为单个客户或小批量多品种市场定制任意数量的产品。

传统的定制生产模式除小型工艺品外，只能生产有限品种的产品，企业的产品定位建立在有限数量的极个别的顾客需求上。因此传统定制企业存在规模相对较小、产品有限、生产周期长、成品成本高、质量不稳定等一系列问题。与传统的定制生产相比，大规模定制模式通过定制产品的大规模生产，低成本、高效率地为顾客提供充分的商品空间。因此大规模定制企业与传统的定制企业或大规模生产企业相比，其核心能力表现在其能够低成本、高效率地为顾客提供充分的商品空间，从而最终满足顾客的个性化需求的能力上。

多样化和定制化的产品对企业的生产制造能力提出了更高的要求。MC 要求企业具备柔性的生产制造能力。它主要通过企业柔性制造系统（Flexible Manufacturing System，FMS）与网络化制造的有效整合及采用柔性管理来构筑、提升其柔性的生产制造能力。FMS 是由数控加工设备、物料运储装置和计算机控制系统等组成的自动化制造系统，是一种高效率、高精度和高柔性的加工系统，能根据加工任务或生产环境的变化迅速进行调整，以适宜于多品种、中小批量生产。

大规模定制分为按订单销售（Sale-to-Order）、按订单装配（Assemble-to-Order）、按订单制造（Make-to-Order）和按订单设计（Engineer-to-Order）4 种类型。戴尔公司属于采用按订单装配（ATO）的典型代表。戴尔公司建立了一套与客户联系的渠道，由客户直接向戴尔发订单，订单中可以详细列出所需的配置，然后由戴尔按订单装配。同时，戴尔通过建立一个超高效的供应链和生产流程管理，实现了即时生产和零库存，并且与供应商虚拟整合，构建了核心竞争力，而这一切都依赖于标准化的产品零部件设计和先进的信息技术平台。“戴尔”逐步转向全球范围的综合供应链管理，这样各生产工厂和供应商之间就形成了巨大的供应链体系，在全球范围内有效地实现了整合，使资源配置更加高效合理。戴尔通过其独特的大规模定制生产模式，或称直销模式，利用现代化的网络技术将批量生产的低成本优势与个性化定制生产的高附加值优势完美地结合起来，简化甚至消灭分销商，不仅降低了其生产成本，还直接搜集到顾客的需求信息，而且还大大提高了顾客的满意度。

4. 苹果公司以核心业务整合产业生态链

苹果公司的商业模式是以硬件创新和技术研发为主导，以苹果自家独占的 iOS/iPad OS/tvOS 等操作系统为系统生态，以终端硬件销售为核心的商业模式。

一个成功的商业模式，最根本的就是要提供新的客户价值。自从乔布斯归来，苹果开始重新审视客户价值，破除封闭的旧思维，将先进的技术、合适的成本和出众的营销技巧相结合。苹果当前有手机、平板、笔记本、手表等大量的终端产品，几乎覆盖了常见的电子设备，每一样都是苹果自己技术实力的象征。苹果投资、研发的主要技术专利更易量产、成本更低，由苹果自己拿去申请专利自己使用；次要专利由厂商申请给安卓厂商使用。苹果将大部分订单给核心开发商，三至四成的订单给苹果自己授权的第二、第三生产商生产定制，规避单一供应链风险。乔布斯时代落幕后，苹果依然引领了世界技术变革，比如现在大家习以为常的以屏幕技术打天下的 Touch ID 技术，高安全性的人脸识别 Face ID 等。其中由苹果联合厦门 TPK 公司开发使用的、变革世界的电容触控屏幕，绝对统治了电容触控屏幕整整五年。

成功商业模式的第二步就是明确盈利模式。苹果公司主要有两个盈利路径：一是靠卖硬件产品来获得一次性的高额利润，这在目前为苹果提供了绝大部分的利润来源；二是靠卖音乐和应用程序来获得重复性购买的持续利润，以及获得运营平台的报酬。这两个盈利方式还会互相加强，形成良性循环。由于优秀的设计，以及大量音乐和应用程序的支持，无论是 iPod、iPhone 还是 iPad，都要比同类竞争产品的利润高很多。同样，由于有卓越硬件和苹果高销量的支持，那些应用程序也更有价值，也就更能促进新程序和软件的开发，拉动更多更好的内容进入苹果的供应链。

更让微软、谷歌等新老对手恼火的是，过去一直小众和封闭的苹果如今不仅完成了大众化的转身，而且仍然自成一体，在牢牢掌控核心资源和核心能力后，对内开放，对外封闭。

苹果控制了这个产业链中最核心的，也是利润率最高的设计和销售环节（即哑铃模式），而且苹果的硬件、操作软件和 iTunes、App Store 等渠道平台只适用于苹果帝国自身，对外界的厂商实行技术封闭。因此，苹果帝国的壮大也意味着苹果的盈利能力越强，从而在业内强者恒强。

苹果系统完整的生态整合能力独步全球，即使是市场占有量排第一的谷歌系统也因碎片化问题，达不到完整的协调，达不到苹果如此的全局统一性。小米所称的生态链更多的是智能家居生态，多采用合作入股贴牌形式的、小米无法独立掌控的合伙人制度，只能在一些日常小创新上跟进。完整的生态是苹果吸引极其庞大的“果粉”群效应的最根本原因。苹果卖的不仅仅是硬件，更核心的其实是用户直接可以感知到的系统层面的应用。

5. 富士康公司与专业化中介代工模式

专业化中介代工模式是指企业通过为其他企业提供专业化中介服务或代工服务而盈利的模式。鸿海科技集团是代工盈利模式的典型代表，其成功秘诀在于服务于一流客户。郭台铭称鸿海是“四流人才、三流管理、二流设备、一流客户”，他要做的首先是选客户。为了达成目标，他曾经在美国自己开车，住 12 美元一天的汽车旅馆，跑了美国 52 个州中的 32 个，跟世界大厂商做生意。自进入个人电脑领域，鸿海的客户就锁定了 IBM、英特尔、康柏、戴尔等国际一流大厂。为了拿到康柏公司的订单，郭台铭索性在康柏总部旁投资建了一个成型机厂，康柏只要有新设计，当天就能看到模型，最终富士康获得了康柏的长期订单。为巩固与这些大厂商的关系，郭台铭坚持不做自己的品牌，只做零件供应商。可以说正是这些大厂的订单成就了鸿海科技集团今天的格局。

（四）电子商务

电子商务是以信息网络技术为手段，以商品交换为中心的商务活动，是通过互联网（Internet）以电子交易方式进行交易活动和相关服务的一种新型的商业运营模式，是传统商业活动各环节的电子化、网络化、信息化。电子商务基于浏览器、服务器、手机 APP 等应用方式，买卖双方可以突破空间和时间的限制进行各种商贸活动，实现广告宣传、业务洽谈、网上订购、交易管理、线上支付和意见征询，以及其他各种商务活动、交易活动、金融活动和相关的服务与综合服务活动。电子商务将买方、卖方以及服务于它们的中间商（如金融机构）之间的信息交换和交易行为集成到一起，提高了商务活动的交易效率，降低了商务活动的交易成本，从根本上改变了企业的计划、生产、销售和运行的传统模式，甚至整个产业社会的基本生存方式。

1. 电子商务三大核心模式

（1）B2B（Business to Business）。B2B，即商家（企业）对商家（企业）的电子商务，指企业与企业之间通过互联网进行产品、服务及信息的交换，包括：发布供求信息，订货及确认订货，支付过程，票据的签发、传送和接收，确定配送方案并监控配送过程等。企业可以是供应商、经销商或中介商；交易网站可以是企业自建的网站，也可以是第三方建立的交易平台。第三方 B2B 电子商务平台又可分为两种模式：一种是行业垂直类网站，针对一个行业做深、做透，比如中国化工网、全球五金网等；而另一种则是水平型综合类网站，在广度上下功夫，比如阿里巴巴批发网（1688. com）。

（2）B2C（Business to Customer）。B2C，即商家（企业）通过互联网直接面向消费者销售产品和服务的商业零售模式。交易网站同样可以是企业自建的网站，也可以是第三方建立的交易平台。目前比较大型的 B2C 交易平台网站可以分为两大类：一类相当于线下的城镇商业中心，汇集众多独自经营不同品类商品的商家，例如天猫商城；另一类相当于线下的大型超市，以销售自营商品为主，例如京东商城。

（3）C2C（Consumer to Consumer）。C2C，即消费者对消费者的电子商务。C2C 网站通过为消费者之间提供一个在线交易平台，使卖方可以主动提供商品（包括二手商品）上网销售、拍卖、转让，而买方可以在网上自行选择商品进行竞价和购买。国内 C2C 领域领先者淘宝网 2003 年 5 月由阿里巴巴集团投资创办成立，同年 10 月推出第三方支付工具“支付宝”，以“担保交易模式”使消费者对淘宝网上的交易产生信任。随着规模的扩大和用户数量的增加，淘宝网也从单一的 C2C 网络集市变成了包括 C2C、团购、分销、拍卖等多种电子商务模式在内的综合性零售商圈，已经成为世界范围的电子商务交易平台之一。

2. 电子商务主要拓展或延伸模式

（1）B2G（Business to Government）。B2G 模式是企业与政府管理部门之间的电子商务，如政府采购，海关报税的平台，国税局和地税局报税的平台等。以政府采购为例，政府通过互联网发布采购清单，进行网上招标，企业通过网上投标进行回应，这种采购方式节约成本，透明度高，具有很大的发展潜力。

（2）B2T（Business to Team）。B2T，即团队向商家采购。互不认识的消费者，借助互联网的“网聚人的力量”，改变 B2C 模式中用户一对一出价的弱势地位，加大与商家的谈判能力，以求得最优的价格。自称新电商开创者的拼多多，作为专注于拼团购物的第三方社交电商平台，可视为 B2T 电商模式的典型代表。

（3）O2O（Online to Offline）。O2O，即线上与线下相融合的电子商务，将线下商务的机会与互联网结合在了一起，让互联网成为线下交易的前台。O2O 模式下的 B2C，商家可以在线上宣传揽客，消费者可以在线下体验筛选，大大提升了传统服务行业的服务效率和质量。在资本的催化下，众多企业开启了 O2O 模式。2012 年，滴滴打车 APP 上线；2013 年苏宁开设网上商城，并宣布线上线下同价；2014 年，北大毕业生戴威等共同创立 ofo 共享单车；2015 年，大众点评网与美团网合并，号称将成为中国 O2O 领域的领先平台。此外，从上门送餐、上门生鲜，到上门化妆、上门按摩、上门洗车等各种 O2O 应用场景层出不穷，异彩纷呈。

（4）C2M（Customer to Manufacturer）。C2M，即用户直连制造。C2M 是一种新型的工业互联网电子商务的商业模式，又被称为“短路经济”。该电商模式最早由必要商城创始人及 CEO 毕胜提出并率先在国内进行实践，如今该模式已被应用于诸多行业和领域。

（5）C2B。C2B，或称 C2B2C 模式，是互联网经济时代新的商业模式。这一模式改变了传统企业与和消费者的关系，是以消费者为中心的电商模式，先由消费者提出需求，甚至主动参与产品设计、生产和定价，产品、价格等彰显消费者的个性化需求；生产企业按需求组织生产，包括进行定制化生产。如果从实现难度及层级来看，C2B 由简至难又分如下几种模式。

第一，普通代购。消费者通过网站向商家提出商品需求，商家采购后售卖给消费者。这是很多跨境电商的日常业务活动。

第二，聚购制。通过聚合客户的需求向商家批量采购，让利于消费者。包括提前交定金抢占优惠价名额，然后在发货前或后交尾款。此类 C2B 形式对于企业（卖家）的意义在于可以提前锁定用户群，企业按订单采购或生产，实现精益制造，有效缓解 B2C 模式下企业（卖家）盲目采购或生产带来的资源浪费，降低企业的生产及库存成本，提升产品周转率，对于商业社会的资源节约起到极大的推动作用。B2T 实际可看作聚购制 C2B，B2G 在多数情况下也看作政府作为消费者的聚购制 C2B。

第三，模块定制。模块定制为消费者提供了一种模块化、菜单式的有限定制。考虑到整个供应链的改造成本，为每位消费者提供完全个性化的定制较为困难，能做到的更多还是倾向于让消费者去适应企业既有的供应链。戴尔公司大规模定制模式也可以视为模块定制 C2B 电商模式的先行者。

第四，深度定制。深度定制也叫参与式定制，或称 C2B2S（Customer to Business－Share）模式，是 C2M 模式的最高级形式，客户能参与到全流程的定制环节，厂家可以完全按照客户的个性化需求来定制，每一件产品都可以算是一个销售单品。目前深度定制最成熟的行业当属服装类、鞋类和家具定制。以定制家具为例，每位消费者都可以根据户型、尺寸、风格、功能完全个性化定制，最大限度地满足消费者对于空间利用及个性化的核心需求。深度定制最核心的难题是如何解决大规模生产与个性化定制相背离的矛盾。深度定制典型的代表是定制家具企业——尚品宅配新居网，这家被称为“传统产业转型升级的典范”的企业将IT技术与互联网技术进行深度整合，通过设计系统、网上订单管理系统、条码应用系统、混合排产及生产过程系统很大程度上解决了大规模生产与个性化定制相背离的难题。

（五）盈利模式

盈利模式是用以描述企业通过优化整合企业内外资源和利益相关者，实现价值创造和价值获取而构建的企业体系结构和运行管理方式的商业概念，通俗地说就是企业挣钱的方式。狭义的商业模式说的就是盈利模式。一个好的盈利模式应当包含四个要素：利润点、利润源、利润杠杆和利润屏障。利润点是指企业赖以获取利润的价值主张，利润源是指企业创造的价值（产品或服务）的现实的和潜在的购买者和使用者群体，利润杠杆是指企业为吸引、撬动盈利源客户购买和使用企业产品或服务以实现价值创造和价值获取的一系列业务活动，利润屏障是指企业为防止竞争者掠夺本企业的利润而采取的防范措施。企业的竞争优势是企业打造利润杠杆的要件和构筑企业利润屏障的基石。

1. 一般企业盈利模式

尽管盈利模式多种多样，但主要模式大体可以归纳为两类：一类是靠主营业务的销售获取收入，并支付其成本和费用的传统盈利模式；另一类是把主营业务变成基础或平台以“锁定客户”，而靠衍生或延伸服务获取利润的新型盈利模式。后者也被称为“饵与钩（Bait and Hook）”模式。在自由竞争的市场环境下，如果将企业的某种商业盈利活动比作在商海中钓鱼，那么钩是利润点，鱼是利润源，鱼饵是利润杠杆，吸引鱼儿上钩。在这类商业模式里，基础产品的出售价格极低，甚至免费赠送，而与之相关的消耗品或是服务的价格则十分昂贵。早期的案例是生产商吉列公司所发明的“剃须刀+刀片”的捆绑销售模式。吉列公司给其产品剃须刀架定价很低以赢得市场，而给剃须刀片定价很高来获取高额利润。故而“饵与钩”模式也被称为“剃须刀+刀片”盈利模式。

随着经济体由短缺走向过剩，传统商业模式的路越走越窄，像英特尔公司这种能够不断推出新产品的企业，也会走入困境。因为传统商业模式的同行企业在产品（服务）、市场定位、业务系统、组织系统、投资模式、成本结构和营销模式等方面都必然趋于同质化，随着不断扩大产能规模，竞争加剧，为争夺顾客掀起的一轮轮价格战必然使主营业务的利润越来越薄。

而“饵与钩”商业模式通过牺牲主业利润锁定了客户，使新的竞争者几乎无法进入，再以关联产品、衍生和延伸服务赚取利润，这就避开了恶性竞争，获得了可持续增长的稳定收入。显然，这种商业模式更加高明，尤其适应于相对过剩的经济环境。

在相对过剩的经济环境下，采用“饵与钩”商业模式的案例越来越常见。很多产品的配件是快消品，需要经常更换，这就给了商家玩这种模式的机会。最常见的打印机与墨盒的关系，很多时候打印机不需要多少钱，但是想换一个原装墨盒却很昂贵。同时，这种模式也在不同行业领域被广泛应用，不断变形升级。索尼公司亏本出售游戏机锁定大量客户，再从第三方游戏软件开发商抽取权利金赚取利润；家乐福大部分商品仅以成本价或微利价销售，而靠少量高附加值商品赚取利润；百度公司提供免费的浏览、搜索服务吸引顾客，再以增值服务和广告赚钱；腾讯公司提供免费的网络社交软件QQ、微信吸引客户群，而主要靠网络游戏和会员特权等增值服务获利；软件开发者们免费发放他们文本阅读器，但是对其文本编辑器的定价却高达几百美金；移动通信公司充话费免费送手机，而不是像以前那样买手机送话费。

2. 互联网平台企业主要利润来源

互联网平台企业一些以自营业务产品和销售盈利为主，另一些则以“饵与钩”模式盈利为主，或者二者兼而有之。主要利润来源列举如下。

（1）自营产品销售。例如京东商城自己采购商品，自己销售，赚取差价。京东还根据卖家的需求开发了大量的软件，据称每一个商家都会购买一部分的软件和服务，以使自己的店铺能够得到更好的发展。

（2）代理产品销售。例如旅游网站代理机票销售业务盈利。

（3）交易提成（佣金）。交易提成（佣金）是第三方交易平台网站的主要利润来源。第三方交易平台网站相当于传统线下企业的交易市场、大卖场，通过为交易双方提供价值交换的场所和机会，从交易中按一定比例收取提成。

（4）会员费。会员费也就是会员制服务收费，是指电商交易平台网站为入会商家提供网上店铺出租、公司认证、产品信息推荐等多种服务组合而收取的费用。这种模式可以带给互联网交易平台企业较为稳定的收入来源。

（5）服务费。例如交易服务费（包括商品登录费、成交手续费、底价设置费、预售设置费、额外交易费、安全支付费、在线店铺费等），特色服务费（包括字体功能费、图片功能费、推荐功能费），以及增值服务费（包括信息发布费、辅助信息费、竞价排名等）。竞价排名是百度最核心的盈利模式，也是百度营收的主要来源。按关键词竞价，价高且广告又设计得好，就排前面。如果用百度搜索一个关键词，搜索出来的前几个基本都是有广告标示的，也就是别的客户投了竞价的。用户点一次，百度就收一次钱。医疗企业的竞价可以出到几十块点一次。

（6）广告费。企业将网站上有价值的位置用于放置各类型广告，根据网站流量和网站人群精度标定广告位价格，然后再通过各种形式向客户出售。如果网站具有充足的访问量和用户黏度，广告业务会非常大。例如京东整合了淘宝4亿多卖家，首页每天的访问量都接近1亿人，是一个非常好的广告平台，广告主要有：商品展示广告、品牌展示广告、植入广告等。

（7）支付环节收费。支付问题过去曾是制约电子商务发展的瓶颈，直到阿里巴巴推出了支付宝，才在很大程度上促进了网上在线支付业务的开展。买家可以先把预付款通过网上银行打到支付公司的个人专用账户，待收到卖家发出的货物后，再通知支付公司把货款打入到卖家账户，这样买家不用担心收不到货还要付款，卖家也不用担心发了货而收不到款，而支付公司就按成交额的一定比例收取手续费。例如支付宝就设定一定交易流量额度，在设定交易流量额度内免费，超出部分收取0.5%的服务费，最低每笔1元，最高每笔25元。

（8）资金沉淀收入。一些互联网平台会向客户收取一定额度的保障金，例如淘宝开店前期需要交纳1 000元的保证金，退出开店时可以退还（也可以选择每年交30元保证金，但退出开店时不可以退还），目的是防止卖家在淘宝上进行诈骗行为。互联网平台可以利用客户保障金，或者利用收到顾客货款和支付供应商的时间差产生的资金沉淀，进行再投资从而获利。

二、市场营销

（一）营销观念与市场营销的内涵

市场营销（marketing）是创造、传播、传递和交换对顾客、合作伙伴乃至整个社会有价值的产品和服务的一系列活动、机制和过程。

企业营销观念的演变与发展，大致经历了从生产观念、产品观念、推销观念到市场营销观念、客户观念和社会市场营销观念等6个阶段。

1. 生产观念

生产观念是指导销售者行为的最古老的观念之一，产生于20世纪20年代前期。企业经营哲学不是从消费者需求出发，而是从企业生产出发。其主要表现是“我生产什么，就卖什么”。生产观念认为，消费者喜欢那些可以随处买得到而且价格低廉的产品，企业应致力于提高生产效率和分销效率，扩大生产，降低成本以扩展市场。美国汽车大王亨利·福特曾傲慢地宣称：“不管顾客需要什么颜色的汽车，我只有一种黑色的。”这就是生产观念的典型表现。显然，生产观念是一种重生产、轻市场营销的商业哲学。

2. 产品观念

产品观念也是一种早期的企业经营观念。产品观念认为，消费者最喜欢高质量、多功能和具有某种特色的产品，企业应致力于生产高值产品，并不断加以改进。产品观念产生于市场产品供不应求的“卖方市场”形势下。最容易滋生产品观念的场合，莫过于当企业发明一项新产品时。此时企业最容易产生“市场营销近视”，即把注意力不适当地放在产品上，而不是放在市场需要上。只看到自己的产品质量好，看不到市场需求在变化，致使企业经营陷入困境。

3. 推销观念

推销观念（或称销售观念）产生于20世纪20年代末至50年代前，是目前仍为许多企业所采用的一种观念，表现为“我卖什么，顾客就买什么”。它认为，消费者通常表现出一种购买惰性或抗衡心理，如果顺其自然的话，消费者一般不会足量购买某一企业的产品，因此，企业必须积极推销和大力促销，以刺激消费者大量购买本企业产品。推销观念在现代市场经济条件下被大量用于推销那些非渴求物品，即购买者一般不会主动想到要去购买的产品或服务。这些行业善于使用各种技巧来寻找潜在客户，并采用高压方式说服他们接受其产品。许多企业在产品过剩时，也常常奉行推销观念。它们的短期目标是销售其能生产的产品，而不是生产能出售的新产品。

4. 市场营销观念

市场营销观念是作为对上述诸观念的挑战而出现的一种新型的企业经营哲学。这种观念是以满足顾客需求为出发点的，即“顾客需要什么，就生产什么”。尽管这种思想由来已久，但其核心原则直到20世纪50年代中期才基本定型，当时社会生产力迅速发展，市场趋势表现为供过于求的买方市场，同时广大居民个人收入迅速提高，有可能对产品进行选择，企业之间为实现产品销售的竞争加剧，许多企业开始认识到，必须转变经营观念，才能求得生存和发展。市场营销观念认为，实现企业各项目标的关键，在于正确确定目标市场的需要和欲望，并且比竞争者更有效地传送目标市场所期望的物品或服务，进而比竞争者更有效地满足目标市场的需要和欲望。市场营销观念的出现，使企业经营观念发生了根本性变化，也使市场营销学发生了一次革命。

5. 客户观念

客户观念，是指企业注重收集每一个客户以往的交易信息、人口统计信息、心理活动信息、媒体习惯信息以及分销偏好信息等，根据由此确认的不同客户的终身价值，分别为每个客户提供各自不同的产品或服务，传播不同的信息，通过提高客户忠诚度，增加每一个客户的购买量，从而确保企业的利润增长。市场营销观念与之不同，它强调的是满足一个子市场的需求，而客户观念则强调满足每一个客户的特殊需求。可见，客户观念并不适用于所有企业。一对一营销需要以工厂定制化、运营电脑化、沟通网络化为前提条件，因此，贯彻客户观念要求企业在信息收集、数据库建设、电脑软件和硬件购置等方面进行大量投资，而这并不是每一个企业都能够做到的。

6. 社会市场营销观念

社会市场营销观念产生于20世纪70年代西方资本主义出现能源短缺、通货膨胀、失业增加、环境污染严重、消费者保护运动盛行的新形势下，是对市场营销观念的修改和补充，因为市场营销观念回避了消费者需求、消费者利益和长期社会福利之间隐含着冲突的现实。社会市场营销观念认为，企业的任务是确定各个目标市场的需求、欲望和利益，并以保护或提高消费者和社会福利的方式，比竞争者更有效、更有利地向目标市场提供能够满足其需要、欲望和利益的物品或服务。社会市场营销观念要求市场营销者在制订市场营销策略时，要统筹兼顾企业、消费者和社会三方面的利益。

现代企业的营销策略就是以顾客需要为出发点，根据经验获得顾客需求量以及购买力的信息、商业界的期望值，有计划地组织各项经营活动，通过相互协调一致的策略，为顾客提供满意的商品和服务而实现企业目标的过程。

1960年，美国市场营销专家杰罗姆·麦卡锡（Jerome McCarthy）教授在人们营销实践的基础上，提出了著名的“4P”营销策略组合理论。“4P”即产品（product）、定价（price）、渠道（place）和促销（promotion）。该理论奠定了现代管理营销的基础理论框架，为企业策划整合市场营销战术以实现营销目标提供了经典的决策工具。

1986年，菲利普·科特勒提出了“大市场营销”概念，即在原来的4P组合的基础上，增加两个P：一是“政治力量”（political power），必须懂得怎样与其他国家打交道，必须了解其他国家的政治状况，才能有效地向其他国家推销产品；二是“公共关系”（public relations），必须懂得公共关系，知道如何在公众中树立产品的良好形象。

（二）产品策略

企业的产品策略是其市场营销组合策略中的重要组成部分，是企业在其总体营销战略实施过程中所采取的一系列有关产品本身的具体营销策略，主要包括产品定位、产品层次、产品组合、产品生命周期等内容，重点围绕质量、功能和服务形成差异化或特色优势。

以现代观念对产品进行界定，产品是指为留意、获取、使用或消费以满足某种欲望和需要而提供给市场的一切东西。电视机、化妆品、家具等有形物品已不能涵盖现代观念的产品，产品的内涵已从有形物品扩大到服务（如市场调查、广告设计）、人员（如毕业生、影视明星）、地点（例如长城、九寨沟）、组织（如上市公司）和观念（如环保意识、社会责任）等等；产品的外延也从其核心产品、形式产品向期望产品、附加产品和潜在产品拓展，包含了五个层次。

产品最基本的层次是核心产品，即向消费者提供的产品基本效用和利益，也是消费者真正要购买的利益和服务。消费者购买某种产品本质上并非是为了拥有该产品实体，而是为了获得能满足自身某种需要的效用和利益。如洗衣机的核心利益体现在它能让消费者方便、省力、省时地清洗衣物。产品核心功能需依附一定的实体来实现，产品实体称为形式产品或一般产品，即产品的基本形式，是产品的第二个层次，主要包括产品的构造、外形、颜色、包装、商标等。期望产品是消费者购买产品时期望的一整套属性和条件，是产品的第三个层次，如对于购买洗衣机的人来说，期望该机器能省事省力地清洗衣物，同时不损坏衣物，洗衣时噪声小，方便进排水，外形美观，使用安全可靠，还有一些消费者期望洗衣机具有消毒、烘干功能等。附加产品是产品的第四个层次，即产品的附加服务和利益，主要包括运送、安装、调试、维修、产品保证、零配件供应、技术人员培训等。附加产品来源于对消费者需求的综合性和多层次性的深入研究，要求营销人员必须正视消费者的整体消费利益，注意因附加产品的增加而增加的成本消费者是否愿意承担的问题。产品的第五个层次是潜在产品，潜在产品预示着该产品最终可能的所有增加和改变，如电视机的潜在产品就是电视机将代替电脑屏幕，成为一个网络终端。潜在产品是产品整体概念当中的最高层次，是企业努力寻求的满足顾客并使自己与其他竞争者区别开来的新方法，如企业产品能做到这个层次将形成绝对竞争优势从而彻底击败所有竞争对手。这要求企业有超强的预测能力与长远的战略眼光。同时这也是建立在强大的财力与科研能力基础上的，例如苹果公司。但也有许多公司未做好这个层次而陷入困境，失去大片市场，例如胶卷相机开创者柯达因为对未来摄影业预测的失误从而拱手将摄影市场留给了数码业公司。

现代企业产品外延的不断拓展缘于消费者需求的复杂化和竞争的白热化。在产品的核心功能趋同的情况下，谁能更快、更多、更好地满足消费者的复杂利益整合的需要，谁就能拥有消费者，占有市场，取得竞争优势。不断地拓展产品的外延部分已成为现代企业产品竞争的焦点，消费者对产品的期望价值越来越多地包含了其所能提供的服务、企业人员的素质及企业整体形象的“综合价值”。目前发达国家企业的产品竞争多集中在附加产品层次，而发展中国家企业的产品竞争则主要集中在期望产品层次。若产品在核心利益上相同，但附加产品所提供的服务不同，则可能被消费者看成是两种不同的产品，因此也会造成两种截然不同的销售状况。美国著名管理学家李维特曾说过：“新的竞争不在于工厂里制造出来的产品，而在于工厂外能够给产品加上包装、服务、广告、咨询、融资、送货或顾客认为有价值的其他东西。”

产品组合是指一个企业生产或经营的全部产品线、产品项目的组合方式，它包括四个因素：产品组合的宽度、产品组合的长度、产品组合的深度和产品组合的一致性。

产品组合的宽度是指企业产品线的总数。产品线也称产品大类、产品系列，是指一组密切相关的产品项目。产品组合的长度是指企业所有产品线的产品项目的总数。产品组合的深度是指同一产品项目的不同品种（规格、成分等）产品的数目。如果我们知道每一产品项目的品种数目，就可以计算出该产品组合的平均深度。产品组合的一致性，也称关联性，是指一个企业的各产品线在最终用途、生产条件、分销渠道等方面的相关联程度。

例如美国宝洁公司拥有美容美发、居家护理、家庭健康用品、健康护理、食品及饮料等十大品类，即产品组合宽度为10；在众多产品线中牙膏产品线生产格利、克雷丝、登奎尔三个品牌项目的牙膏，而克雷丝牙膏有三种规格和两种配方，则克雷丝牙膏的深度就是6。

产品组合策略涉及3个层次的问题需要做出抉择。一是是否扩展、填充或删除产品线；二是是否增加、修改或剔除产品项目；三是是否增加、变更或缩减产品品种。各层次问题的抉择应该遵循既有利于促进销售，又有利于增加企业的总利润这个基本原则。一般来说，拓宽、增加产品线有利于发挥企业的潜力、开拓新的市场；延长或加深产品组合（例如原来只有低端产品，现推出高端产品），可以适应更多的特殊需要；加强产品线之间的一致性能为企业带来规模效益和范围效益，可以增强企业的市场地位，发挥和提高企业在有关专业上的能力。

提供独具特色的服务也是一些企业赖以制胜的营销法宝。卖火锅的企业有很多，为什么海底捞最出名？海底捞的火锅不算便宜，但是还是很多人愿意在门口排队两个小时去吃顿火锅，这是为什么呢？因为它能提供别的店难以想象的贴心服务。如果你一个人到海底捞吃火锅的话，首先服务员会在你的座位对面放一个布娃娃，让你看起来不太孤单；如果你结完账准备走的时候给服务员一个暗示“你们家的西瓜真好吃”，这个时候服务员不是给你拿几块西瓜吃而是直接给你搬来一个西瓜。河南新乡有个本地超市叫“胖东来”，非常出名，这家超市可以在当地打败任何一家国际化大超市，很大一部分原因就是因为它的贴心服务。胖东来会为逛超市的顾客免费洗车，也会在下雨天专门派几个人站在门口给即将进店的顾客打伞。

（三）定价策略

定价策略主要是指企业以按照市场规律制定价格和变动价格等方式来实现其营销目标，其中包括对同定价有关的基本价格、折扣价格、津贴、付款期限、商业信用以及各种定价方法和定价技巧等可控因素的组合和运用。

1. 定价方法

（1）成本导向定价法。成本导向定价法是企业定价首先要考虑的方法。成本是企业生产经营过程中所发生的实际耗费，客观上要求通过商品的销售而得到补偿，并且要获得大于其支出的收入，超出的部分表现为企业利润。以产品单位成本为基本依据，再加上预期利润来确定价格的成本导向定价法，是企业最常用、最基本的定价方法。企业产能完全释放下的单位产品的最低成本，构成产品的定价下限 P_{min}。

（2）需求导向定价法。这是利用产品在消费者心目中的价值，也就是消费者心目中对价值的理解程度，来确定产品价格水平的一种方法。大多数消费者能够接受的最高价格，构成产品的定价上限 P_{max}。显然，唯有 $\Delta P = P_{max} - P_{min} > 0$ 时，企业才有利可图，“$P_{min} + \Delta P$”称为产品的定价区间。

（3）竞争导向定价法。就是根据市场价格，或者主要竞争对手的价格，来确定产品价格的方法。企业为了应对市场竞争，争夺或扩大市场份额，有时会采用低价销售策略。但若定价明显低于其成本，则可能被视为低价倾销，成为反不正当竞争法和价格法的打击对象。

2. 心理定价

心理定价是根据消费者的消费心理进行定价，常见的方法有以下几种。

（1）尾数定价或整数定价。尾数定价是将商品价格的尾数定为 0.98 元或 0.99 元，这是为了适应消费者购买心理的一种取舍，使消费者产生一种“价廉”的错觉，以促进销售。相反，有的商品不定价为 9.8 元，而定为 10 元，同样会使消费者产生一种错觉，迎合了消费者“便宜无好货，好货不便宜”的心理。

（2）声望性定价。即给商品价格定高价，甚至远远高于同类产品的市场价格。此种定价方法有两个目的：一是提高产品的形象，以价格显示其名贵名优；二是满足购买者的地位和尊重需要，适应购买者的消费心理。

（3）习惯性定价。某种商品，由于同类产品多，在市场上形成了一种习惯价格，降价易引起消费者对品质的怀疑，涨价则可能受到消费者的抵制，个别生产者难以改变。

3. 折扣定价

大多数企业通常都酌情调整其基本价格，以鼓励顾客及早付清货款、大量购买或提升淡季销售率。这种价格调整叫作价格折扣或折让。常见的方法有以下几种。

（1）现金折扣。现金折扣是对及时付清账款的购买者的一种价格折扣。例如“2/10 净 30”，表示付款期是 30 天，如果在成交后 10 天内付款，给予 2% 的现金折扣。许多行业习惯采用此法以加速资金周转，减少收账费用和坏账。

（2）数量折扣。数量折扣是企业给那些大量购买某种产品的顾客的一种折扣，以鼓励顾客购买更多的货物。大量购买能使企业降低生产、销售等环节的成本费用。例如顾客购买某种商品 100 单位以下，每单位 10 元；购买 100 单位以上，每单位 9 元。

（3）职能折扣。职能折扣也叫贸易折扣。是制造商给予中间商的一种额外折扣，使中间商可以获得低于目录价格的价格。

（4）季节折扣。季节折扣是企业鼓励顾客淡季购买的一种减让，使企业的生产和销售一年四季能保持相对稳定。

（5）推广津贴。推广津贴是为扩大产品销路，生产企业向中间商提供促销津贴。如零售商为企业产品刊登广告或设立橱窗，生产企业除负担部分广告费外，还在产品价格上给予一定优惠。

4. 差别定价

企业根据顾客、时间和场所的不同来调整产品价格，实行差别定价（歧视定价），即对同一产品或劳务定出两种或多种价格，但这种差别不反映成本的变化。具体形式主要有：

（1）对不同顾客群定不同的价格。

（2）不同的花色品种、式样定不同的价格。

（3）不同的部位定不同的价格。

（4）不同时间定不同的价格。

实行差别定价的前提条件首先是不违法、不引起顾客反感；其次是市场必须可细分，且各个细分市场的需求强度是不同的；再次是高价市场上不会有竞争者削价竞销，低价商品不会被转手高价倒卖。

（四）渠道策略

在商业领域，渠道就是指产品从企业到顾客的通道，渠道策略就是指企业以合理地选择分销渠道和组织商品实体流通的方式来实现其营销目标，包括渠道的拓展方向、分销网络建设和管理、区域市场的管理、营销渠道自控力和辐射力的要求，以及同分销有关的渠道覆盖面、商品流转环节、中间商、网点设置以及储存运输等可控因素的组合和运用。

渠道有短渠道和长渠道之分。渠道的长度取决于商品在整个流通过程中经过的流通环节或中间层次的多少，经过的流通环节或中间层级越多分销渠道就越长，反之分销渠道就越短。最短的渠道是生产者不经过任何中间环节，将产品直接销售给最终用户或消费者的渠道，称为直接渠道。直接渠道有利于企业获取渠道利润或直接让利于消费者，但同时也造成企业无法利用外部已有渠道迅速拓展市场。

渠道结构通常这样分级：直接渠道为 0 级结构，加入零售商为 1 级结构，在企业与零售商之间加入批发商为 2 级结构，在企业与批发商之间再加入代理商为 3 级结构。

渠道又有宽渠道和窄渠道之分。分销渠道的宽度，取决于分销渠道内每个层次上使用同种类型中间商数目的多少。在分销渠道的每个层次上，使用同种类型中间商数目越多分销渠道越宽，反之分销渠道就越窄。生产者在某一环节选择两个以上的同类中间商销售商品，则称为宽渠道。

渠道还有单一渠道和多渠道之分。多渠道是指生产企业通过两条或两条以上的营销渠道将同一种产品销售出去，这时，营销渠道的条数即为渠道的宽度。如某汽车倒车监控系统生产厂为其产品设计了四条营销渠道：一是与汽车制造厂签订合同，将汽车倒车监控系统作为汽车的一个部件卖给汽车制造厂，安装在汽车上；二是通过汽车经销商向汽车购买者推销其产品；三是通过批发商，再转卖给零售商；四是由生产厂在用户集中的地区设立倒车监控系统装配站为客户安装，直接把产品推销出去。

传统营销渠道由独立的生产者、批发商和零售商组成。每个成员都是作为一个独立的企业实体追求自己利润的最大化，即使它是以损害系统整体利益为代价也在所不惜。没有一个渠道成员对其他成员拥有全部的或者足够的控制权。美国学者麦克康门把传统渠道描述为“高度松散的网络，其中，制造商、批发商和零售商松散地联结在一起，相互之间进行不亲密的讨价还价，对于销售条件各执己见，互不相让，所以各自为政，各行其是”。

垂直营销系统（VMS）亦称为垂直营销渠道，则是由生产者、批发商和零售商所组成的一种统一的联合体。某个渠道成员拥有其他成员的产权，或者是一种特约代营关系，或者某个渠道成员拥有相当实力，其他成员愿意与之合作。垂直营销系统可以由生产商支配，也可以由批发商，或者零售商支配。麦克康门认为垂直营销系统的特征是“专业化管理和集中执行的网络组织，事先规定了要达到的经营经济和最高市场效果”。垂直营销系统有利于控制渠道行动，消除渠道成员为追求各自利益而造成的冲突。它们能够通过其规模、谈判实力和重复服务的减少而获得效益。在消费品销售中，垂直营销系统已经成为现代企业占主导地位的分销形式。

垂直营销系统的类型包括：

（1）公司式垂直营销系统。所谓公司式垂直营销系统，是指一家公司拥有和统一管理若干工厂、批发机构和零售机构，控制分销渠道的若干层次，甚至控制整个分销渠道，综合经营生产、批发、零售业务。包括大工业公司拥有和统一管理若干生产单位和商业机构，采取工商一体化经营方式。例如美国胜家公司在美国各地设有缝纫机商店，自产自销，并经营教授缝纫等服务项目；假日旅馆正在形成一个自我供应的网络，它包括地毯厂、家具制造厂，以及大量为其所控制的再分销机构。总之，这些组织以及其他类似组织都是大规模的、垂直一体化的系统。

（2）管理式垂直营销系统。许多制造商（即使是某些大制造商）不能耗费巨资，建立推销其产品所需要的全部商业机构，因此，有些素有盛誉的大制造商，为了实现其战略计划，往往在销售促进、库存供应、定价、商品陈列、购销业务等问题上与零售商协商一致，或予以帮助和指导，与零售商建立协作关系，这种渠道系统叫作管理式垂直营销系统。我国的汽车行业大都采用管理式垂直营销系统。

（3）合同式垂直营销系统。这种渠道系统可分为 3 种。一是企业特许经营系统。包括零售商特许经营系统和批发商特许经营系统。零售商特许经营系统如美国福特汽车公司、麦当劳公司（饮食公司）等素享盛名的大公司和一些独立零售商签订合同，授予经营其流行商标的产品或服务项目的特许权。批发商特许经营系统如可口可乐公司与某些“装瓶者”（即批发商）签订合同，授予在某一地区分装和广大零售商发运可口可乐的特许权。二是批发商倡办的自愿连锁（契约连锁）。自愿连锁实际上是参加联营的各个独立中小零售商在采购中心的统一管理下统一进货，实行“联购分销”。这些独立批发商为了和大制造商、大零售商竞争，维护自己的利益，帮助与其有业务往来的一群独立中小零售商组成自愿连锁，统一进货，推销批发商经营的商品。三是零售商合作社。这是一群各自独立的中小零售商为了和大零售商竞争而联合经营的批发机构（各个参加联营的独立中小零售商要缴纳一定的股金），各个成员通过这种联营组织，以共同名义统一采购一部分货物（向国内外制造商采购)，统一进行宣传广告活动以及共同培训职工等，有时还进行某些生产活动。例如荷兰中小零售商组成“采购联营组织”，直接向国外订购货物，并有自己的仓库，这种组织实际上是中小零售商联合经营的进口批发机构；瑞典的 ICA 是由 5 000 多家零售商联合经营的批发机构；美国联合食品杂货商公司实际上也是一个零售商合作社。

基于互联网的电子商务的出现大大丰富了渠道分销的内涵。一方面，电子商务为传统的渠道赋能，强化了渠道各环节之间的联系和管理，提高了渠道效率；另一方面，电子商务本身也为企业开辟了崭新的分售渠道。从开网店到直播带货，线上渠道在现代商品流通领域发挥了越来越重要的作用。

(五) 促销策略

促销策略主要是指企业以利用各种信息传播手段刺激消费者购买欲望，促进产品销售的方式来实现其营销目标，其中包括对同促销有关的广告、人员促销、营业推广、公共关系等可控因素的组合和运用。

广告是为了某种特定的需要，通过一定形式的媒体，公开而广泛地向公众传递信息的宣传手段。企业广告本质上都属于商业广告，目的在于扩大企业和产品的知名度，引导或吸引消费者购买其产品。为了更好地达到这一目标，企业要认真选择传播媒介，例如网络、电视、报刊、户外广告等，力求以最经济的代价，将尽可能多的最有吸引力的信息，传播给最广泛的目标人群。

人员促销是指企业派出推销人员直接与顾客接触、洽谈、宣传商品，以达到促进销售目的的活动过程。它既是一种渠道方式，也是一种促销方式。人员促销相对广告，具有更大的灵活性、选择性和针对性，在人员促销过程中，买卖双方当面洽谈，易于形成一种直接而友好的相互关系。通过交谈和观察，销售人员可以掌握顾客的购买动机，有针对性地从某个侧面介绍商品特点和功能，抓住有利时机促成交易；可以根据顾客的态度和特点，有针对性地采取必要的协调行动，满足顾客需要；还可以及时发现问题，进行解释，解除顾客疑虑，使之产生信任感。

营业推广，又称销售促进，是企业为激发消费者购买和促进经销商的效率而采取的除广告、公关和人员促销之外的各种营销活动的总称，例如免费试吃、试用，购买一定额度送赠品或折扣券，陈列、展出与展览表演，举办与产品有关的有奖活动、竞赛等。

直播带货是当今互联网时代伴随移动通信技术的发展而兴起的促销手段，它可以将广告、人员促销和营业推广三种促销方式有机结合起来，借助直播平台或网红播主的影响力，更生动、直观地传播企业和产品信息，使企业可以快速打开市场、扩大销量，因而引起越来越多的企业，尤其是食品和日用品企业的重视。不少偏远地区的农村企业或农户自己在直播平台上大量销售本村或自家的农产品，实现了脱贫致富。

公共关系简称公关，企业营销公关活动一般不直接要求消费者购买企业产品，甚至不提及企业产品，而是通过精心策动具有一定新闻价值的公共活动，来树立企业及其产品的良好形象，让消费者对企业及其产品产生好感，从而拉动企业商品的销售。这是公关与广告、人员推销和营业推广等营销策略最大的不同。公关的营销效果可能不像后者那么立竿见影，但它对目标市场的影响将更加持久深远。

（六）营销策略组合与运用

企业产品营销策略通常是产品、定价、渠道和促销策略的组合，不同的产品以及处于不同生命周期阶段的产品，其营销策略大不相同。例如导入期新产品的营销策略组合有以下 4 种。

（1）快速撇脂策略。即以高价格、高促销费用推出新产品。实行高价策略可在每单位销售额中获取最大利润，尽快收回投资；高促销费用能够快速建立知名度，占领市场。实施这一策略的前提是：新产品比替代的产品有明显的优势，产品有较大的需求潜力；目标顾客求新心理强，急于购买新产品；企业面临潜在竞争者的威胁，需要及早树立品牌形象。

（2）缓慢撇脂策略。即以高价格、低促销费用推出新产品，目的是以尽可能低的费用开支求得更多的利润。实施这一策略的条件是：市场规模较小；产品已有一定的知名度；目标顾客愿意支付高价；潜在竞争者的威胁不大。

（3）快速渗透策略。即以低价格、高促销费用推出新产品，目的在于先发制人，以最快的速度打入市场，取得尽可能大的市场占有率。然后随着销量和产量的扩大，单位成本降低，从而取得规模效益。实施这一策略的条件是：该产品市场容量相当大；潜在消费者对产品不了解，且对价格十分敏感；潜在竞争较为激烈；产品的单位制造成本可随生产规模和销售量的扩大迅速降低。

（4）缓慢渗透策略。即以低价格、低促销费用推出新产品。低价可扩大销售，低促销费用可降低营销成本，增加利润。这种策略的适用条件是：市场容量很大；市场上该产品的知名度较高；市场对价格十分敏感；潜在竞争者的威胁不大。

当产品进入成长期，顾客对产品已经熟悉，大量的新顾客开始购买产品，市场逐步扩大。产品大批量生产，生产成本相对降低，企业的销售额迅速上升，利润也迅速增长。竞争者看到有利可图，将纷纷进入市场参与竞争，使同类产品供给量增加，价格随之下降，企业利润增长速度逐步减慢，最终达到生命周期利润的最高点。此阶段策略重点为宣传产品品牌，创名牌，不断提升市场占有率。

当产品进入成熟期，市场需求趋向饱和，潜在的顾客已经很少，销售额增长缓慢直至转而下降，竞争逐渐加剧，产品售价进一步降低，促销费用增加，企业利润下降。此阶段营销策略重点为拓展产品的新市场、新用途。

随着科学技术的发展，新产品或新的代用品出现，顾客的消费习惯发生改变，转向其他产品，从而使原来产品的销售额和利润额迅速下降。于是，产品又进入了衰退期。此阶段营销策略重点是从原产品逐步撤退，加快新产品研发。

（七）拉动式营销

企业产品营销按其作用方式不同，可分为推动式营销和拉动式营销两种模式。所谓推动式营销即由企业向经销商营销，再由经销商向消费者营销的模式。而拉动式营销则是由企业直接将产品信息以某种方式传递给目标消费者群体，先赢得消费者对企业产品的好感或好奇心，激起消费者的购买欲望，然后由消费者的购买欲望拉动经销商的需求，最终拉动企业产品的销售和生产。通俗地说，推动式营销就是卖家层层向买家推销，而拉动式营销则是要让买家主动寻找卖家的销售方式。无疑，拉动式营销较之推动式营销的效果更为有力和持久，能让企业在市场上处于主导地位，在与顾客讨价还价时占据上风。

拉动式营销最基本的手法就是广告。因此，很多企业都不惜投入巨资在最能吸引目标消费者的强势媒体上做广告，国内外一大批企业通过央视黄金时段的广告扬名全国。但强势媒体广告毕竟需要雄厚的资金支持，并不是每个企业都承受得了，而且也不一定总能取得满意的效果。如果能够发掘或“制造”出企业新闻，引起轰动效应，吸引到众多媒体的主动报道，无疑是更精明的办法。这实际上也是对媒体的一种拉动策略。日本有家 S&B（爱思必）咖喱粉公司，有一次在日本各主要报纸登了一则惊人的启事：“我公司决定雇直升飞机数架，飞临白雪皑皑的富士山顶，把满载的咖喱粉撒在山顶上。呜呼！银白色的富士山将不复存在！今后人们看到的将是焕然一新的美妙的黄顶富士山啦!”该广告一出，举国上下一片哗然。S&B 公司旋即成了日本国内大众媒体的议论中心，声讨之声四起。其实，S&B 公司此举只是虚张声势而已。没几天，该公司又在报纸上发表了一个郑重声明：“本公司因考虑到社会的强烈反对，决定撤销原计划……”经过这么一“折腾”，S&B 公司名声大噪，消费者对 S&B 公司的咖喱粉产生了“不打不相识”的微妙心理，争相尝试购买。

对于小企业，要拉动消费者，则常常需要耍一点“小聪明”。互联网刚进入中国的时候，浙江舟山有家网络公司，主要业务是帮企业建网站。而舟山是座渔港城市，大多数企业主皆为船老大出身，没什么文化，不容易接受新事物，他们连电脑是怎么回事都还没搞清楚，要让他们掏钱为企业建网站，其难度可想而知。网络公司没有钱做大广告，就一边派人以客户的身份逐家给企业打电话联系，表示要在网上看看对方的企业规模和产品，决定是否与其合作；一边派人给每个企业发宣传单，直接上门招揽业务。这个办法非常有效，业务一揽一个准，并且价格不菲。

企业产品对消费者产生拉力的强度，一方面取决于产品信息传播的广度和深度（留给消费者印象的深刻度和信息的丰富度），另一方面取决于信息所表达的产品性价在满足消费者需求上的契合度和独特性。那些销路平平甚至没有销路的产品，如果能在其功能与目标消费者的某种需求之间找到最佳契合点（即所谓“卖点”），也可以成为吸引消费者的畅销品。这样的案例很多。比如20世纪初美国经济大萧条时期，有一家制造铅字印刷机的工厂破产待售。有个叫雷诺兹的人发现这个厂制造的印刷机可以印刷海报，能够满足当时很多百货公司大力推销产品的特殊需要，于是立即借钱买下该厂，然后将印刷机重新定名为“海报印刷机”，推出市场后销路果然很好，雷诺兹因此大赚了一笔。日本东京有个人叫吉田正夫，一次到外地探亲，见到渔民摆卖一种小对虾。这种虾自幼就习惯于成双成对地在石缝里生活，长大后却无法出来，就这样在石缝里度过一生。吉田正夫从中发现商机，立即回东京开了一家结婚礼品店，专卖小对虾纪念品：在一个个精美小水箱中设计了舒适的小石屋，小对虾在其中安逸地生活。纪念品上附有简短说明，把小对虾从一而终、白头偕老的经历描绘得真切动人。结果纪念品极为畅销，吉田正夫到处开分店，没几年工夫，就腰缠万贯了。

对于拥有巨大的市场潜力的新产品而言，实施拉动式营销策略有两个前提条件：一是企业必须首先为新产品申请专利保护，以免自己辛辛苦苦研制出来的产品投入市场后轻易被人仿制；二是企业的生产能力应能跟得上未来目标市场的需求，以免企业投入大量广告费开辟出来的市场形成众多真空带，被后来者占据。这方面，万燕公司的失败就是一个惨痛的教训。留美学者姜万勐、孙燕生1993年创办万燕公司，投入1 600万美元研制出世界上第一台VCD，又投入广告费2 000万元人民币让中国百姓逐渐认识了什么是VCD。但作为先行者的万燕VCD，却没有知识产权保护的意识，没有及时取得VCD整机专利技术；同时又缺乏后续财力的支持，无法迅速扩大生产规模，降低单机成本，填补正在发育的市场的每处空白。这样，当一个庞大的VCD市场打开后，许多厂家纷纷仿制、组装。万燕只能眼睁睁地看着自己打下的天下被别人一块块瓜分，却无力回击，甚至自身难保，市场份额从100%猛跌到2%。

拉动式营销的确是企业市场营销中的利器。企业应当根据自身的条件和产品的特点，周密策划好具体的营销策略并巧妙地加以实施，使企业产品能够迅速打开销路，占领市场，并拉动企业产品生产和销售进入良性循环。

三、财务计划

（一）财务报表

财务报表亦称对外会计报表，是会计主体对外提供的反映会计主体财务状况和经营的会计报表，主要包括资产负债表、利润表和现金流量表。

1. 资产负债表

资产负债表是反映企业在某一特定日期所拥有或控制的经济资源、所承担的现有义务和所有者对净资产的要求权等财务状况的会计报表。资产负债表是根据“资产 = 负债 + 所有者权益（或股东权益）”的会计基本等式编制的。账户式结构的资产负债表分为左、右两方，左方列示资产各项目，右方列示负债和所有者权益各项目，资产合计应等于负债和所有者权益合计。

表 5 – 1 引用了某上市公司 2021 年年报的资产负债表作为示例（已略去未显示数据或显示数据为 0 的条目）。

表 5 – 1　某上市公司资产负债表

单位：万元

流动资产	金额	流动负债	金额
货币资金	5 045 709. 7	短期借款	1 020 435. 8
交易性金融资产	560 605. 2	应付票据	733 145. 9
应收利息	13 656. 9	应付账款	7 316 016. 7
应收账款	3 625 128. 0	预收款项	130. 0
其他应收款	127 418. 2	应付职工薪酬	584 887. 0
预付款项	203 657. 7	应交税费	177 901. 8
存货	4 335 478. 2	其他应付款	4 134 810. 2
一年内到期的非流动资产	123 166. 7	一年内到期的非流动负债	1 298 341. 6
其他流动资产	852 547. 5	其他流动负债	135 911. 4
流动资产合计	16 611 018. 9	流动负债合计	17 130 394. 4

续上表

非流动资产	金额	非流动负债	金额
投资性房地产	8 750.0	长期借款	874 351.9
长期股权投资	790 500.1	应付债券	204 643.9
长期应收款	117 005.8	递延所得税负债	60 956.6
无形资产	1 710 494.2	其他非流动负债	741 717.9
开发支出	260 503.1	非流动负债合计	2 023 199.4
商誉	6 591.4	负债合计	19 153 593.8
长期待摊费用	7 743.2	所有者权益（或股东权益）	
递延所得税资产	191 331.6	实收资本（或股本）	291 114.3
其他非流动资产	1 252 105.0	资本公积	6 080 721.9
		盈余公积	500 908.8
		未分配利润	2 645 590.7
		专项储备	1 036.9
		归属母公司股东权益合计	9 506 967.1
		少数股东权益	917 453.8
非流动资产合计	12 966 995.8	所有者权益（或股东权益）合计	10 424 420.9
资产总计	29 578 014.7	负债和所有者权益（或股东权益）总计	29 578 014.7

2. 利润表

利润表，或称损益表，是反映企业一定期间生产经营成果的会计报表。损益表是根据“收入－费用＝利润”的原理，将一定时期的营业收入与同一时期的营业费用进行配比，以计算出企业一定时期的净利润（或净亏损）。由于利润是企业经营业绩的综合体现，又是进行利润分配的主要依据，因此损益表是主要的会计报表。广义的利润表还包括利润分配表，除反映利润的形成外，还反映利润的分配情况。

表5－2引用了某上市公司2021年年报的利润分配表作为示例（已略去未显示数据或显示数据为0的条目）。数据显示，2021年该上市公司营收已突破2 000亿大关，达到2 161亿元，有望跻身2022年世界500强榜单。

表5-2 某上市公司利润分配表

单位：万元

截止日期	2021/12/31	2021/9/30	2021/6/30	2021/3/31	2020/12/31
一、营业总收入	21 614 239.5	14 519 235.8	9 088 540.0	4 099 187.3	15 659 769.1
营业收入	21 614 239.5	14 519 235.8	9 088 540.0	4 099 187.3	15 659 769.1
二、营业总成本	21 260 233.9	14 277 056.1	8 933 745.4	4 049 689.5	14 901 037.2
营业成本	18 799 768.9	12 635 373.9	7 928 491.8	3 582 895.0	12 625 138.0
营业税金及附加	303 487.8	176 906.0	104 183.4	44 546.2	215 441.5
销售费用	608 167.8	425 857.3	265 221.2	124 747.0	505 561.3
管理费用	571 019.3	378 350.9	240 701.9	116 257.9	432 149.3
财务费用	178 692.7	137 190.8	95 578.4	59 523.0	376 261.0
资产减值损失	-85 747.5	-23 961.3	-21 359.1	-13 071.9	-90 653.0
三、非经营性净收益	—	—	—	—	135 688.6
公允价值变动净收益	4 735.6	5 719.6	2 836.0	-884.1	-5 126.7
投资净收益	-5 713.4	-2 829.1	-4 844.7	-13 742.5	-27 281.0
其中：对联营合营企业的投资收益	-14 529.5	-5 150.1	-7 835.8	-12 771.5	-18 683.7
四、营业利润	463 199.2	386 879.2	221 624.0	64 640.0	708 577.3
加：营业外收入	33 765.4	28 902.9	14 478.7	5 850.3	28 166.0
减：营业外支出	45 164.3	23 136.5	15 691.2	4 880.6	48 484.6
五、利润总额	451 800.3	392 645.6	220 411.5	65 609.7	688 258.7
减：所得税费用	55 073.7	62 991.3	39 334.4	14 504.5	86 862.4
六、净利润	396 726.6	329 654.3	181 077.1	51 105.2	601 396.3
归属于母公司所有者的净利润	304 518.8	244 311.2	117 357.1	23 735.6	423 426.7
少数股东损益	92 207.8	85 343.1	63 720.0	27 369.6	177 969.6
七、其他综合收益	42 776.6	-26 469.5	-18 239.4	-31 374.3	-50 891.9
八、综合收益总额	439 503.2	303 184.8	162 837.7	19 730.9	550 504.4

续上表

截止日期	2021/12/31	2021/9/30	2021/6/30	2021/3/31	2020/12/31
归属于母公司所有者的综合收益总额	347 719.9	217 968.8	99 201.7	-7 654.7	372 486.0
归属于少数股东的综合收益总额	91 783.3	85 216.0	63 636.0	27 385.6	178 018.4
基本每股收益（元）	1.06	0.85	0.41	0.08	1.47

3. 现金流量表

现金流量表是以现金为基础编制的反映企业财务状况变动的报表，它反映企业一定时期内有关现金和现金等价物的流入和流出的信息，从中可了解企业获得现金和现金等价物的能力。

表5-3引用了某上市公司2021年年报的现金流量表作为示例（已略去未显示数据或显示数据为0的条目）。2021年，该上市公司经营现金流净额再创历史新高，达到655亿元；现金及现金等价物净增加额也达到361亿元（与当年的港股市场融资有关）。投资现金流净额之所以为-454亿元，是由于公司在基地建设上投入了大量资金，这就是大扩张时期的特征。

表5-3　某上市公司现金流量表

单位：万元

截止日期	2021/12/31	2021/9/30	2021/6/30	2021/3/31	2020/12/31
一、经营活动产生的现金流量					
销售商品、提供劳务收到的现金	20 266 645.5	12 999 476.2	7 162 677.3	3 237 904.1	13 866 691.5
收到的税费返还	485 542.1	325 196.3	188 935.5	94 304.1	641 179.9
收到其他与经营活动有关的现金	589 693.2	298 676.5	300 120.9	185 495.9	364 329.2
经营活动现金流入小计	21 341 880.8	13 623 349.0	7 651 733.7	3 517 704.1	14 872 200.6
购买商品、接受劳务支付的现金	10 439 912.1	7 527 005.6	4 797 046.8	2 580 390.1	6 926 011.7
支付给职工以及为职工支付的现金	2 875 975.1	1 998 891.0	1 260 924.1	605 861.8	2 252 147.2

续上表

截止日期	2021/12/31	2021/9/30	2021/6/30	2021/3/31	2020/12/31
支付的各项税费	780 515.2	472 829.4	343 537.0	194 240.1	616 798.8
支付其他与经营活动有关的现金	698 810.2	437 251.9	282 541.3	123 026.5	537 976.1
经营活动现金流出小计	14 795 212.6	10 435 977.9	6 684 049.2	3 503 518.5	10 332 933.8
经营活动产生的现金流量净额	6 546 668.2	3 187 371.1	967 684.5	14 185.6	4 539 266.8
二、投资活动产生的现金流量					
取得投资收益收到的现金	20 388.6	13 123.8	12 142.8	3 064.0	24 526.8
处置固定资产、无形资产和其他长期资产收回的现金净额	82 638.9	64 990.7	11 983.2	7 095.2	25 897.7
处置子公司及其他营业单位收到的现金净额	22 232.9	93.1	93.1	93.1	9 787.6
收到其他与投资活动有关的现金	1 146 942.2	1 044 045.9	776 995.6	210 000.0	1 821 630.0
投资活动现金流入小计	1 272 202.6	1 122 253.5	801 214.7	220 252.3	1 881 842.1
购建固定资产、无形资产和其他长期资产支付的现金	3 734 360.9	2 071 909.5	1 040 721.5	420 784.8	1 177 409.4
投资支付的现金	352 682.8	95 564.7	68 642.8	54 237.9	183 681.4
支付其他与投资活动有关的现金	1 725 558.1	1 183 733.2	983 733.2	225 000.0	1 965 176.1
投资活动现金流出小计	5 812 601.8	3 351 207.4	2 093 097.5	700 022.7	3 326 266.9
投资活动产生的现金流量净额	-4 540 399.2	-2 228 953.9	-1 291 882.8	-479 770.4	-1 444 424.8

续上表

截止日期	2021/12/31	2021/9/30	2021/6/30	2021/3/31	2020/12/31
三、筹资活动产生的现金流量					
吸收投资收到的现金	3 731 371.9	2 556 166.8	2 506 166.8	2 506 166.8	280 000.0
发行债券收到的现金	—	—	—	—	200 000.0
取得借款收到的现金	3 287 237.9	2 793 769.6	1 941 471.2	858 697.8	4 063 374.7
收到其他与筹资活动有关的现金	—	—	—	40 048.4	—
筹资活动现金流入小计	7 018 609.8	5 349 936.4	4 447 638.0	3 404 913.0	4 543 374.7
偿还债务支付的现金	4 987 880.5	3 713 963.1	3 107 409.3	1 232 309.5	6 712 365.5
分配股利、利润或偿付利息支付的现金	261 930.3	237 328.7	125 481.1	55 056.5	368 602.9
其中：子公司支付给少数股东的股利、利润或偿付的利息	18 593.1	18 593.1	—	—	5 477.6
支付其他与筹资活动有关的现金	52 547.3	354 090.8	40 795.3	14 035.6	23 148.1
筹资活动现金流出特殊项目（其他权益工具持有者赎回的现金）	110 000.0	110 000.0	110 000.0	60 000.0	330 000.0
筹资活动现金流出小计	5 412 358.1	4 415 382.6	3 383 685.7	1 361 401.6	7 434 116.5
筹资活动产生的现金流量净额	1 606 251.7	934 553.8	1 063 952.3	2 043 511.4	-2 890 741.8
四、合计现金流量计算					

续上表

截止日期	2021/12/31	2021/9/30	2021/6/30	2021/3/31	2020/12/31
汇率变动对现金及现金等价物的影响	－4 384. 5	－854. 6	1 626. 1	－1 317. 5	2 319. 9
现金及现金等价物净增加额	3 608 136. 2	1 892 116. 4	741 380. 1	1 576 609. 1	206 420. 1
加：期初现金及现金等价物余额	1 373 849. 8	1 373 849. 8	1 373 849. 8	1 373 849. 8	1 167 429. 7
期末现金及现金等价物余额	4 981 986. 0	3 265 966. 2	2 115 229. 9	2 950 458. 9	1 373 849. 8

（二）财务指标

财务指标是指企业总结和评价财务状况和经营成果的相对指标，常用的财务指标包括偿债能力指标、营运能力指标、盈利能力指标以及发展能力指标。

1．偿债能力指标

（1）资产负债率。资产负债率又称负债比率，是指负债总额在全部资产中所占的比重。资产负债率反映企业对债权人权益的保障程度，用以衡量企业的偿债能力。对于债权人来说，这个比例越低越好。负债占资产的比率越低，说明可用于抵债的资产越多，表明企业的偿债能力越强，债权人借出资金的安全程度越高；反之，则说明企业的偿债能力越弱，债权人借出资金的安全程度越低。如果资产负债率大于100%，表明企业已资不抵债，视为达到破产的警戒线。但从企业经营者角度看，该指标不宜过低，过低表明对财务杠杆利用不够。企业的经营决策者应当将偿债能力指标与获利能力指标结合起来分析。

（2）流动比率。流动比率又称营运资金比率或流动资金比率，是指企业的全部流动资产与全部流动负债之间的比率。流动比率是衡量短期负债偿还能力最通用的比率，它表明企业的流动资产在短期债务到期前，可以变为现金用于偿还流动负债的能力。由于流动负债是在短期内偿还的债务，而流动资产是短期内可变现的资产，因此流动资产是偿还流动负债的基础。流动负债比率反映了企业的短期偿债能力，同时也反映了其变现能力。流动比率越高，说明短期偿债能力和变现能力越强，反之则说明短期偿债能力和变现能力越弱。从债权人角度看，流动比率越高越好；但是，从企业经营者角度看，过高的流动比率，则表明流动资产占用多，可能存在库存材料积压或产品滞销问题，意味着企业机会成本的增加和获利能力的下降。

（3）速动比率。速动比率，又称酸性测试比率，是指企业的速动资产与流动负债之比。所谓速动资产，是指流动资产中最具流动性的部分，一般指扣除存货后的各项流动资产的总和。速动比率是对流动比率的补充，反映企业的短期清算能力。速动比率高，说明企业清算能力强，偿还债务有保障；反之，则弱。因为速动资产中只包括货币资金、短期投资和应收账款等，不包括流动资产中变现能力慢的存货。但速动比率过高，却会因企业现金及应收账款占用过多而大大增加企业的机会成本。

2. 营运能力指标

营运能力指标是指通过计算企业资金周转的有关指标分析其资产利用的效率，是对企业管理层管理水平和资产运用能力分析的重要指标。

（1）存货周转率。存货周转率也称存货周转次数，是企业一定时期内的主营业务成本与存货平均余额的比率。其中存货平均余额 =（存货年初数 + 存货年末数）÷2。存货周转速度快慢也常用存货周转天数表达，存货周转天数 =360 ÷ 存货周转率 =（平均存货 ×360）÷ 主营业务成本。存货周转率是反映企业的存货周转速度和销货能力的一项指标，也是衡量企业生产经营中存货营运效率的一项综合性指标。一般来说，存货周转率越高越好，存货周转率越高，表明其变现的速度越快，周转额越大，资金占用水平越低。存货占用水平低，存货积压的风险就越小，企业的变现能力以及资金使用效率就越高。但是存货周转率分析中，应注意剔除存货计价方法不同所产生的影响。

（2）总资产周转率。总资产周转率是企业主营业务收入净额与资产总额的比率。它可以用来反映企业全部资产的利用效率。其计算公式为：总资产周转率 = 主营业务收入净额 ÷ 平均资产总额，平均资产总额 =（期初资产总额 + 期末资产总额）÷2，资产平均占用额应按分析期的不同分别加以确定，并应当与分子的主营业务收入净额在时间上保持一致。总资产周转率反映了企业全部资产的使用效率。周转率高，说明全部资产的经营效率高，取得的收入多；周转率低，说明全部资产的经营效率低，取得的收入少，最终会影响企业的盈利能力。企业应采取各项措施来提高企业的资产利用程度，如提高销售收入或处理多余的资产。

3. 盈利能力指标

（1）营业（净）利润率。营业利润率 = 营业（净）利润/全部业务收入 ×100%。营业（净）利润率越高，说明企业商品销售额提供的营业（净）利润越多，企业的盈利能力越强；反之，此比率越低，说明企业盈利能力越弱。

（2）（加权）净资产收益率。（加权）净资产收益率亦称净值报酬率或权益报酬率，它是指企业一定时期内的净利润与（加权）平均净资产（所有者权益）的比率。它可以反映投资者投入企业的自有资本获取净收益的能力，即反映投资与报酬的关系，是评价企业自有资本及其积累获取报酬水平的最具综合性与代表性的指标，或者说是评价企业资本经营效率的核心指标。在我国上市公司业绩综合排序中，该指标居于首位。通过对该指标的综合对比分析，可以看出企业获利能力在同行业中所处的地位，以及与同类企业的差异水平。一般认为，企业净资产收益率越高，企业自有资本获取收益的能力越强，运营效益越好，对企业投资人、债权人的保障程度越高。

4. 发展能力指标

发展能力是企业在生存的基础上扩大规模、壮大实力的潜在能力。

（1）营业增长率。营业增长率是指企业本期营业收入增长额同上期营业收入总额的比率，是评价企业成长状况和发展能力的重要指标。该指标是衡量企业经营状况和市场占有能力、预测企业经营业务拓展趋势的重要标志，也是企业扩张增量和存量资本的重要前提。不断增加的营业收入，是企业生存的基础和发展的条件，世界500强就主要以营业收入的多少进行排序。该指标若大于零，表示企业本年的营业收入有所增长，指标值越高，表明增长速度越快，企业市场前景越好；若该指标小于零，则说明企业或是产品不适销对路、质次价高，或是在售后服务等方面存在问题，产品销售不出去，市场份额萎缩。该指标在实际操作时，应结合企业历年的营业（销售）水平、企业市场占有情况、行业未来发展及其他影响企业发展的潜在因素进行前瞻性预测，或者结合企业前三年的销售（营业）收入增长率做出趋势性分析判断。

（2）净利润增长率。净利润增长率是指企业本期营业净利润同上期营业净利润的比率，是评价企业持续盈利能力的重要指标。

表5-4给出某上市公司近5年（2017—2021年）的主要财务指标。2021年，该上市公司的资产负债率持续下降，已经接近65%，为近5年最低。当然，这跟去年港股市场上定增融资有很大关系，也与经营的改善尤其是现金流的明显改善有关。该上市公司逐年增长的总资产周转率显示其经营效率稳步提升。2021年该上市公司营业收入首次突破2 000亿元大关，达到2 161亿元，同比增长38%；但归属于母公司所有者净利润只有30亿元，同比下滑28%。综合各方信息分析，该上市公司2021年净利润下滑，主要原因一是随着疫情得到有效控制，公司的防疫产品业务急速收缩；二是碳酸锂等上游原材料价格暴涨。因此比亚迪公司的盈利能力仍然值得看好。

表 5-4　某上市公司 2017—2021 年主要财务指标

财务指标		2021/12/31	2020/12/31	2019/12/31	2018/12/31	2017/12/31
偿债能力指标	资产负债率/%	64.76	67.94	68.00	68.81	66.33
	流动比率/%	0.97	1.05	0.99	0.99	0.98
	速动比率/%	0.72	0.75	0.75	0.76	0.79
营运能力指标	存货周转率/%	5.03	4.43	4.12	4.71	4.61
	总资产周转率/%	0.87	0.79	0.65	0.70	0.66
盈利能力指标	营业利润率/%	2.14	4.52	1.81	3.26	5.11
	加权净资产收益率/%	3.73	7.43	2.62	4.96	7.76
发展能力指标	营业增长率/%	38.02	22.59	-1.78	22.79	2.36
	净利润增长率/%	-28.08	162.27	-41.94	-31.63	-19.51

（三）投资分析

1. 盈亏平衡分析

盈亏平衡分析又称保本点分析或量本利分析法，是根据产品的业务量（产量或销量）、成本、利润之间的相互制约关系的综合分析，用来预测利润，控制成本，判断经营状况的一种数学分析方法。盈亏平衡点又称零利润点、保本点、盈亏临界点、损益分歧点、收益转折点。盈亏平衡点可以用销售量来表示，也可以用销售额来表示。以盈亏平衡点为界限，当销售量（额）高于盈亏平衡点时企业盈利，反之则企业亏损。

计算盈亏平衡点首先要确定产品的固定成本总额 F 和单件变动成本 $C\mathrm{v}$，再根据市场情况和营销策略确定产品的销售价格 P，然后假定产品销售数量为 Q，此时：

$$\text{产品总成本}\quad C = F + C\mathrm{v} \times Q,$$

$$\text{销售总收入}\quad S = P \times Q,$$

$$\text{销售利润}\quad P_{\mathrm{r}} = S - C$$

$$\text{盈亏平衡时，有}\quad P_{\mathrm{r}} = 0\text{，即 } P \times Q = F + C\mathrm{v} \times Q$$

解得 $Q = F/(P - C\mathrm{v})$，称为盈亏平衡点。

例如某初创企业一产品的固定成本是 180 万元，售价为每台 12 万元，单位变动成本 = 700/100 = 7（万元），则该产品盈亏平衡点的产量 = 180/(12-7) = 36（台）。

可以用盈亏平衡分析表来表明企业未来盈亏平衡点变化。例如某初创企业盈亏平衡分析表（如表5－5所示）。

表5－5 某初创企业盈亏平衡分析表

项目	2011年	2012年	2013年	2014年	2015年
固定成本/万元	180.00	228.00	355.00	434.00	633.00
变动成本/万元	700.00	1 335.00	2 491.00	4 086.00	6 152.00
单位变动成本/万元	7.00	7.18	7.33	7.30	7.24
标准定价/万元	12.00	12.00	12.00	12.00	12.00
保本销售量/台	36.00	47.28	76.02	92.34	132.98
预计销售量/台	100.00	186.00	340.00	560.00	850.00
保本销售额/万元	432.00	567.33	912.21	1 108.09	1 595.80
预计销售额/万元	1 200.00	2 232.00	4 080.00	6 720.00	10 200.00

2. 盈利能力评价

投资项目的盈利能力评价分析方法包括静态分析法和动态分析法，两者区别就在于前者不考虑资金的时间价值，而后者要考虑资金的时间价值。所谓资金的时间价值，是指资金使用过程中由于时间因素而形成的差额价值。货币本身不会增值，它只有同劳动相结合，才有时间价值。从另一个角度来说，现在的一单位货币与未来的一单位货币的购买力之所以不同，是因为要节省现在的一单位货币不消费而改在未来消费，则在未来消费时必须有大于一单位的货币可供消费，作为弥补延迟消费的贴水。资金时间价值可以用绝对数利息额表示，也可以用相对数利息率（利率）表示。作为资金时间价值表现形态的利息率，应以社会平均资金利润率为基础，而又不应高于这种资金利润率。

已知一笔资金现值为P，按年利率i进行投资，n年后终值F（即本利和）的计算公式，即一次支付终值公式为：

$$F=P\ (1+i)^n$$

这里，时间价值的绝对数为F、P，相对数为i。运用一次支付终值公式，已知终值F求现值P，也就是将未来值折算为现值，有：

$$P=F/\ (1+i)^n$$

此公式被称为一次支付现值公式，这个过程叫作折现或贴现，i被称为贴现率或折现率。经济学家通常用于计算贴现值的是近似于银行利率的贴现率。

净现值（Net Present Value，NPV）法与内部收益率（Internal Rate of Return，IRR）法都是动态分析投资方案盈利能力的方法。净现值法假定前后各期现金净流量均按最低报酬率（基准报酬率）取得，利用现金净流量的总现值与净现金投资量（初始投资额）算出净现值，然后根据净现值的大小来评价投资方案。

净现值计算公式：

$$NPV = \sum_{t=1}^{n} \frac{NCF(t)}{(1+i)^{t}} - K$$

式中，NCF（t）表示第 t 年的现金净流量，i 是贴现率，K 表示初始投资额，n 是项目预计投资回收年限。

运用净现值法进行投资决策时，其决策准则是：NPV 为正数，方案可行；NPV 为负数，方案不可行；如果是相同投资的多方案比较，则 NPV 越大，投资效益越好。净现值法的优点是考虑了投资方案的最低报酬水平和资金时间价值的分析；缺点是 NPV 为绝对数，不能用于投资总额不同的方案的比较。

以上述某初创公司为例，在预测的盈亏平衡点基础上编制了投资预算表（如表 5－6 所示），并给出预计未来 5 年现金净流量和净现值表（如表 5－7 所示）。

表 5－6　某初创企业投资预算表

单位：万元

项目	金额	备注
固定资产		
其中：生产设备	100.00	
办公设备	20.00	
小计	120.00	
公司开办费		
其中：注册登记费	2.72	
筹划费	2.00	
装潢费	4.00	
培训费	2.00	
其他必要支出	10.00	

续上表

项目	金额	备注
小计	20. 72	
购买原材料	23. 41	预计第一季度销量的 20%
厂房与办公楼租金	14. 40	预付第一年租金
研发费用	20. 00	
流动资金	141. 47	
合计	340. 00	

表 5－7　某初创企业现金净流量和净现值表

单位：万元

指标/年度	初期	2022 年	2023 年	2024 年	2025 年	2026 年
每年 *NCF*	－340. 00	251. 26	382. 65	736. 55	1 051. 70	914. 69
累计 *NCF*	－340. 00	－88. 74	293. 91	1 030. 46	2 082. 16	2 996. 85
年度 *NPV*	－340. 00	216. 60	284. 37	471. 88	580. 84	435. 50
累计 *NPV*	－340. 00	－123. 40	160. 97	632. 85	1 213. 70	1 649. 19
备注：贴现率 16% 为投资者要求的回报率，由资本资产定价模型计算得出						

由表 5－7 可知，该创业投资项目从第二年末起 *NPV* 为正数，计算期内盈利能力强，投资方案可行。

3. 投资收益率与投资回收期

投资收益率又称投资利润率，是指投资方案在达到设计一定生产能力后一个正常年份的年净收益总额与方案投资总额的比率。对于一个总投资额为 *K*、年净收益额（即净现金流量）为 *A* 的项目，有：

$$投资收益率 = A/K \times 100\%$$

投资收益率是评价投资方案盈利能力的静态指标，表明投资方案正常生产年份中，单位投资每年所创造的年净收益额。对运营期内各年的净收益额变化幅度较大的方案，可计算运营期年均净收益额与投资总额的比率。可行的项目投资收益率应不低于行业基准投资收益率，且越大越好。

投资回收期是指从项目的投建之日起，用项目所得的净收益偿还原始投资所需要的年限。投资者一般都十分关心投资的回收速度，为了减少投资风险，都希望越早收回投资越好。因此投资回收期也是一个常用的经济评价指标。

静态投资回收期可根据现金流量表计算，其具体计算又分以下两种情况：

（1）项目建成投产后各年的净现金流量均相同，则静态投资回收期的计算公式如下：

$$P_t = K/A$$

（2）项目建成投产后各年的净收益不相同，则静态投资回收期就是在现金流量表中累计净现金流量由负值转向正值之间的年份。其计算公式为：

$$P_t' = N - 1 + A^- / A^+$$

其中：N——累计净现金流量开始出现正值的年份数；

A^-——累计净现金流量开始出现正值的上一年累计净现金流量的绝对值；

A^+——出现正值年份的净现金流量。

将计算出的静态投资回收期（P_t）与所确定的基准投资回收期（P_c）进行比较：

（1）若 $P_t \leq P_c$，表明项目投资能在规定的时间内收回，则方案可以考虑接受；

（2）若 $P_t > P_c$，则方案是不可行的。

动态投资回收期是把投资项目各年的净现金流量按基准收益率折成现值之后，再来推算投资回收期，这就是它与静态投资回收期的根本区别。动态投资回收期弥补了静态投资回收期没有考虑资金的时间价值这一缺点，使其更符合实际情况。

例如上述某初创公司 $P_t = 2 - 1 + 88.74/382.65 = 1.23$（年），$P_t' = 2 - 1 + 123.40/284.37 = 1.43$（年），而行业内同类企业的静态投资回收期长达3年。相比之下，该创业项目投资回收期短，可行性高，值得投资者投资。

（四）企业融资

企业融资，即企业通过一定渠道向投资者或债权人筹集资金的行为与过程。企业融资的渠道主要分为两类：债务性融资和权益性融资，前者包括银行贷款、发行债券和应付票据、应付账款等，后者主要指股票融资。企业融资时，需清楚说明资金的需求量、用途和使用计划等。如果是权益性融资，还需说明拟出让股份，投资者权利和退出方式等。债务性融资构成负债，企业要按期偿还约定的本息，债权人一般不参与企业的经营决策，对资金的运用也没有决策权。权益性融资构成企业的自有资金，投资者有权参与企业的经营决策，有权获得企业的红利，但无权撤退资金，只能通过上市交易、企业并购、出售、回购和注销（等同于破产清算）等方式退出。

对于白手起家的创业者而言，如何获得创业启动资金是需要首先解决的难题。为此，创业者在筹钱之前要搞清楚自己需要多少启动资金。不同行业的创业需要的资金不同，通常情况下，创业者至少要准备半年到一年的资金。这些资金包括场地租赁费、办公和生产设备费，以及创始人团队的日常开支等。一般来说，创业历时半年就能判断成功与否，而且在真正创业后，公司会有各种层出不穷的开支，往往会超出预算。如果能准备一年的资金，那么就能做到有备无患。

创业初期的启动资金，首先考虑用创始人的自有资金（包括自己的积蓄和亲朋好友的资助），和国家或地方政府为鼓励创业提供的低息或免息贷款。原因在于启动资金直接关乎创业者在公司的话语权。如果向创始人团队以外的投资者或机构请求资金，就可能不得不听命于他们，这在某种程度上就羁绊了创业的目标。另外，自有资金会让创业者更加精打细算，更加全身心地投入事业。

如果没有自有资金和低息借贷，那么就要寻求风险投资或天使投资。风险投资（Venture Capital，VC）简称风投，又译称为创业投资，主要是指向初创企业提供资金支持并取得该公司股份的一种融资方式。风险投资是私人股权投资的一种形式。风险投资公司为专业的投资公司，由具有科技及财务相关知识与经验的人所组合而成的，经由直接投资获取投资公司股权的方式，提供资金给需要资金者（被投资公司）。风投公司的资金大多用于投资新创事业或是未上市企业，并不以经营被投资公司为目的，仅是提供资金及专业上的知识与经验，是一追求长期利润的高风险高报酬事业。天使投资是风险投资的一种，是一种非组织化的创业投资形式，属于自发而又分散的民间投资方式，是指具有一定净财富的人士，对具有巨大发展潜力的高风险的初创企业进行早期的直接投资，这些进行投资的人士被称为“投资天使”。天使投资是风险投资的先锋，当创业设想还停留在创业者的笔记本上或脑海中时，风险投资很难眷顾它们。当然天使投资也并非那么容易拿到，必须要有一个好项目和一个好的团队，才能去找天使投资人谈合作。寻找天使投资人可以尝试以下几个通道。

（1）融资成功人士。已融资成功的人士必定有自身的优势和通道。创业者可以与他们多交流，学习他们的融资经验，如果有可能，也可通过他们认识融资方，增加接触投资方的机会。

（2）媒体。很多天使投资机构也希望能在众多的创业项目中找到潜力股。因此，他们会通过打广告、建网站、参加综艺节目等多种途径提升曝光率和知名度。只要认真搜集，就能找到他们的官网、邮箱、公众号、自媒体号等，可以尝试与他们联系并递交BP。目前，国内比较知名的投资机构有真格基金、创新工场、险峰华兴、联想之星、隆领投资、洪泰基金、英诺天使、阿米巴资本、九台制投、梅花天使等。

（3）创业投资赛会。很多投资人都会不定期地参加一些创投大赛、专访节目、大学授课等。创业者不妨多参加些类似的创业聚会，有机会就毛遂自荐。很多投资人更喜欢寻找知根知底的学生、朋友或朋友的朋友做投资，因此创业者可以多认识一些各行各业的成功人士，为自己拓展人脉。

（4）投资中介。投资中介往往是投资行业的资深人士。他们对投资内幕比较了解，为了更好地吸引投资者，他们会对项目提供优化建议。当然，目前国内投资中介鱼龙混杂，还需要甄别，找到靠谱的中介才能事半功倍。

四、控制与风险管理

（一）控制的概念与内涵

控制是管理的一项重要职能，是主体通过一定方法和工具，将对象的变动限定在计划的方向和范围内的过程。

控制的定义表明：首先，实现控制的前提条件是有计划，即有目标和标准，计划越明确、全面和完整，控制就越可能取得预期的效果；其次，控制对象必须具有多种发展可能性，如果其方向和结果是唯一的、确定的，就谈不上控制；最后，被控对象必须是可控的，即控制主体可以在被控对象的多种发展可能性中通过一定的手段进行选择。

企业管理控制的对象可以归纳为“四个流”：人员流、物资流、资金流和信息流。

人员流的重点是员工流和客户流，控制关键在于建立优秀的企业文化和良好的品牌形象吸引他们，在人本思想指导下维护好与他们的关系，直至形成一致的承诺或品牌忠诚，结成牢固的“同盟”。对人员流的控制是企业人力资源管理和客户资源管理重点研究的内容。

物资流主要是指价值链上的基本增值活动，与产品实体的加工流转直接相关。对物资流的控制是企业运营管理（包括供应链管理、质量管理、成本管理等）和营销管理等重点研究的内容。

资金流涉及的是企业全部活动中资金的运转情况，牵涉到企业的盈利能力和经营的稳定性。资金链断裂或资金滞流（没有合理增值）都是不能容忍的。对资金流的控制是企业财务管理（包括投融资管理）等重点研究的内容。

信息流涉及的是企业内外沟通情况，重点是不确定性较大的环境信息、资源供给信息和产品市场信息。企业应做好沟通管理和风险管理，建立信息收集与处理系统，指定专门的机构和人员监测、收集相关信息，预测各种可能的变化，预先制定好相应的应变措施。

如果把企业比作一个人，那么人员流就好比人的大脑和躯体，信息流就好比人的神经，资金流就好比人的血液，物资流就好比食物、空气和水，只有这“四个流”能灵活地运作，人才能健康地生存与发展。

控制作为一个系统，可以分解为3个环节：输入、转化（执行）过程、输出。一个完整的控制系统需要在这3个环节上都加以控制。

在输入环节上实施的控制称为前馈控制，也称超前控制、预先（事先）控制。是指通过对系统的输入要素进行筛选或修正，来降低甚至消除输出偏离计划的目标的可能性，即“防患于未然”。在企业管理中，制订周密的计划，严格控制原材料质量和员工入职条件，对员工进行岗前培训等，都可视为前馈控制。

在转化（执行）过程环节上实施的控制称为过程控制，也称同期控制、平行控制。生产线上的自动调整系统，实时的电子监测，管理人员的现场监督指导等，都属于过程控制。

利用输出的信息实施的控制称为反馈控制。按照控制论的基本原理，所谓反馈，是指将系统的输出与目标标准要求进行比较，并根据二者的偏差来调整修正输入要素或转化过程体系，以降低甚至消除下一轮输出偏离目标标准的可能性。如果输出信息的作用是抵消输入信息，称为负反馈；若作用是增强输入信息，则称为正反馈。反馈控制具有使系统稳定、跟踪目标、抗干扰3个方面的性质。企业内部情况口头或书面报告、财务报表、绩效考核与奖罚等，都属于反馈控制。

存在反馈闭合回路的控制称为闭环控制（如图5－3所示），否则称为开环控制。开环控制具有作用时间短、控制成本低等优点，但在目标标准水平要求高和内外复杂多变的环境条件下，难以实现有效控制。只有在内外环境变化影响较小或刻意排除这些变化的影响（比如证券的量化自动交易）的情况下才可能采用。

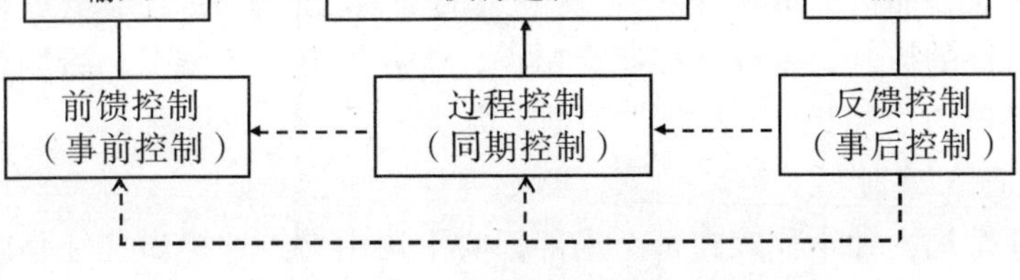

图5－3　闭环控制

企业的各项经营活动都应包含 Plan（计划）、Do（执行）、Check（检查）和 Action（处置）4 个过程，即一个 PDCA 循环。PDCA 循环本身就是一种闭环控制，通过检查和处置实现反馈控制。PDCA 循环又叫质量环，最早由休哈特于 1930 年构想，后来被美国质量管理专家戴明博士在 1950 年再度挖掘出来，并加以广泛宣传和运用于持续改善产品质量的过程。

一个 PDCA 循环的 4 个过程：计划——包括方针、目标和标准的确定，以及活动规划的制定；执行——设计具体方案，收集相关数据，进行具体运作，实现计划中的内容；检查——对照标准，衡量执行计划效果和差距，找出问题所在；处置——对检查总结的结果进行处理，对有利于目标达成的部分加以肯定，予以维持或强化，对不利于目标达成的部分采取措施予以整改，必要时修订计划。一个循环结束，解决一些问题，未解决的问题进入下一个循环，这样阶梯式上升。

PDCA 循环作为控制工作的通用模式，不仅在质量管理体系中运用，也适用于一切循序渐进的管理工作，当然也包括风险管理。

（二）控制的原则

要做好控制工作，应遵循以下七大原则。

1. 计划原则

要做好控制工作，首先要做好计划。确定标准是什么，控制哪些关键点和重要参数，收集什么信息，采用何种方法评定成效以及由谁来控制和采取纠正措施等，都必须按不同计划的特殊要求和具体情况来设计。计划越是明确、全面、完整，所设计的控制系统越是能反映这样的计划，则控制工作也就越有效。

2. 行动原则

控制要有计划，但不能停留在计划里，必须伴随切实的行动，实施有效的控制措施；同时一旦发生偏差，必须能够迅速发现并及时纠正；甚至是在未出现偏差之前，就能预测偏差的产生，从而防患于未然。

3. 全局原则

“木桶原理”告诉我们，一只木桶盛水的多少，并不取决于桶壁上最长的那块木块，而恰恰取决于桶壁上最短的那块。控制应当是全过程、全要素、全员性的控制，不存在控制空白点，不放过每一个细节，否则就可能由于某个环节的“短板”，发生“千里之堤溃于蚁穴”的悲剧。

4. 重点原则

关注全局，并不代表在每个局部都要平均用力，这样做往往是既不现实的，也是不必要的。根据 80/20 原则，事物通常是由少数关键点控制了大局。为了进行有效的控制，需要把主要精力集中于系统过程中的突出因素，特别要注意在根据各种计划来衡量工作成效时具有关键意义的那些因素。重点原则体现了抓主要矛盾的思想，这样的做法，往往能收到牵一发而动全身的效果。重点原则应用于管理者，就是泰罗所说的例外原则：管理者应该只注意一些重要的例外偏差，也就是说把主要注意力集中在那些超出一般情况的特别好或特别坏的情况，尤其是关键点的例外情况。

5. 控制趋势原则

对控制全局的管理者来说，重要的是现状所预示的趋势，而不是现状本身。控制变化的趋势比仅仅是改变现状要重要得多，也困难得多。一般来说，趋势是多种复杂因素综合作用的结果，是在一段较长的时期内逐渐形成的，并对管理工作成效起着长期的制约作用。趋势往往容易被现象所掩盖，控制趋势的关键在于从现状中揭示倾向，特别是在趋势刚显露苗头时就觉察，并给予有效的控制。

6. 经济性原则

经济性原则又称为成本效益原则，就是指控制应当权衡实施成本与预期效益，以适当的成本实现有效控制。经济性原则要求控制必须统筹考虑投入成本和产出效益之比。例如一个商场因为经常失窃造成损失而增聘了一名保安，如果商场每月失窃损失小于聘用一名保安的每月支出，就没必要采取增聘保安的控制措施了。对成本效益原则的判断需要从企业整体利益出发，尽管某些控制会影响工作效率，但可能会避免整个企业面临更大损失，此时仍应实施相应控制。

7. 灵活性原则

在控制过程中，控制对象和环境都可能出现意想不到的变化。要使控制工作在执行中遇到意外情况时仍然有效，就应该在设计控制系统和实施控制时，使之具有灵活性，不可故步自封。

（三）企业风险的来源

风险管理，即对事物发展的不确定性的管理，是一个识别、确定和度量风险，并制定、选择和实施风险处理方案的过程，目的是减少甚至消除事物发展可能带来的损失或不利结果。处身激烈竞争市场环境中的企业，尤其是初创企业，总会面临各种各样、大大小小的风险，这些风险隐藏在企业人员流、物资流、资金流和信息流等各个环节，企业必须识别并管控好所有现实和潜在的风险，才能在风云莫测、暗礁遍布的商海中化险为夷、破浪前行。

1. 外部环境风险

企业外部环境风险包括宏观环境风险和微观环境风险。

（1）宏观环境风险。企业宏观环境是对企业经营活动造成直接或间接影响的、最大的外部不可控力量，蕴含很多风险因素，例如政局不稳，政策摇摆不定，反垄断法、节能环保法、知识产权保护法等法律不健全或趋严，产业导向政策转变，经济进入下行轨道或衰退周期，财政与货币政策不当等。法律风险还包括契约之完备与有效与否对企业可能产生的风险，如承做业务之适法性、外文契约及外国法令之认知等。例如由2007年的美国次贷危机引发的全球性金融危机严重影响了包括美国、欧洲、中国在内的世界主要经济体的经济环境，使得比亚迪集团2008年的经营业绩受到较大影响。

（2）微观环境风险。企业微观环境是对企业服务其顾客的能力构成直接影响的各种力量，因而微观环境的改变可能给企业带来更紧迫、更严重的影响。例如市场偏好改变，竞争者采取倾销等不正当的价格竞争方式，供应者突然停止供货等。一些特殊行业，如食品、药品、儿童、客运、重污染、高空作业等容易发生涉及人身健康和安全的事件，尤其要做好风险防范。微观环境风险也包含了市价波动对于企业营运或投资可能产生亏损的市场风险，如利率、汇率、股价等变动对相关企业损益的影响，以及交易对手无力偿付货款，或恶意倒闭致求偿无门的信用风险。

2. 内部环境风险

企业内部环境风险包括资源风险、运营管理风险和潜在的产品责任风险。

（1）资源风险。企业运转离不开人力、物力、财力、信息和技术资源，任一资源供应不稳定，或过于依赖某一资源，比如依赖某一稀缺原材料或某一关键人员，都会带来风险。影响企业资金调度能力，如负债管理、资产变现性、紧急流动应变能力之流动性风险也属于资源风险。

（2）运营管理风险。企业的每个运营管理环节，包括管理、技术开发、采购、生产、市场营销、财务、融资等硬件与软件方面，如果处理不当，或故步自封、缺乏创新，风险同样不可避免。包括策略风险：于竞争环境中，企业选择市场或核心产品失当的风险；作业风险：作业制度不良与操作疏失对企业造成的风险，如流程设计不良或矛盾、作业执行发生疏漏、内部控制未落实；会计风险：会计处理与税务对企业盈亏可能产生的风险，如账务处理的妥适性、合法性、税务咨询及处理是否完备；资讯风险：资讯系统的安控、运作、备援失当导致企业的风险，如系统障碍、安全防护或电脑病毒预防与处理等。

（3）潜在的产品责任风险。产品如在设计、零部件或组装方面存在缺陷，就可能造成事故或伤害，使企业遭受到产品责任的投诉和诉讼，可能导致企业投入较多的财力、物力就相关起诉进行辩护，或向受害人做出赔偿。

所有拟上市公司都要在其招股说明书详细列明企业存在的风险因素，以便投资者知悉和评估可能面临的投资风险。例如中微半导体设备（上海）股份有限公司在其2019年A股上市招股说明书中列出以下风险因素（具体内容略）。

（1）技术风险。技术风险包括研发投入不足导致技术被赶超或替代的风险，研发方向存在偏差的风险，关键技术人员流失、顶尖技术人才不足的风险，以及核心技术泄密风险。

（2）经营风险。经营风险包括宏观经济和行业波动风险、产业政策变化的风险、下游客户资本性支出波动较大及行业周期性特点带来的经营风险，以及下游客户扩产不及预期的风险。

（3）公司规模扩张带来的管理和内控风险。

（4）财务风险。财务风险包括毛利率水平波动甚至下降的风险、公司业绩波动的风险、存货跌价风险、应收账款回收的风险、研发投入相关的财务风险、政府补助与税收优惠政策变动的风险、汇兑损失风险、净资产收益率下降的风险、经营活动现金流量净额波动的风险、合并报表存在累计未弥补亏损的风险，以及未来并购的风险。

（5）法律风险。法律风险包括知识产权争议风险、产品质量纠纷风险。

（6）发行失败风险。

（7）市场风险。市场风险包括市场竞争风险、客户集中度较高的风险。

（8）募集资金投资项目风险。募集资金投资项目风险包括募投项目的市场风险、募投项目的实施风险和新增固定资产折旧导致业绩下滑的风险。

（9）其他风险。其他风险包括国际贸易摩擦风险、中美贸易摩擦加剧的风险、地缘政治风险、供应商无法及时供货及质量控制的风险、全体员工持股带来的公司治理风险、股票价格波动风险、本次发行摊薄即期回报的风险，以及不可抗力的风险。

（四）风险管理的要点与措施

风险管理作为企业管理中一项重要的控制工作，当然同样要遵循控制的七大原则，做好前馈控制、过程控制和反馈控制，形成闭环控制系统。

1. 识别与评估风险

做好风险管理的第一步也是最关键的一步就是识别风险并做出正确的评估。识别风险的常用方法有：

（1）生产流程分析法。生产流程分析法是对企业整个生产经营过程进行全面分析，对其中各个环节逐项分析可能遭遇的风险，找出各种潜在的风险因素。生产流程分析法可分为风险列举法和流程图法。风险列举法指风险管理部门根据该企业的生产流程，列举出各个生产环节的所有风险。流程图法指企业风险管理部门将整个企业生产过程一切环节系统化、顺序化，制成流程图，从而便于发现企业面临的风险。

（2）财务表格分析法。财务表格分析法是通过对企业的资产负债表、损益表、现金流量表、营业报告书及其他有关资料进行分析，从而识别和发现企业现有的财产、责任等面临的风险。例如分析比亚迪集团2008—2010年间年报资产负债表可以发现，集团这三年末流动比率分别为1.03、0.93及0.63，速动比率分别为0.54、0.69及0.40，其流动比率、速动比率都较低，存在一定的流动性风险。

（3）保险调查法。采用保险调查法进行风险识别可以利用两种形式。一是通过保险险种一览表，企业可以根据保险公司或者专门保险刊物的保险险种一览表，选择适合该企业需要的险种。这种方法仅仅对可保风险进行识别，对不可保风险则无能为力。二是委托保险人或者保险咨询服务机构对该企业的风险管理进行调查设计，找出各种财产和责任存在的风险。

识别企业风险后，要从风险发生的可能性和影响力（风险一旦发生对企业生存与发展造成的影响大小）两个维度对各项风险进行评估，绘出风险评估图。图5－4为某制造企业的风险评估图。由图可见右上角财务风险和管理风险发生可能性大、影响力大，属于该公司的关键风险，应予以特别的关注以及防范。

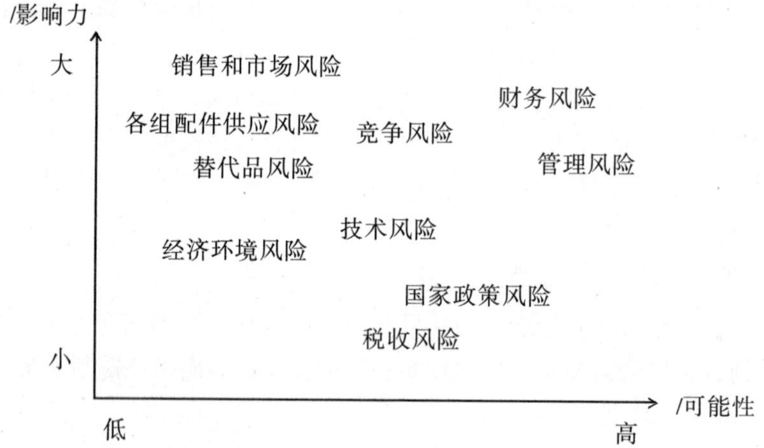

图5－4　某制造企业风险评估图

2. 规避风险

风险管理首先要学会规避风险。有一些风险，尤其是企业内部环境因素可能带来的风险，在既定目标不变的情况下，可以通过采取针对性前馈控制措施，或改变方案的实施路径，从根本上消除特定的风险因素，从而规避相关风险。例如设立适合现代人性特点的激励机制，做好培训方案、人才备份工作等，可以降低知识员工流失的风险。

3. 控制风险

大部分风险，尤其是外部环境因素带来的风险，是难以完全规避的，需要公司采取积极的措施来控制风险，通过降低其损失发生的概率，缩小其损失程度来达到控制目的。尤其要做好事前控制，预设最坏的情境，编制多个备选方案，制定切实可行的应急方案，最大限度地对企业所面临的风险做好充分的准备。当风险发生后，就可以从容应对，将损失控制在最低限度。

例如随着环保问题在全球范围内的日益重视，各国逐步提高了对电子产品、汽车产品在环保方面的要求，为应对比亚迪公司主要业务所在的国内外主要市场及潜在市场针对与公司主要产品及原材料有关的环保政策或标准的变化，及其可能对公司的研发、采购、制造工艺及成本产生的影响，比亚迪集团公司不断提高各类产品的环保要求，并积极研发有利于环境保护的太阳能、新能源汽车等新能源技术及产品。为应对公司生产经营所需主要原材料——钢材、有色金属、塑料等采购价格因上游原材料及市场供需的变化产生波动的风险，公司采取了分散供应商、签订常年供应合同等措施，同时进一步开辟多种采购渠道，与更多的国内原材料供应商建立稳定的合作关系，避免形成对少数供应商依赖的局面。另外，公司建立及时追踪重要原材料市场供求和价格变动的信息系统和预警系统，在供求关系和价格异常波动的年份采取有效的采购措施，尽量降低成本，保证产品的利润率。2005—2010 年间人民币对美元累计升值幅度达到 22.46%，由于比亚迪集团境外业务主要以美元或当地货币作为结算货币，这使集团面临一定的汇兑损益。为降低汇率变动带来的风险，比亚迪集团公司大力拓展国内业务，降低集团来自境外的业务收入占营业收入的比例，同时采取以同种货币采购原材料和销售产品等措施，取得显著效果。

第六章
探寻企业成功奥秘

一、 企业软实力的内涵

(一) 探秘之路

如何创立一家能在激烈的市场竞争中取得优势并获得成功的企业，如何保持企业的稳定发展和长盛不衰，是每一位创业者和企业家们孜孜以求的目标和学者们永恒的课题。

以资源禀赋论为代表的古典经济学将企业看作是生产函数，认为社会生产的基本要素是资源、资本、劳动力，任何企业只要对这三类要素进行交换与配置，就会得到相应的产出，要素投入和配置的比例不同，其产出结果也不同。新古典经济学采取均衡分析方法，分析资源通过市场怎样进行有效的配置，因此，它研究的是市场即价格的配置效率。正如斯蒂格利茨（1997）指出的，“经济学研究的是：我们社会中的个人、厂商、政府和其他组织是如何进行选择的，这些选择又怎样决定社会资源如何利用”。所以，在新古典经济学中，实际上并没有企业的地位。如果说涉及企业的话，那也是以集合的概念出现的，企业只代表了投入与产出之间的技术关系。新古典经济学在完全竞争市场的假定前提下分析的结论是，市场短期均衡时，个别企业会取得超额利润，当行业外的企业进入该市场，增加供给，使市场上的超额利润接近于零时，就出现了市场的长期均衡。这说明在完全竞争的条件下，市场中的企业都是同质的，自然，企业也无所谓竞争优势。

但现实情况是，企业之间存在着极大的盈利差异，即使是投入相同比例的生产要素，按照相同的生产方式运作，其产出结果仍会有很大不同，仍存在着原因不明的“漏损”。经济学要对此做出解释，必须突破完全竞争市场这一假设。对此，新古典经济学修正的假设前提及分析的结论是，在不完全竞争市场结构下，个别企业获得超额利润是由于不同的市场结构所致的。产业内存在着进入障碍和退出障碍、政府的保护与限制、产品的差异化所产生的相对垄断等因素，决定了企业的盈利水平。可见，根据经济学的分析方法，企业的竞争优势不是来自企业内部，而是来自企业外部，即市场环境。

随着竞争的不断激化，企业的市场寿命受到更加严峻的考验。一些规模很大、技术力量很好的企业也难逃衰落的厄运，如柯达公司。在市场经济最为发达的美国，平均有62%的公司存活不到5年；寿命超过20年的只占公司总数的10%；只有2%的公司能存活到50年以上。其中，中小企业的平均寿命不足7年，大企业的平均寿命也不到40年。在2019年世界500强榜单中，美国有121家企业上榜，但与1995年相比，美国企业上榜数量减少了30%。这使得人们对企业的关注更加集中到如何能使企业成功持久地运行上。而传统的经济学和企业理论分析的出发点都是从企业成长的外部因素探讨企业的竞争优势，没能有效地解释，或者说从实质上阐述企业竞争优势的源头，因此不能给出令人信服的回答。

于是，学者们开始将研究的目光由企业的外部转向企业的内部，开始解析被经济学家视作生产函数的企业“黑箱”，出现了企业成长进化论、组织控制论、资源基础论、交易费用理论、企业认知发展论、企业文化控制论、企业组织变革论等理论，力图从不同角度在企业内部寻找企业可持续竞争优势的根源。

最早将研究目光转向企业内部的是新古典经济学创始人，英国著名经济学家阿尔弗雷德·马歇尔（Alfred Marshall）。他在《经济学原理》一书中，采用进化方法来研究企业的成长。进化论的另一位代表人物是伊迪斯·彭罗斯（Edith T. Penrose），她在1959年出版的《企业成长理论》一书中，全面发展了马歇尔“内部经济”的思想。潘罗丝系统深入地研究了企业内在成长和个体进化的经济问题，论述了企业成长的若干规律。即富有事业心的企业，是拥有不断扩张刺激的企业；对于这样的企业，不存在任何绝对规模的障碍；企业日积月累着许多内部资源，尤其是决策能力资源；追求经营规模的扩张是企业的天性，他们总是强烈地倾向于将其所拥有的内部资源扩大运用到更大的范围和更好的机会领域中；企业获得租金可能并不是因为它拥有较好的资源，而是企业拥有较好地利用这些资源的独特专长。潘罗丝的贡献还在于将马歇尔进化论的思想运用到产业分析上，提出产业是由彼此存在差异的企业组成的，企业的成长与衰落是经常性的，均衡是一种成长与衰败力量相平衡的状态等开创性的思想。

资源基础论是较有影响的企业理论流派之一，也是企业能力理论的重要组成部分。该理论最早源于20世纪80年代，伯格·沃纳菲尔特（B. Wernerfelt）于1984年发表的经典论文《企业资源基础论》。按照资源基础论的观点，企业是由一系列资源束组成的集合，每种资源都有多种不同的用途。企业资源大体上可以分为三类：一是有形资源，如厂房和资本金；二是无形资源，如专利和商标；三是有关产品和工艺的知识资源，主要存在于个人、文件、计算机或类似的交流媒介中。企业资源越是存在于比较分散的关键环节或需要相关部门及人员的配合而发挥作用，其资源流失的可能性越小，否则就需要较强的保护机制或仿制障碍。稀缺资源是企业盈利的主要动力。企业之间存在着资源的位势差异，仿制者的认知、时间、经济劣势，会形成资源位势障碍，从而使资源位势差异存在下去。企业具有“低价值性”资源是企业获得租金的保证。资源基础论的理论渊源最早可以追溯到大卫·李嘉图（David Ricardo）的比较优势理论。资源派的学说从直观上看具有说服力，要素成本的差异确实也在许多产业的贸易结构上发挥关键作用，但在解释“二战”以来，尤其是今天企业能力形成、来源等，该理论有很大的局限性。首先该学派的理论渊源比较优势理论的假设不符合现实情况。比较优势理论假设要素不流动，但是现实中要素流动，标准的比较优势论不存在。其次，在实际发展中，不具备资源优势的主体通过技术等方面的改善、提高，可以将劣势转化为优势。也就是说资源优势对竞争力的解释只能在很小的范围内。

在20世纪的最后10年，企业战略管理领域里研究思潮异常活跃，人们在探索企业，特别是多元化企业成功的本源时，提出了一种新的理论——核心竞争力论，认为企业的竞争优势根本源于企业具有的核心竞争力（core competence）。1989年哈默尔、都斯和普拉哈拉德在《哈佛商业评论》第一期发表了《与竞争者合作——然后胜利》一文，明确指出：核心竞争力是指“组织中的积累性学识，特别是关于如何协调不同的生产技能和有机结合各种技术流派的学识”。核心竞争力是企业技术和技能的综合体现，是企业的整体能力，渗透在企业的组织中，其他企业难以模仿，具有持久性，可形成企业的持续竞争优势。核心竞争力理论阐述了企业具有自己独特的技术和技能的重要性，对企业的实践具有重要的指导意义。但该理论过分强调技术作用，容易导致企业对其他要素和过程作用的忽略。

企业文化理论产生于20世纪70年代西方企业界。当时西方许多企业内外环境发生了显著变化：科技迅猛发展，竞争日益激烈，企业员工文化素质、生活水平、参与管理的意识和能力不断提高。在这种形势下，传统的过分偏重理性、刚性的管理模式的缺陷日益明显，客观上要求有新的理论来弥补这一不足。而在东方，日本企业在“二战”后的废墟上迅速崛起，发展之快令世人震惊。美国企业界日益感受到来自日本的挑战。于是从 70 年代开始，掀起了一场日美管理比较研究的热潮。企业文化理论正是在这个热潮中诞生的。1970 年美国波士顿大学组织行为学教授戴维斯（S. M. Davis）在《比较管理——组织文化的展望》一书中，率先明确提出了组织文化这一概念。20 世纪 80 年代起，西方学者出版的相关代表著作也颇丰。日裔美籍管理学家威廉·大内在《Z 理论——美国企业界怎样迎接日本的挑战》一书中通过对典型的日本企业和典型的美国企业的管理特征的比较，总结出日本企业的“Z 型文化”特征，并详细分析了日本企业的“J 型组织”和美国企业的“A 型组织”特征，他认为一个公司的文化由其传统和风气所构成，这种公司文化包括一整套象征、仪式和神话。美国学者帕斯卡尔和阿索斯在《日本企业管理艺术》一书中提出了著名的“7S 模型”，即战略、结构、制度、人员、作风、技能和共同的价值观。作者认为，与美国企业相比，日本企业的成功在于它们在注重三个“硬性 S”（即战略、结构、制度）的基础上，很好地兼顾了四个“软性 S”（即人员、技能、作风和共同的价值观）。《企业文化：现代企业的精神支柱》（Terrence E. Deal & Allan Kennedy，1982）一书的贡献在于，提出了企业文化的五要素，即企业环境、价值观、英雄、仪式和文化网络，并总结出西方文化的四种典型类型：硬汉型、赌注型、工作娱乐型和按部就班型的企业文化。《追求卓越》（Tom Peters & Robert Waterman，1982）提出卓越企业的八大特质是：崇尚行动、贴近顾客、自主创新、以人为本、价值驱动、不离本行、精兵简政，宽严并济。《第五项修炼：学习型组织的艺术与实践》（Peter Senge，1990）认为在这个瞬息万变、竞争激烈的全球市场上，只有那些成为学习者的企业才会成功。《企业文化与经营业绩》（John P. Kotter & James L. Heskett，1992）一书总结了美国哈佛大学商学院约翰·科特和詹姆斯·赫斯克特两位教授在 1987—1991 年间对美国 22 个行业 72 家公司的企业文化和经营状况的深入研究，列举了强力型、策略合理型和灵活适应型三种类型的企业文化对公司长期经营业绩的影响，并用一些著名公司成功与失败的案例表明企业文化对企业长期经营业绩有着重要的影响，并且预言，在近十年内，企业文化很可能成为决定企业兴衰的关键因素。《基业长青》（Jim Collins & Jerry I. Porras，1994）一书认为保存核心、刺激进步是基业长青企业的原则。《形象决定命运》（Laurence D. Ackerman，2000）一书对企业形象进行了深刻的剖析，指出形象是掌握着每一个企业前途的控制力量，也是掌握与企业相关的每一个人前途的控制力量。书中提到在 1999 年 7 月出版的一份《会议通报》调查报告中，企业的基本形象、核心价值和商业策略被认为是成功创建一个新企业过程中排在第一位的重要因素。《执行：如何完成任务的学问》（Larry Bossidy & Ram Charan，2002）一书提出执行应当是一个组织文化的核心元素，执行的核心在于人员、战略和运营三个核心流程。《4+2 神奇配方：绝对管用的经营法则》（William Joyce，Nitin Nohria & Bruce Roberson，2003）提出企业要获得成功需要具备4种主要活动——战略、执行力、文化和框架，以及4种次要活动——人才、领导、创新、并购与合作中的任意2种活动。

国内被称为企业文化力研究第一人的贾春峰在《文化力》（1995）一书中，提出文化力包含4个方面的内容：一是智力因素，包括教育和科技；二是精神力量，包括理想、道德、信息、价值观、意志等；三是文化网络，包括图书馆、博物馆、电影厅、剧场、体育场馆等文化体育活动设施；四是传统文化。

尽管企业文化理论经过学术界数十年的努力取得了很大的发展，但仍存在一些局限性。这首先体现在“企业文化”定义上的分歧，据统计，“企业文化”现在已有数百种定义，几乎每个管理学家和企业文化研究者都有自己的定义。这就难免给企业文化理论的理解和应用造成障碍；此外通常意义上的企业文化对企业经营业绩的影响存在两面性，因此在谈到企业文化提升企业的竞争力时我们总要附加较为繁复的说明。

（二）软实力的概念

美国前助理国防部长、哈佛大学肯尼迪政府学院教授约瑟夫·奈（Joseph Nye）于20世纪90年代从国际政治的角度首先提出“软实力”（soft power）的概念，他把国际政治力量分为“硬实力”和“软实力”。硬实力指的是军事、经济等物质性力量，是通过经济胡萝卜或军事大棒威胁利诱别人“去干他们不想干的事情”；而软实力指的是意识形态、文化和道德诉求之类的精神力量，是通过吸引别人的方式“去干他们想干的事情”。软实力试图采取说服的办法，让别人相信和同意某些行为准则、价值观念和政治制度，以促使他们产生预期的行为。软实力依靠的是某种思想、文化的吸引力以及根据特定的价值标准和政治制度来设置别人的议程的能力。按照约瑟夫·奈在《软实力：世界政治中的成功之道》一书中的观点，软实力包括三要素：一是文化；二是意识形态、政治价值观；三是外交、对外政策。另一位美国学者斯拜克曼把民族的同质性、社会综合程度、政治稳定性、国民士气都视为软实力。

从更广泛的意义来看，“软实力”现象不但存在于国际关系领域，而且存在于所有与国际关系相类似的处于竞争关系的领域中，其中特别明显的就是企业竞争领域。因为一切竞争都要靠实力取胜，而一切组织的实力都存在“软”和“硬”两个方面。

将"软实力"的概念引入企业竞争领域，可以说，企业软实力是企业运行过程中形成的一种能有效整合企业资源的综合力，这种力量与企业价值意识相关，能够左右企业利益相关者的意愿，推动企业达成所期望的目标。企业软实力至少应具备三个显著特点：第一，有利于企业实现目标；第二，不具备物质实体；第三，难以被竞争对手复制。

通常在提及一个有实力的企业时，我们都会以企业拥有的资产、人员规模等资源做佐证。可见，企业实力与企业资源密切相关，资源基础论为揭示企业软实力的内涵奠定了基础。

企业资源一般分为有形资源和无形资源两类。有形资源如资金、厂房、设备和员工等。而无形资源又可分为两类：一是刚性无形资源，如专利、商标、秘方等，必要时可以像商品一样被估价出售；二是柔性无形资源，指有形资源所显现或内含的、尚未刚化或不可刚化的知识、技术、声誉和形象，包括员工个体或群体所拥有的智力、经验、技能和价值取向等。柔性无形资源的概念涵盖了基础资源论中的第三类资源，并扩展到狭义文化的范畴。

有形资源具备物质实体，可以通过市场方式获得，因而容易被竞争对手复制，这种资源所体现的实力是一种经济实力，属于硬实力范畴。而刚性无形资源，如果被估价转让，同样也可纳入企业硬实力范畴。因此，在此意义上，可以将有形资源和刚性无形资源称为企业"硬"资源。而柔性无形资源则具有暗默性，无法商品化，也难以被简单模仿，可称为企业"软"资源，所体现的实力即所谓软实力。刚性无形资源如果属于企业自主开发利用，并且采取了有效的保密措施（即具备了难以被竞争对手复制的特点），则也可视为企业软实力的构件。

虽然有软实力和硬实力的划分，但我们实际上无法把软实力与硬实力完全割裂开来。表面上企业软实力源于企业软资源，但实际上与企业硬资源密切相关。一方面因为软资源不可能离开硬资源而单独存在，另一方面也因为殷实的硬资源可以为其软实力加分。确切地说，企业软实力决不会是由单个资源所产生，它是多种力量的综合。企业软实力不仅源自软资源，也源自其他资源与软资源相互聚合成一种新的资源，这种资源能迸发出更大的能量，又反作用于企业所有资源，从而进一步提升企业实现目标的能力。

（三）企业软实力与企业文化

从约瑟夫对国际关系中"软""硬"实力的定义不难推论，企业硬实力主要指企业经济实力，企业软实力则主要指企业文化的影响力。

为了厘清企业文化与企业软实力概念的关系，有必要梳理一下迄今为止理论界对企业文化的定义。较为有代表性的表述有：

（1）企业文化是在工作团队中逐步形成的规范（詹姆斯·伯恩斯，1950）。

（2）企业文化是指导企业制订员工和顾客政策的宗旨（威廉·大内，1981；帕斯卡尔和阿索斯，1981）。

（3）企业将其基本信念、基本价值观灌输给它的职工，形成上下一致的企业文化，促使广大职工为自己的信仰而工作，于是产生强烈的使命感，激发最大的想象力和创造力（帕特斯和沃特曼，1981）。

（4）企业文化是在企业中寻求生存的竞争"原则"，是新员工要被企业所录用的"内在规则"（埃德加·沙因，1968，1978；范麦内恩，1976；里蒂和芳克豪，1982）。

（5）企业文化是为一个企业所奉行的主要价值观，是一种含义深远的价值观、神化、英雄人物标志的凝聚（迪尔和肯尼迪，1982）。

（6）企业文化是企业内通过物体布局所传达的感觉或气氛，以及企业成员与顾客或其他外界成员交往的方式（塔格尤尔·利特温，1968）。

（7）企业文化是企业在各种活动及其结果中，所努力贯彻并实际体现出来的以文明取胜的群体竞争意识（罗长海，1991）。

（8）企业文化是企业奉行并付诸实际的价值理念，即企业信奉和倡导，并在实践中真正实行的价值理念（魏杰，2002）。

（9）企业文化是一种从事经济活动的组织之中形成的组织文化。它所包含的价值观念、行为准则等意识形态和物质形态均为该组织成员所共同认可（刘光明，2002）。

总结对企业文化概念的各种表述，人们基本认同这样的观点，即"企业文化有广义和狭义之分，狭义的企业文化是指以企业价值观为核心的企业意识形态，广义的企业文化是企业精神文化、制度文化、行为文化和物质文化的总和"。可见狭义的企业文化属于企业柔性无形资源的一种，即企业软实力的要素之一。而广义的企业文化的概念则基本涵盖了所有柔性无形资源以至刚性无形资源，因此完全可以将企业软实力视为广义的企业文化的影响力。之所以有了"企业文化"的概念还要引入"软实力"的概念，正是因为目前学术界对"企业文化"这一概念的内涵仍存在很多争议，且多做狭义的理解。引入"企业软实力"的概念，不仅可以规避争议和误解，而且更能体现这种力量的竞争性含义。

（四）企业软实力与核心竞争力

1990年，作为核心竞争力理论的开拓者，美国企业战略管理专家普拉哈拉德（C. K. Prahalad）和哈默尔（Gary Hamel）提出了"企业核心竞争力"的概念。他们指出，核心竞争力是"组织中的积累性学识，特别是关于如何协调不同的生产技能和有机结合多种技术流派的学识"，是企业长期形成的，蕴含于企业内部的，企业独具的，支撑企业过去、现在和未来竞争优势并使企业长期在竞争环境中取得主动的核心能力。他们认为，建立"核心竞争力”是公司长期竞争优势的来源，“从短期来看，公司竞争力取决于当前产品的价格和性能比。但从长期来看，竞争力取决于能比竞争对手以更低的成本和更快的速度建立可以应用于无法预知的未来产品的‘核心竞争力’的能力”。本书企业软实力的定义域中包含了普拉哈拉德等的核心竞争力的概念，此概念下的核心竞争力是企业软实力的一个重要组成部分。

但现时理论界对核心竞争力概念的界定仍处于一种百家争鸣的状态。从广义上说，企业核心竞争力是指企业拥有的难以被竞争对手模仿的、比竞争对手更强的、持久的某种资源或能力，企业据此能够获得超越竞争对手的竞争优势，推出优于竞争对手的产品和服务。在此意义上，企业软实力即企业核心竞争力。

企业软实力具备了核心竞争力的全部特征。

1. 价值性

顾客是企业软实力最终裁判者，企业软实力必须为用户提供根本性的好处或实惠。由企业明确的战略目标、规范的管理制度、有效的运作策略，以及企业人员丰富的知识、高超的技能和积极的态度等构成的企业软实力可以使企业在提高企业效率、降低成本和创造价值方面比竞争对手做得更好，给企业的目标顾客带来优质的或企业独有的产品或利益，因而拥有战略价值（顾客价值）。

2. 独特性和持久性

企业软实力是企业在运用资源要素创造社会产品时所形成的企业势能。企业通过个人学习和实践获得个体柔性无形资源的增长，通过群体学习和信息共享而缓慢积累，获得群体柔性无形资源的增长。这些内聚的势能，伴随企业成长而不断增强。在此过程中，边际搜寻和路径依赖发挥着重要的作用。因此，企业软实力为企业独自所拥有，不存在两个企业都拥有准确意义上相同或相似的软实力，企业也无法不通过努力很快就建立其软实力。

3. 延展性

在企业软实力体系中，核心竞争力是母本、是核心，有溢出效应，可使企业在原有竞争领域中保持持续的竞争优势，也可围绕核心能力在时间纬度和空间纬度上延展，可从一个产品延展到另一个产品，从现行事业延展到未来事业，可以通过创新获取持续竞争优势。如佳能公司在光学知识、微处理器、超微摄影技术方面具有核心竞争力，从而使其在照相机、显微摄影装置、激光打印机等领域取得统治地位。

4. 不可交易性

企业软实力的关键部分常常是容易被忽视的企业知识、管理技能、声誉等柔性无形资源，难以言表和确切规范，具有极强的暗默性，竞争对手难以通过市场交易获得，也难以仿制。企业软实力越是存在于比较分散的关键环节或需要相关部门及人员的配合而发挥作用，其被交易转让或仿制的可能性就越小。

总之，企业软实力是企业运行中产生的一种综合力，它对企业运行所投入的人、财、物、知识、信息、技术等各种资源要素的交互作用起黏合、润滑、催化、膨胀作用，使彼此分散、隔离的生产要素不断产生类似物理化学性能的聚合、裂变反应，从而释放出更大的能量，推动企业持续稳定发展。缺乏软实力的企业，仅仅表现为各种生产要素的简单叠加，甚至是相互作用的递减。现实中一些企业例如麦当劳凭借其强大的软实力，不断进行自我复制，迅速在全球扩张，并创造良好的收益。而有的企业，忽视软实力的塑造，或财务造假，或生产伪劣产品，最终难逃失败的命运。

（五）企业软实力结构模型的构建

鉴于企业软实力也可说是广义的企业文化的影响力，因此，通过深入分析企业文化的结构来探索软实力的构成要素，无疑是一条可行的途径。

关于企业文化的结构，可以追溯到沙因（1985）提出的三层次结构：第一层次是“人为事物和创造物”，它创造物质和社会环境，是文化中有形的部分，但难以解释；第二层次是“价值观”，是意识的高级阶段；第三层次是“基本假设”，“基本假设是指导行为的隐含假设，并指导成员怎样去认识、思考和体验各种问题”。基本假设包括：与环境的关系，现实、时间和空间的本质，人性的本质、人类活动的本质、人际关系的本质，属于理所当然的、无形的、潜意识的东西。

目前国内关于企业文化结构的划分方法主要有：

（1）将企业文化分为内外两层。一般认为外层为显性文化，内层为隐性文化。余世维（2005）将外层称为周边文化或一般文化，体现行业一般要求；内层称为核心文化或主力文化，与企业自身的产品和行业特性直接相关，体现企业的特殊性。

（2）将企业文化分为三个层次（同心圆说）。外层为物质文化，中间层为制度文化，内层为精神文化，包括企业的价值观念和行为规范。

（3）将企业文化由内而外划分为精神文化层、制度文化层、行为文化层和物质文化层四个层次。

而本节根据广义企业文化的内涵，提出企业文化的四维二层次结构模型，如图 6－1 所示，先将企业文化划分为精神文化、制度文化、行为文化和物质文化四个维度，再由内而外划分为核心文化与非核心文化两个层次。核心文化由核心思想、核心策略、强势行动和品牌形象四大要素构成，它们分别是精神文化、制度文化、行为文化和物质文化的精髓，对企业的长期生存与稳定发展起着决定性作用。企业文化的四维二层次结构模型的特点在于它将企业文化的核心总结为四个构成要素，而不是像通常那样仅仅将精神文化或价值观视为企业文化的核心。它直观地表明核心策略、强势行动和品牌形象与核心思想一样，在企业文化中占据同等重要的核心地位。

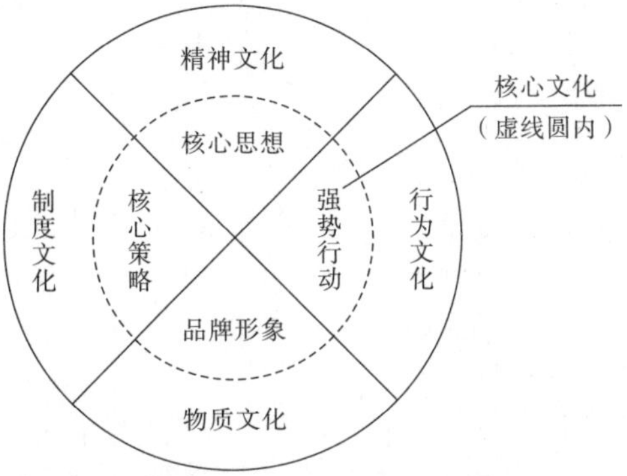

图6－1　企业文化四维二层次结构模型

在企业文化四维二层次结构模型的基础上，综合众多学者的相关研究成果和企业家们的实践经验总结，本书构建了企业软实力结构模型（如图6－2所示）。该模型显示：①企业软实力由核心思想、核心策略、强势行动和品牌形象四个核心要素构成；②每个核心思想又分别包含四个二级要素（评价指标）；③企业软实力的四个核心要素分别引发出思想力、策略力、行动力和形象力，它们构成了企业软实力的四个维度。

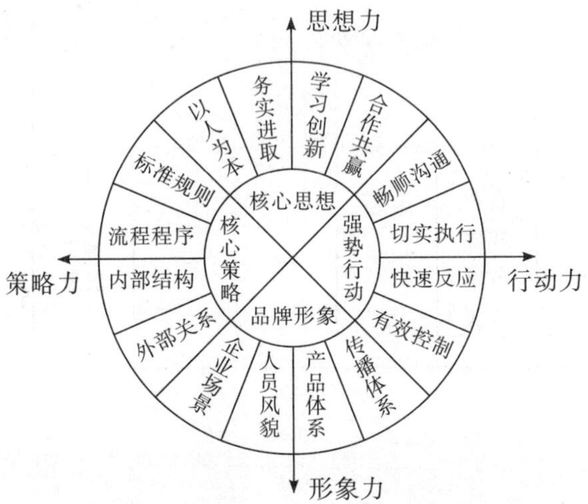

图6－2　企业软实力结构模型

表6-1给出了企业软实力要素与6.1.1部分经典著作所涉及的要素概念之间大致的对应关系。

表6-1　企业软实力要素与部分经典著作中要素概念之间的大致对应关系

<table>
<tr><th rowspan="2">软实力要素</th><th>著作名</th><th>日本企业管理艺术</th><th>企业文化：现代企业的精神支柱</th><th>追求卓越</th><th>第五项修炼：学习型组织的艺术与实践</th><th>基业长青</th><th>形象决定命运</th><th>执行：如何完成任务的学问</th><th>4+2神奇配方：绝对管用的经营法则</th></tr>
<tr><th>作者</th><th>Pascale & Athos</th><th>Deal & Kennedy</th><th>Peters & Waterman</th><th>Senge</th><th>Collins & Porras</th><th>Ackerman</th><th>Bossidy & Charan</th><th>Joyce, Nohria & Roberson</th></tr>
<tr><td rowspan="4">核心思想</td><td>以人为本</td><td rowspan="4">共同的价值观</td><td rowspan="4">价值观</td><td rowspan="4">贴近顾客
自主创新
以人为本
价值驱动</td><td rowspan="8">学习</td><td rowspan="8">保存核心
刺激进步</td><td rowspan="4">（核心价值）</td><td rowspan="12">执行</td><td rowspan="4">文化
创新
并购与合作</td></tr>
<tr><td>务实进取</td></tr>
<tr><td>学习创新</td></tr>
<tr><td>合作共赢</td></tr>
<tr><td rowspan="4">核心策略</td><td>标准规则</td><td rowspan="4">战略
结构
技能
制度</td><td rowspan="4">文化网络</td><td rowspan="4">不离本行
精兵简政
宽严并济</td><td rowspan="4">（商业策略）</td><td rowspan="4">战略
领导
框架
人才</td></tr>
<tr><td>流程程序</td></tr>
<tr><td>内部结构</td></tr>
<tr><td>外部关系</td></tr>
<tr><td rowspan="4">强势行动</td><td>畅顺沟通</td><td rowspan="8">人员作风</td><td rowspan="4">—</td><td rowspan="4">崇尚行动</td><td rowspan="4">—</td><td rowspan="4">—</td><td rowspan="4">—</td><td rowspan="4">执行力</td></tr>
<tr><td>切实执行</td></tr>
<tr><td>快速反应</td></tr>
<tr><td>有效控制</td></tr>
<tr><td rowspan="4">品牌形象</td><td>企业场景</td><td rowspan="4">企业环境
英雄仪式</td><td rowspan="4">—</td><td rowspan="4">—</td><td rowspan="4">—</td><td rowspan="4">基本形象</td><td rowspan="4">—</td><td rowspan="4">—</td></tr>
<tr><td>人员风貌</td></tr>
<tr><td>产品体系</td></tr>
<tr><td>传播体系</td></tr>
</table>

二、企业软实力结构解析

（一）核心思想——思想力

核心思想是那些对企业的长期生存与稳定发展起重要作用的思想，是企业在漫长的经营岁月里沉淀下来的思想的精华。企业需要核心思想，就好比人需要信仰。核心思想是企业精神文化的精髓，它深深融入企业的潜意识中，并形成企业共同的价值观、企业精神、企业伦理等精神理念。企业总体目标和发展方向离不开核心思想的导向，企业核心思想贯穿于企业战略规划的始终。

雨果有一句名言：思想就是力量。古今中外那些伟大的思想家，无论年代多么久，距离多么远，他们思想的光辉依然能够照耀人们的心灵，激发人们为追求理想而行动。核心思想构成了企业软实力的第一要素。优秀的核心思想所具有的强大力量，能焕发全体员工的责任感、荣誉感、工作热情和创新精神，由表及里地约束、引导和激励着全体员工的行为乃至整个企业的行为。优秀的核心思想就像一个能量场，其能量渗透到企业的目标、战略、政策、日常管理及一切活动中，反映到每个部门、每个职工、每个产品上，甚至辐射到企业的外部环境，包括顾客和竞争对手，在社会文化浪潮中树立起一面旗帜，发挥更深远的影响力。

究竟什么是优秀企业的核心思想？让我们深入解读世界知名企业的案例，仔细查阅他们的企业使命、企业宗旨、企业座右铭、企业口号，以及由企业自己提出或由外界为之总结的企业理念、企业精神、企业哲学、企业伦理等。例如：

IBM的三大基本信念：给予每个员工充分的考虑，花更多的时间使顾客满意，坚持到底把事情做好并追求完美。

通用电气的核心理念：以科技及创新改善生活品质，在对顾客、员工、社会与股东的责任之间求取互相依赖的平衡，个人责任及机会，诚实与正直。

福特汽车公司的核心理念：人员是我们的力量源泉，产品是“我们努力的终端结果”，利润是必要的手段与衡量我们成就的指标，以诚实及正直为基础。

宝洁公司的核心理念：产品完善，不断自我提高，诚实与公平，尊重与关心个人。

松下七精神：产业报国、光明正大、团结一致、奋斗向上、礼仪谦让、顺应同化、感恩图报。

索尼公司的核心理念：体验以科技进步、应用与创新造福大众带来的真正快乐；提升日本文化与国家地位；做先驱，不追随别人，但是要做不可能的事情；尊重、鼓励每个人的能力与创造力。

……

通过归纳和总结，可以发现：以人为本、务实进取、学习创新、合作共赢四者当是优秀企业核心思想之所在。这四大思想既有各自独立的内涵，又相互作用、相互渗透、相互依存。

1. *以人为本思想*

“以人为本”中的“人”是广义的“人”，既包括企业股东、经营者和员工，也包括顾客及其他外部环境中的人，乃至整个人类。正如美国强生公司在《我们的信念》中这样写道：我们的首要责任是对医生、护士、医院、母亲和所有使用我们产品的人负责……；第二个责任是对和我们一起工作的同仁负责……；第三个责任是对我们的经营层负责……；第四个责任是对我们所在的社区负责……；第五个责任是对股东负责……。兰德公司花了20年的时间，跟踪了500家世界大公司，发现其中100年不衰的企业有一个共同的特点：他们不再以追求利润为唯一的目标，而是有超越利润的社会目标。具体地说，他们遵循的原则包括：人的价值高于物的价值，共同价值高于个人价值，社会价值高于利润价值，用户价值高于生产价值。正是这些原则，使这些企业的文化具有超越时间和空间的生命力及对社会经济发展的强大推动力。而这些原则的实质，就是对“以人为本”思想的具体诠释。

强烈的社会责任感是以人为本思想的生动体现，企业的社会责任既包括尊重、关怀、依靠员工，也包括热忱为顾客服务、诚信经营、努力为顾客提供其所需要的优质产品、重视环保、强调回馈社会等。企业只有按照顾客需求设计和生产产品、提供服务，才可能赢得生存空间；创新思维只有与以人为本思想充分结合，才可能开发出划时代的产品，引领消费新潮流，获得巨大的利润回报。更重要的是，通过诚信经营、优质服务，可以不断构建和扩大企业良好的商誉，其最终的结果是企业品牌的增值。通用电气前总裁杰克·韦尔奇认为，通用的核心价值观就是诚信，诚信是通用的核心竞争力。查尔斯·汉普登－特纳和阿尔方斯·特龙佩纳斯对美、英、德、日等12个国家15 000名企业经理进行了调查后指出：不同的企业在创造财富的过程中都受到各自独特的价值体系的影响，但有一点是相同的，那就是绝大多数的企业经理人都认识到，从事“反经济信用行为”的企业，其成本大大增加了。因为在现代社会，信息传播的速度极快，社会舆论的监督力度也在不断增强，企业一旦做出“反经济信用行为”，几乎马上就会曝光，它的最重要的无形资产——商誉就会受到重创。

以人为本思想的目标就是要在所有利益相关者之间建立起互尊、互信、互爱和互助，使彼此的物质和心理需求都能够得到最大限度的满足，从而激发他们对企业高度的热情和忠诚。

2. 务实进取思想

要实现以人为本的目标，企业就必须树立务实进取的思想。

一方面企业要有远大的抱负，永远不能满足现状，时刻保持紧迫感，居安思危，敢担风险，不断追求卓越、超越自我。没有远大抱负的企业，不可能成为优秀的企业，正如没有崇高理想的人，不可能成为伟人。那种小富而安，坐井观天，只求平稳、怕担风险的小生产观念是企业生存与发展的大敌。另一方面企业不能好高骛远，盲目行动。既要有敏锐的洞察力，高瞻远瞩，又要有坚强的毅力，不畏挫折，脚踏实地，一步一步坚定不移地迈向目标。

中外那些知名企业，无不是在务实进取思想的引导下才获得成功的。张瑞敏的“永远战战兢兢，永远如履薄冰”“要么不干，要干就要争第一”“打破平衡，展开竞争，螺旋上升”等名言是对竞争进取思想生动和具体的阐述；本田公司为了鼓励员工不怕失败、敢于创新，还专门设立了“表彰失败”的制度；比尔·盖茨带领微软公司“不断积蓄力量和疯狂追求成功”，才有了今天的巨大成就；山姆·沃尔顿大约每十年为沃尔玛定出一个可谓“胆大包天”的目标，才带领沃尔玛一步步走上了顶峰。

3. 学习创新思想

企业要进取，要发展，没有学习创新的思想是不可想象的。著名管理学家彼得·圣吉提出企业应成为“学习型组织”，他认为：在未来，一个企业唯一持久的优势，就是有能力比你的竞争对手学习得更快。所谓创新，既包括产品、技术、市场上的创新，也包括制度和管理上的创新，更重要的是观念的创新。创新的动因是应对环境的变化和发展，绝不能消极等待环境的变化，临阵磨刀，而是要预测未来、未雨绸缪、快速反应、“先发制人”。世界管理大师彼得·德鲁克说：“不创新，就死亡。”从大的方面来说，学习创新思想，是推动国家经济和社会持续发展的不竭的动力。美国之所以能在自然科学和管理科学等领域领先于世界长达一个世纪，靠的就是其典型的创新文化。20 世纪 70 年代至 80 年代，日本经济迅速崛起，大有取代美国“世界经济霸主”地位之势，靠的是其独具特色的企业文化，同时也是由于美国企业依仗“二战”后的绝对优势而疏于创新。80 年代开始美国企业通过内部组织结构创新、外部协作机制创新和技术创新，终于在 90 年代取得收获，竞争能力大为增强，美国才得以重新巩固其绝对优势地位。归结到产品而言，一个产品（包括服务），从根本上说，其价值来源于它的适应性。美国质量管理专家明确提出："产品质量就是产品的适应性"。产品创新应变的程度，决定了产品适应现有市场或者未来市场需求的程度，从而决定了产品价值的大小。同样，企业创新应变的能力的大小，也从一个重要方面决定了企业价值的大小。企业产品、技术和市场的创新应变能力，直接决定了企业能否赢得必要的利润，而制度、管理尤其是观念的创新应变能力，则从战略的高度决定了企业能否适应不断变化的环境，对企业策略做必要的调整，从而赢得新一轮生存与发展的空间。3M 公司依靠其卓越的创新理念和机制，不放过任何一个哪怕很小的创意，创立 100 多年来，共研发了从家庭用品到医疗产品，从运输、建筑到商业、教育和电子、通信等各个领域近 70 000 种产品，才造就了当今世界首屈一指的多元化经营王国。制造业需要创新应变，服务业也同样需要创新应变。沃尔玛就是通过不断地学习探索新型零售模式，从最初的美式折扣店，到会员式仓储店，再到后来的购物广场、街区市场等，来适应不同国家、不同层次和不同文化诉求的顾客的需求，才得以实现其事业的奇迹。相反，另一家曾经在美国家喻户晓的、早在沃尔玛创业之前就已在海内外拥有 1 850 家分店的平价零售连锁店伍尔沃思，在时代的发展中没有顺应潮流创新应变，而是固守租金日益高涨的市中心经营模式，一味地追求廉价，甚至以牺牲必要的服务为代价，最终失去顾客，难以为继，于 1997 年宣布破产，与沃尔玛恰成鲜明对比。

创新的基础是学习，包括内部学习和外部学习。通用电气的克劳顿维尔领导力发展中心创立于 1956 年，是美国的第一所企业大学。在过去的很长时间，这所培训机构摘尽一切荣誉，它被《财富》杂志誉为"美国企业界的哈佛"，而出自克劳顿维尔跻身财富 500 强的 CEO 就多达 150 位。在那之后，企业大学蓬勃发展，从 20 世纪 60 年代的麦当劳汉堡学院、70 年代的迪士尼学院和摩托罗拉学院，再到国内的华为大学、京东众创学院。迄今为止，全球 500 强企业中，已有近 70% 的公司成立了企业大学。要建立全员的培训制度，甚至拥有自己的企业大学或培训学院，有计划、有步骤地对各级管理人员和普通员工进行职务及岗位技能培训、人际关系培训和企业文化培训。要改造企业成为学习型组织，建立各种学习机制，例如知识（信息）的外取机制、内敛机制、扩散机制和升华机制，以不断获取新知识、传递并创造新知识。要建立有效的创新机制（例如通过员工合理化建议制度或建立自我管理团队等方式），积极支持、鼓励员工参与企业创新。

学习创新的思想对成为企业核心能力的软实力的巩固和发展起着举足轻重的作用。因为企业核心能力是企业在长期实践中沿着特定的轨迹逐渐形成，具备不易衰变甚至抗变能力，但同时也产生核心刚性这种负效应。学习创新的思想正是这核心刚性的柔化剂，使企业可以随时根据环境的变化，创造性地采取相应对策，以维护企业的持续竞争优势。

4．合作共赢思想

合作共赢的思想是以人为本、务实进取、学习创新思想的必然要求，也是对三者的重要补充。

合作共赢的思想体现在企业内部即所谓团队精神。一致的价值观，强烈的使命感、责任感、荣誉感、协作意识、奉献意识等，是团队精神的具体体现，其价值意义可具体总结为以下几点：

（1）成员自觉履行自己的职责，努力完成好自己的工作，乐于帮助其他成员，自愿为企业奉献；当组织需要时，不会因成员的讨价还价而丧失良机或雪上加霜。

（2）减少信息传递过程中人为的阻滞和失真，从而缩短信息传递时间，提高信息传递质量，减少决策和执行过程中的失误造成的损失。

（3）减少监督和控制成本。团队精神构成员工的自我约束力量。这是一种基于内省的约束。成员在组织文化熏陶下形成相互监督、自我约束、自我控制，这当然比组织的正式控制更加深入和有效。即使在无人监督的情况下，成员也同样能够遵守工作纪律，严守企业秘密，维护企业信誉。

（4）使企业内部不同层级或不同部门之间摒弃利益之争，在共同的组织目标下按照最佳方案配置企业资源。成员之间相互协作，配合默契，能力互补，知识共享，获得协同效应。

（5）团队结成命运共同体，成员极为关心企业的命运，积极为企业的运作和发展提出自己的意见或建议。企业员工的集体智慧是企业难以估价的、不竭的宝藏。每个员工位于企业不同的岗位，或处身生产和营销的第一线，其意见或建议中往往会闪现出真知灼见，有些有利于企业降低营运成本，有些可能触发企业的创新应变思维，有些则可以申请发明专利，直接为企业创造价值。

日本企业的团队精神举世闻名。在日本企业，一条生产线出了废品，不止直接责任人脸上无光，整条生产线上的人都会垂头丧气。类似丰田公司的普通员工在马路上看到车主在修理丰田汽车，会主动义务帮助修理的事例已不足为奇。尤其值得一提的是日本企业普遍开展的 QC 小组活动和合理化建议活动。据统计，近年来日本的 QC 小组已超过 100 万个，每年发布成果 100 多万项，创造价值几十亿美元。团队精神成为日本企业取得成功的重要秘诀之一。

不仅企业内部股东、管理层和员工之间，部门与部门之间要相互配合、携手共进，企业与供应商、经销商及其他利益相关者，甚至与竞争中的同行之间也可以建立起密切的协作关系，结成生态互补与合作的利益共同体，谋求共赢。博弈论已经表明，对于两个自身实力和市场地位都基本一致的竞争对手而言，合作对双方都是最优选择。合作共赢思想的实现离不开管理的创新和观念的创新。战略同盟、精益供应、虚拟企业等新型企业运作模式，正是合作共赢思想应用于实践的产物。

企业拥有以人为本、务实进取、学习创新、合作共赢的核心思想，也就拥有了高远的战略思维和敏锐的观察力，也就拥有了至关重要的决策力。同时核心思想也是企业感召力、激励力、凝聚力、协作力、学习力和创新力的灵魂。所以说，由核心思想所引发的思想力是企业软实力最本源的动力。

（二）核心策略——策略力

核心策略是企业在核心思想指导下，在长期的经营实践中经过摸爬滚打，逐步总结发展而成的、企业所独有的极具效力的一系列管理机制和经营手法，其实质是核心思想在企业具体环境条件和发展阶段中的执行。企业要在现代商战中发展，必须具备一整套发展的策略原则；企业拥有自己的核心策略，就能够自如地经营，从容面对企业经营中出现的各种问题。

虽然优秀的思想是相通的，但由于每个企业所处的社会环境、时代背景、发展阶段、经营项目、产品特点等不同，相同的思想在不同企业就会表现为不同的策略形式。例如为了贯彻“以人为本”的思想，企业必须特别关注其产品和服务的安全性，麦当劳快餐连锁店甚至制定了极其苛刻的程序和条例（QSCV 原则）来保证食物的新鲜和卫生。

企业策略大致可分为标准、流程、结构和关系 4 种表现形式。

1. 标准规则

标准规则，为企业行为提供共同的规范和目标，一般分为管理标准和技术标准两类。离开标准，现代企业将寸步难行。只要执行标准，即使是非专业人员也能够高质量地完成自己并不熟悉及并不理解的专业任务，从而可以大幅度地降低使用专家的成本。企业要想在行业竞争中取胜，一定要在某些方面拥有超越行业平均水平的标准；企业要想拓宽它们的市场范围，取得相关国际标准认证无疑是必经的途径；而对于那些行业先行者而言，能否争取使自己开发的新产品的标准成为行业规定标准，更严重关系到产品甚至企业未来的命运。

2. 流程程序

流程程序，为企业行为规定内容和秩序，提供一种高效、优质完成工作任务的方法和步骤。对众多企业而言，独特的作业程序是他们在激烈竞争的市场中取得一席之地甚至占据优势地位的法宝。最典型的莫过于丰田汽车公司的JIT技术和戴尔公司的“大规模定制”的直销模式。由迈克尔·哈默（1990）倡导并被广泛传播和应用的业务流程再造（BPR）思想正有力地体现了流程在企业竞争中的重要作用。

3. 内部结构

内部结构，是为有效开展工作和完成任务而形成的企业内部组织框架。组织结构的有效性在于它的战略适应性，同时要求把最合适的人放在最合适的位置上。随着外部环境越来越不可预测，组织需要向柔性结构演进，目标是创造更高的结构柔性与战略柔性水平，降低运作惯性。因此，杰克·韦尔奇到GE上任后首先做的事情之一就是削减企业层级，使企业扁平化，并力求建立“无边界组织”。提高结构柔性的另一方面措施是提高人员的技能，尽可能做到一专多能。腾讯公司自1998年创立以来，每7年左右就会做一次重大的组织架构调整，迄今已经历3次重大战略升级和架构调整。2005—2006年第一次的战略调整是提出业务系统制（Business Units，BUs），将公司按功能模块分工转为业务系统制；第二次的架构调整是2012年腾讯将原有的BUs制升级为事业群制（Business Groups，BGs），把现有业务重新划分成企业发展事业群（CDG）、互动娱乐事业群（IEG）、移动互联网事业群（MIG）、网络媒体事业群（OMG）、社交网络事业群（SNG），成立新的技术工程事业群（TEG），并成立腾讯电商控股公司（ECC）专注运营电子商务业务；第三次的架构调整是2018年末将七大事业群调整为六大事业群。其中，新成立云与智慧产业事业群（CSIG）、平台与内容事业群（PCG），并整合社交与效果广告部（SPA）与原网络媒体事业群（OMG）广告线，成立新的广告营销服务线（AMS）。

4. 外部关系

外部关系，是企业为达成其目标而与企业外部利益相关者结成的组织和人际网络。和谐互助的关系网络是企业合作共赢思想的必然要求和生动体现。在这个又被称为“关系经济”的时代，良好的关系网络无疑也是企业决胜于激烈竞争市场的一个重要资源。例如与政府相关部门（行业行政主管、工商、税务部门等）保持良好关系，可以寻求政策性利益；与供应商结盟，可以保障高品质原材料的稳定供应；通过强化企业的渠道和客户关系管理，可以保持稳定的市场占有率；通过与同行强强联合，可以在一定程度上共享技术和信息，实现优势互补，避免恶性竞争；通过开展公共关系活动与社会公众建立良好的关系，可以树立企业形象，提升品牌价值，培育新市场；等等。

标准、流程、结构和关系有机结合，构成了企业一系列管理机制和经营手法，或称策略。企业战略是企业一系列策略的集合。企业要在经营实践中，不断探索、总结、改进、完善这些机制和方法，以形成自己的核心策略。

值得注意的是，核心策略具有动态性。核心策略总与一定时期的竞争环境和企业资源等变量高度相关，随着相关因素的变化，核心策略的动态发展演变是客观必然的，曾经极具效力的核心策略，可能演变为企业的一般策略，甚至成为企业的桎梏，使企业陷入“策略惰性”的陷阱。一般核心策略的生命周期可分为以下阶段：无策略阶段、一般策略阶段、核心策略形成阶段、核心策略成熟阶段、核心策略衰退阶段、核心策略再生阶段。因此，企业必须不断进行策略创新，才能保证始终拥有核心策略，并最终形成强大的软实力。

这些年来，经过企业家们和学者们的相互交流、探讨、研究，世界许多杰出企业的优秀文化已逐步揭开了面纱，从中可以发现很多非常有价值的管理机制、经营手法和商业模式，尽管其中有些已经不再是原企业的核心策略。这些策略涉及企业经营管理的各个方面。

（1）控制生产或服务过程的策略。例如丰田汽车公司的生产体系（TPS），麦当劳的 QSCV 原则，海尔公司的 OEC 管理法等。

（2）鼓励改革和创新的策略。例如 3M 公司的“创新斗士”制度，通用电气公司的“群策群力”活动等。

（3）人力资源策略。例如通用电气公司的人员考核评估体系等。

（4）市场营销策略。例如戴尔公司的“大规模定制”的直销模式，摩托罗拉公司的“本土化”策略等。

（5）投资策略。例如海尔公司的“吃休克鱼”策略等。

深入了解、学习、研究这些机制和手法，对于企业结合自身情况，尽快形成自己的核心策略具有重要的意义。

（三）强势行动——行动力

行动包含着执行、沟通、反应和控制，是企业制定和落实思想和策略、塑造企业形象的具体行为和过程。“执行”属于行动，连接策略与目标，目标的实现有赖于对策略的正确执行，最终归结到对企业思想的坚定奉行；“沟通”也属于行动，思想起源于与现实世界的沟通，并通过沟通形成策略，通过沟通按策略采取行动，通过沟通实现对思想、策略和行动的反馈；在沟通反馈的基础上，“控制”约束行动使之不会超越企业思想、策略和形象许可的范围；而这整个过程，也就是企业对现实环境的“反应”行动。优秀企业的行动应当是强劲、迅猛而高效的，即所谓强势行动，包括畅顺沟通、切实执行、快速反应和有效控制。行动力就是沟通力、执行力、应变力和控制力的合力。

1. 畅顺沟通

沟通是企业经营管理过程中的一项基本活动，是管理的一项基本职能。美国著名未来学家奈斯比特指出：“未来竞争是管理的竞争，竞争的焦点在于每个社会组织内部成员之间及其与外部组织的有效沟通上。”美国《财富》杂志曾调查了美国十家获得成功的典范企业，发现有八个特点与有效的员工沟通有关。这八个特点是：①首席执行官必须承认沟通的重要性；②管理者言行一致；③保证双向沟通；④重视面对面的沟通；⑤共同承担沟通的责任；⑥恰当处理坏消息；⑦根据听众调整信息；⑧把沟通视为一个持续的过程。这些典范企业把沟通作为关键的管理过程，在这方面有五种共同的活动：①管理者传达决策背后的逻辑依据；②时机至关重要；③持续沟通；④长期规划和短期规划相结合；⑤不要强制员工对信息的反应。Watson Wyatt公司与国际商业传播协会（IABC）联合开展的一项研究也表明，企业经营业绩的优劣与企业的内部沟通是否顺畅有效有直接的联系。

2. 切实执行

执行是企业实现作业目标和战略目标的关键。“执行的核心在于人员、战略和运营三个流程。”企业战略的推出必须伴随有相应的执行策略，包括目标标准、执行程序、组织结构和人员安排等。张瑞敏的各种理念和想法能够迅速地在海尔得到贯彻落实，一个重要的原因在于他的各级管理干部得力。只要张瑞敏有新想法，他的副手就开始开动脑筋实现它，中层干部、相关的员工也随之行动，不存在许多企业惧怕的“中梗阻”或“无终端”等问题，张瑞敏无形的想法很快变成了有形的业绩。作为战略制定者的领导者，应当从战略高度亲自督导整个战略实施的过程，以确保战略得到切实的贯彻执行；同时当预见或遭遇到问题时，可以及时对策略以至战略做出调整或修正。

3. 快速反应

企业的快速反应能力或应变力，就是企业迅速整合内部资源，应对外部复杂多变的环境的能力，包括企业柔性生产、柔性管理和危机处理能力。在这个“速度经济”时代，企业竞争规则已经由大鱼吃小鱼转化为快鱼吃慢鱼，决定企业竞争成败的关键不再是企业的规模，而是企业对市场的反应速度和对内部资源的整合速度，因此应变力也成为企业竞争力的重要因素。

4. 有效控制

有效控制不单只体现在企业对人员流、资金流、物质流和信息流的控制上，更应体现在对企业战略的控制上。当年GE的软实力就突出体现在战略规划和控制能力上。GE集团将相近的业务结合起来划分为战略子单元，每个战略子单元独立运作，从而将大企业的优势和小企业的优势结合起来，使之既能像骆驼一样适应恶劣的环境和凭借储藏的能量长途跋涉，又能像兔子一样具有灵敏快速的反应能力和善于把握细节。同时GE集团用强大的战略管理团队，控制每一子单元的各种脱离集团战略轨道的行为，从而实现了有序的迅速扩张。

做企业如同做人。看看身边那些成功人士，他们中很多人之所以获得成功并不是因为他们生理条件或物质条件多么优越，而只是由于他们的行动比别人更快、更多、更好。成功的企业亦是如此，它们无不具有超凡的行动力。沃尔玛这家服务性企业之所以能从一家乡村小店起步，在不到50年时间内建立起在海内外拥有4 000余家分店的、全球最大的零售业王国，自2002年起一直雄居世界500强企业榜首，关键原因之一就在于其拥有无可匹敌的行动力。沃尔玛公司的各级经理人员大部分时间都不断地在商店里巡视，随时发现和解决问题。在沃尔玛的管理策略中有一条叫日落原则，指的是当天的工作必须在当天日落之前完成，对于顾客的服务要求在当天予以满足，做到日清日结，决不拖延——这实际上是一条行动原则。沃尔玛在经营上实施的是薄利多销的策略，对成本费用控制得很严，但在建立自己的通信系统和仓储运输系统上却从不吝啬。它不惜投入巨资，第一个在商业领域建起交互式卫星通信系统。通过这套系统，公司总部对所有商店、分销中心实施高效率的互动式沟通管理，可以在1小时内对全球数千家分店进行盘点，实现实时监控。这些设施在加强沃尔玛信息流管理上起到了决定性的作用，也为物流管理提供了强大的软件支持和保障，从而大大提高其行动力，并最终帮助企业实现其事业的奇迹。

(四) 品牌形象——形象力

形象是指能引起人的思想或感情活动的具体印象，它既是一种抽象物，又是一种综合的、动态的感觉。企业形象是企业的利益相关者对企业的整体印象和评价，是企业文化真实的外在反映。优秀的企业都有其良好的、个性鲜明的形象，以其品牌为标识，称为品牌形象，宣示着企业独特而富于魅力的品质，是企业巨大的无形资产。从可口可乐到麦当劳，从微软到联想，从松下到海尔，他们卓越的品牌形象，无不深深地印在人们的脑海中，放射出无穷的魅力。

企业的形象力主要体现为企业对公众的亲和力、对顾客的号召力、对员工的凝聚力，以及对人才和投资者的吸引力。国际设计协会的一项统计显示在企业形象上的投入产出比是1∶227。由于存在信息不对称，消费者往往只能通过企业的外在形象来评判企业的管理水平、经济实力和经营思想，进而评判其产品可满足他们物质及心理需求的程度，并做出选择。可见良好的企业形象能够直接提升其产品的价值，促进产品的销售。概括地说，良好的企业形象，对内能够凝聚员工，增强企业的团结和战斗力；对外能够提升社会公众和顾客对企业的信心和满意度，为赢得目标市场奠定基础；同时还能够取得政府、银行和协作单位更大的信赖、支持和谅解，让它们愿意为企业雪中送炭或锦上添花。因此，总裁伍德拉夫敢于宣称“即使整个可口可乐公司在一夜之间化为灰烬，仅凭‘可口可乐’这个品牌就能在很短时间内东山再起”。

麦当劳快餐店就是以品牌形象制胜的典范。虽然国际公认“法式大餐为欧洲之冠，中国烹调为世界第一”，但麦当劳既不出自法国也不出自中国，却每天在全球吸引顾客约3 000万人次，总营业额超过300亿美元，目前仍在以每年新增1 000余家餐厅的速度在海外扩张。麦当劳成功的秘诀之一，就在于它的品牌形象。也正是因为创业初期在这一点上的不足，使麦当劳也曾遭遇滑铁卢。20世纪50年代初，麦当劳随着连锁加盟店的不断增加而名声大振，但由于各连锁店整体运转缺乏统一的形象，导致麦当劳总部的整体形象受损，这给麦当劳的发展前景蒙上了一层阴影。后来克洛克采取了一系列措施，以统一的装饰、标准的口味、卫生的环境和快捷的服务倾力打造麦当劳的品牌形象，才使麦当劳最终能够行销全球。

品牌形象的形成取决于4个环节：企业场景、人员风貌、产品体系和传播体系。

（1）企业场景。企业场景是企业直观的外在形象，包括建筑的布局和装修，设备的档次和摆放，环境的卫生和绿化，以及企业标志、口号等的设计和表达等。企业场景应当至少体现出清洁、规范、舒适和美观，符合企业VI设计的要求。

（2）人员风貌。企业人员，无论是高层管理者还是普通员工，其着装服饰和言谈举止等都应当表现出亲切、诚信、敏捷、上进的精神风貌，符合企业BI设计的要求。

（3）产品体系。产品体系包括产品的功能、质量、价格、包装、售后服务，以及产品的美学、人体工程学、流行学设计。对服务性企业而言，企业场景和人员成为其产品的一部分。产品体系要符合企业VI设计的要求。良好形象的产品体系是能最大限度增加顾客总价值，减少顾客总成本，使顾客让渡价值达到最大的产品体系。

（4）传播体系。传播体系是指对企业外部传播媒体、传播内容、传播时机、传播地点等的选择和设计。当消费者不能亲临企业现场和接触企业人员，甚至还没有购买企业产品时，传播体系就成为消费者认识企业形象的唯一途径。传播体系的构建要符合企业整个 CIS 战略，目标是最大限度提升企业知名度和美誉度。

品牌形象的 4 个环节环环相扣，任一环节的缺失，都会造成企业总体形象的断裂；任一环节的扭曲，都会造成企业总体形象的扭曲；而且这种扭曲的形象一旦形成，要想纠正往往非常困难。因此必须注意每一个过程，不放过每一个细节。必须建立有效的危机处理机制，增强应变行动力，以便在发生可能危及企业形象的突发事件时，能够将其影响减弱到最小，甚至化危机为机遇。1986 年的一天，英国航空公司的 008 号航班因故需要改作另一次商业飞行。经过耐心劝解后，已经登机的 190 名乘客都上了另一架临时班机，但唯有一位叫大竹秀子的日本女子却执意不肯离开 008 号航班。意外的变故，考验着英航的核心思想，也考验着英航的行动力。英航总部立即召开了高级顾问会议紧急磋商，并果断做出决定：专门为她一人做一次空中旅行，于是，定员 350 人的波音 747 宽体客机载着大竹秀子一人从成田机场腾空而起。机上人员热情周到服务，大竹秀子享受了一次胜过英国女王的超豪华旅行。当 008 号班机在伦敦机场徐徐降落时，早已闻讯赶来的上百名英国各电视台、各报社记者蜂拥而来，将兴奋得难以自制的大竹秀子团团围住。这次飞行，英航虽然损失了 15 万美元，但却赢得了视顾客为上帝的美誉，企业形象也由此大大提升。

三、企业软实力建设

（一）四管齐下打造企业软实力

1. 打造企业思想力

建设企业软实力，首先要打造好企业思想力。为此，应当做到以下几点。

（1）必须从企业最高领导者开始，全员投入。企业最高领导者对企业核心思想的形成起着决定性的作用，他们应当亲身投入倡导和推行优秀企业思想的行动中，充分发挥其旗手的作用。沃尔玛公司优秀的经营思想的形成，在很大程度上应归功于其创始人沃尔顿。沃尔顿将自己的经营理念，写满沃尔玛的每一个商场；他总是不厌其烦地向员工灌输这些理念，甚至经常亲自带领沃尔玛员工呼喊经营口号。同时，培养和树立企业核心思想必须全员投入：企业各种理念口号的制订，应当发动全体员工参与；而这些思想理念的实施和渗透，更有赖企业上下的共同行动。

（2）必须与企业 EI 相结合。首先要提出并公开昭示要求全体成员共同信守的、体现核心思想内涵的企业使命、企业价值观、企业精神等理念口号。如果企业还缺乏这样一些口号，则可以发动全体员工参与口号的制订，这样既可充分发挥群体的智慧，同时可让员工无形中接受一次文化的洗礼。企业还应逐项检查企业的经营原则、管理制度、人事制度、分配制度、服务准则等与核心思想是否相符，对不符和不足之处要立即修正。

（3）要重视策略的应用。可结合企业情况，综合采用环境法、仪式法、游戏法、反复法、翻译法（让员工谈自己对企业思想的理解）等方法。就像华为一直保留着革命化的团结大动员、唱军歌式的集体行动那一套管理模式；每年都会开一些运动式的大会，激发斗志；每个员工在获取公司股票激励之前都必须写奋斗者申请书，因为只有奋斗者才有资格拥有公司的股票。又例如海尔公司为树立严格的质量观，张瑞敏带头抡大锤砸毁 76 台略有缺陷的冰箱，看似“小题大做”，但却震撼人心，立竿见影。

（4）要统一思想、坚持不懈。任何企业的核心思想，都是在经历了无数次考验后才得以树立。正如小托马斯·沃森在他的《一个企业的信念》里所言：“我认为一个企业成功与失败之间的差距经常可归咎于这样一个问题，即这个组织是否完全调动了其员工的聪明才智和工作激情，它做了什么来让员工找到共同的事业？在经历了一次次的变动时，它是如何长期保持这一共同目标和方向感的呢？我认为，为了面对世界变化所带来的挑战，企业要做好准备，调整除了这些信条以外的任何东西。但对这些信条要终其一生地坚持。技术等因素对企业的成功也起很大的作用，但我认为，公司员工如何坚决拥护和忠诚执行公司的基本信条要比它们都更重要。”

2. 打造企业策略力

企业必须在经营实践中，不断探索、总结、构建和完善各种管理制度和经营手法，以形成自己的核心策略和独特的商业模式。同时，鉴于核心策略的动态性，需要不断打破常规，进行策略创新。核心思想为企业策略创新提供了不竭的源泉。

（1）从以人—员工为本的思想出发，企业应当尊重员工，依靠员工，想方设法调动发挥员工积极性和创造性。例如 3M 公司由于拥有“创新斗士”等完善的鼓励员工创新的制度，让企业技术改造和新产品开发等不再只是设计、技术部门的事情，才使得公司几乎平均每年能推出 100 种以上的新产品，年度销售额的大约 30% 来自于近 5 年内开发出的新产品，从而使 3M 公司不断获得新的市场和保持一流的品牌。

（2）从以人—顾客为本的思想出发，企业应当明确所谓核心策略，就是能让企业比竞争对手更有效、更有力地满足顾客需求的策略。因此，企业应当与顾客建立更密切的联系，主动听取和收集顾客的意见，充分研究顾客的需求。国内成立于2011年的安克公司就是通过大量收集用户的评论，分析用户的需求和痛点，不断进行产品迭代和创新，才能快速成长为全球第一的数码充电品牌。

（3）从务实进取的思想出发，企业应当认识到策略创新是一个永无止境的过程。企业永远不能满足于现有的核心策略，尽管它当时是多么有效。企业要保持对未来市场的变化的监控和预测，尤其要密切关注和把握新技术的发展动向，要不怕挫折和失败，在长期的经营实践中不断探索、试验，积累经验，推陈出新。

（4）从学习创新的思想出发，企业要善于结合本企业的实际，学习和借鉴其他企业的成功范例。海尔集团从来就是把自己的视野放在国际大公司的运作上，学习它们主导市场的能力、快速应变的能力、关注未来发展方向的能力，探究其思想和策略，“浓缩”其观念和机制，因此能在短时间内构建起强劲的软实力，并推动企业取得举世瞩目的成就。

3．打造企业行动力

企业还必须从思想、策略和硬件三个方面全面打造企业沟通力、执行力、应变力和控制力，以形成并始终保持企业的强势行动力。

（1）打造企业强势行动力，最重要的是核心思想的渗透。核心策略向员工提出了“必须如此”的强制性要求，以“看得见的手”来实现员工的强制行动；而核心思想给出的是“应当如此”的价值观层面的要求，目的在于唤起员工的主体自觉性，以“看不见的手”实现员工的自觉行动（包括自我控制）。

（2）打造企业强势行动力，必须建立健全相关的行动策略，包括沟通机制、执行机制、应变机制和控制机制。例如摩托罗拉公司全方位的沟通机制包括：①每季度一次“肯定个人尊严”员工问卷调查，着重关注员工是否得到理想的个人发展及最佳的工作环境；②员工建议制度，让员工全面参与公司管理；③畅所欲言，保密的双向沟通渠道；④定期总经理座谈会，总经理当场答复员工有关问题；⑤内部报刊；⑥每日简报；⑦年度员工大会，经理传达公司重要信息，区域总裁与员工直接对话；⑧教育日，为员工提供以工厂为单位了解公司文化及学习有关规定和技能的机会；⑨墙报；⑩热线电话，员工遇到任何问题都可以通过直线电话向有关人员反应；⑪职工委员会，作为员工和管理层直接沟通的桥梁；⑫专用信箱，直达区域人力总监。正是凭借其全面而高效的沟通机制，摩托罗拉公司才得以形成其强大的沟通力，成就一段辉煌的历史。

（3）要使各种行动策略能发挥最大效力，还必须加大在相关硬件上的投入。当今企业，尤其应加大在信息技术上的投入，逐步建立和完善适合企业自身的各种职能信息系统，包括生产管理系统——例如制造资源计划系统（MRP），营销信息系统——例如客户管理系统（CRM）、财务管理系统、人力资源管理系统和办公自动化系统（OAS），并集合为管理控制信息系统——例如最终用户计算系统（EUCs），以至建立战略规划信息系统——例如执行官信息系统（EIS）。建立和完善适合企业自身的管理信息系统，是现代企业尤其是大型企业增强行动力的必由之路。沃尔玛公司如果不是不惜投入巨资，第一个在商业领域建起交互式卫星通信系统，来对所有商店、分销中心实施高效率的互动式沟通管理，实时监控，它就不可能形成其无可匹敌的行动力，也就不可能在短短数十年间从一个乡村小店发展为全球零售业之王。

4. 打造企业形象力

企业软实力是一个开放的系统，符合系统的集合性、相关性、层级性、整体性、目的性和环境适应性等特征。

企业软实力的四个核心要素——核心思想、核心策略、强势行动和品牌形象之间的关系是既相互区别，又相互联系、相互包含、相互作用、相互依存的辩证统一关系。核心思想是核心策略、强势行动和品牌形象的精神内涵，核心策略是在核心思想指导下的行动方案，强势行动是落实核心思想和策略的强而有力的行为过程，品牌形象是对核心思想、核心策略和强势行动的综合识别体系。例如IBM公司的口号“IBM就是服务”是一种思想理念，也隐含着一种策略；是一个行动指令，同时也体现了一种形象。

核心思想是企业必须长期坚持的指导思想，是企业一切行动的指南，是软实力中最为稳定的要素，体现着软实力刚性和共性的一面；核心策略则需要随企业环境和战略的改变而加以调整和修正，是软实力中最具活力的部分，体现着软实力柔性和个性的一面。因此优秀企业才会在显示出鲜明的个性特点的同时，表现出其形象的共性：整洁舒适的场地、亲切自信的员工、美观优质的产品、快捷周到的服务等，皆符合核心思想的内涵。

有人说：三流企业卖劳力，二流企业卖产品，一流企业卖标准，超一流企业卖品牌。这话实际体现了软实力的价值。当可口可乐公司总裁伍德拉夫敢于宣称“即使整个可口可乐公司在一夜之间化为灰烬，仅凭‘可口可乐’这个品牌就能在很短时间内东山再起”时，实际上他手中的筹码决不是单纯的“可口可乐”品牌，而是包含着可口可乐公司的核心思想、核心策略（包括可口可乐秘方）、强势行动和品牌形象在内的整个可口可乐公司的软实力。

如果说核心思想指导人们“做正确的事情”，核心策略规范人们“正确地做事情”，那么强势行动则是促使人们“切实有力、快速有效地去做事情”，而品牌形象则可“进一步提高人们做事情的效率和效益”。四个核心要素交织结合在一起，构成了企业软实力系统的整体。企业软实力是思想力、策略力、行动力和形象力的合力。企业要拥有强大的软实力，就意味着它在每一个核心要素上都必须足够强劲，否则就会因为“短板效应”，造成整体软实力大大削弱。

鉴于企业软实力是一个非常复杂的系统，同时，由于各核心要素都具有路径依赖性的特点，因此建设企业软实力的过程就必然是一项长期的、艰巨的系统工程，必须“四管齐下”、相辅相成。核心思想的渗透贯穿于整个过程的始终。

（二）企业领导者与企业软实力建设

企业软实力及其建设与企业领导者个人特质有着极为密切的联系。与企业软实力的四个方面相对应，企业领导者的领导力同样取决于其思想力、策略力（领导艺术）、行动力和形象力，同时，企业领导者的领导力又是决定企业软实力的一个重要因素。很多时候企业思想就直接来源于企业最高层领导者的思想，他们高瞻远瞩，坚定而敏锐，洞悉企业的内外环境，勤于学习，勇于创新，善于沟通，雷厉风行，也直接推动和保证了企业核心思想的执行、核心策略的创制与品牌形象的形成。打开沃尔玛网站文化窗口，你就会看到其创始人山姆·沃尔顿的名言：“我们的商场所需要的是独创性，良好的品德以及诚实。”沃尔顿将“低价销售、保证满意”作为企业的经营宗旨，并将这条原则写在沃尔玛（Wal Mart）的招牌两边；他提出“员工都是合伙人”；他认为“顾客重于一切”，“要为顾客多节省一分钱，我们就只能精打细算”；沃尔玛著名的“日落原则”，就起源于沃尔顿的一句话“如果你今天能够完成的工作为什么要把它拖到明天呢?”。

领导者行动是企业强势行动的重要组成部分。近代管理理论的奠基人巴纳德也曾指出：“组织的价值和目标在很大程度上是由管理人员的实际行动决定的，而并非他们的口头表述。严格地说，与任何形式的语言相比，行动的汇聚更能接近目标的实现。”企业领导者的行为最终将成为整个企业的行为。一个行动型的领导者领导的企业，必能为企业带来优秀的行动文化，这种行动文化是构造企业软实力的关键，是企业战略成功的基础和保证。

企业领导者行动（沟通、执行、反应和控制），是建设企业软实力的关键，也是展现企业软实力效力的重要方式，具体包括以下方面：

（1）把握环境的现状和变化，为战略决策奠定基础。任何企业的经营都是处于宏观环境和行业环境之中。宏观环境包括政治、经济、法律、科技、社会文化和自然环境等，行业环境则包括行业组织与定位、行业演变与动态等。领导者必须准确把握环境的现状和变化，以及这种现状和变化所提示的机遇和威胁，这是制定正确的战略的前提。领导者通过行动，可以宣传企业，树立企业良好的形象，甚至反过来对环境施加一定的影响。菲利普·科特勒提出在市场营销组合的“4P”之外，还应该加上两个“P”，即“权利”和“公共关系”，就是说，要运用政治力量和公共关系，打破国际和国内市场上的贸易壁垒，为企业的市场营销开辟道路。运用政治力量和公共关系的过程，实质上就是领导者与环境沟通的过程。归纳起来，领导者与环境的互动主要有四个渠道：一是保持与政府有关人士和部门的友好往来，关注有关新闻时事和政府政策动向；二是保持与行业相关企业（包括同行企业和市场营销渠道企业）的密切接触，把握行业内竞争态势和发展动向；三是与社会和媒体建立良好的关系，通过召开信息发布会，参加各种礼仪和公益活动，到有影响力的大学或论坛发表演讲等，提高企业的美誉度，提升企业品牌形象；四是深入市场，与顾客和一般公众进行直接交流，获取第一手市场信息。领导者通过这些行动，为企业战略决策奠定基础。

（2）把握企业自身的状况，监控企业日常运作和企业战略的实施，及时调整战略或变革组织机构，改良或再造营运流程。领导者除了要努力把握环境的现状和变化，还要准确把握本企业的人、财、物、时间、空间、信息、技术等资源状况，要力求对本企业的优势和劣势了如指掌，做到知己知彼，方能百战不殆。为此，领导者采用的行动方式主要有查阅报表资料、召开工作会议和巡视督察等。在这方面，当今世界最大企业沃尔玛公司的创始人山姆·沃尔顿是一位典范。沃尔顿除了不断巡视自己的商店，也经常访察别人的商店。正是由于他如此热衷并善于行动，才使他能够始终牢牢把握环境和企业自身的状况，并最终带领企业走向辉煌。

（3）策动、组织和推进战略或计划的贯彻执行。当领导者制定好了一个战略或计划，他就需要将它布置下去具体实施。他要将他的想法清晰地表达出来，他要对下属进行分工和授权，他要统一他们的认识，协调他们的行动；他要根据战略或计划的进程，或应突发事件做出新的决策，不断发号施令；他要求他的下属和员工能够迅速而准确地接收到他的指令，然后按他的指令行动——所有这些，都要通过行动来进行。为了避免指令传递过程中的缓滞和失真，企业领导者应尽量使企业扁平化，并通过各种正式渠道（例如员工大会、内部网站、公告栏等）或非正式渠道直接向基层传达或通报有关指令的信息（注意：不是指令本身，以免越级管理）。通用电气公司前CEO杰克·韦尔奇上任后首先做的事情之一就是削减企业层级，使企业扁平化。他更致力于把通用电气建成一个“无边界组织”，意图消除人为的界线。他非常注重人与人之间面对面的交谈，常常“微服出游”，同总部外的员工见面。韦尔奇的这些做法，无疑有助于提高行动的质量和效率，使他的卓越的思想和战略能够得到完整准确的贯彻执行。

（4）企业要成为“学习型组织”，首先要求领导者要成为“学习型领导者”，要有能力比别人学习得更多、更快。只有通过虚心学习，领导者才能不断获取新知识、理解新知识并创造新知识，才能实现观念上的创新，并在此基础上实现文化创新。沃尔顿堪称勤于学习和创新的典范，用他自己的话说，他所做的大部分事情多半是从其他人那里学来的。他喜欢阅读有关零售业的书刊，虚心向有经验的人请教，一有机会就到别人的店里明察暗访。为了改造企业经营模式，当听说外地已有两家店实行了自助销售，他立刻连夜乘汽车长途跋涉外出考察，回来后立即开设了全美第三家自助销售的杂货店。沃尔玛公司正是在沃尔顿的领导下，不断学习探索新型零售模式，从最初的美式折扣店，到会员式仓储店，再到后来的购物广场、街区市场等，来适应不同国家、不同层次和不同文化诉求的顾客的需求，才得以创造其事业的奇迹。

（5）协调组织成员之间的关系，增强组织凝聚力。人是具有复杂的情感和思维的动物，任何组织，尤其是那些规模庞大、业务繁杂、人员众多的组织，其成员之间的各种意见分歧、利害冲突、相互制约和摩擦在所难免。美国管理协会的一项调查发现，管理者平均要花20%的时间来处理各种冲突。领导者必须懂得采用劝说、告诫、安抚、诱导、启发等沟通语言和技巧，来化解矛盾或将冲突控制在良性范围内。领导者的重要职责之一，用通俗的话说，就是做好员工的思想工作。领导者通过与下属和员工进行沟通交流，不单可以帮助员工解决思想问题，化解或减少各种不良冲突，还可以增进与下属和员工之间的相互了解、尊重和信任，减弱甚至消除被领导者对领导者自然形成的防御甚至抗拒心理，使员工产生安全感和归属感，从而增强组织的凝聚力。

（6）人员配置。人员配置，尤其是对重要岗位的人员进行物色、使用、培养、考察和评估，是领导者必须亲力亲为的行动。领导者通过沟通来收集人才信息和发现人才。对每一位即将担当重要岗位的候选人，领导者应当亲自与其进行深入的谈话；如果不是事先已经充分了解其经历，则还应亲自向熟悉他的人打听核实有关情况。沃尔玛创业初期很多重要的主管人员，都是沃尔顿亲自到别人的店里物色、谈话后招入的。他为了寻找一位精明懂行的电脑人才，还特意参加了IBM学校开设的零售业电脑课程，并在那里邂逅了罗恩·迈耶——一位后来辅佐沃尔顿实现事业腾飞的功臣。领导者经常到企业各部门和最基层巡视，与有关人员进行直接沟通，向他们提出各种问题，并给予恰当的指导，这是培养、考察和评估各级管理人员的有效方法。杰克·韦尔奇曾自豪地说："我经常到事业部所在地去，听取主管的简单汇报，了解他们的想法和做法。……基本上，我并没有亲自去经营这12个主要事业部。我只是选择最适当的人，让他们去经营，而我有能力去察觉他们做得好不好。"除了到基层巡视，他还平均每个月要到公司的管理发展学院教一堂课，"将近4小时的时间里，他一直在倾听、讲演、诱导和提问。听讲者也同样一一做出回应"。通过这种方式，韦尔奇培训了数万名通用电气的管理者。

（7）对员工进行激励。所有成功的领导者，无一例外都是最优秀的激励者。激励在促进组织目标实现的同时，也是领导者形成个人魅力的重要因素。领导者要重视对员工的物质激励，更要重视对员工的精神激励。精神激励无须投入金钱，却往往可以产生用金钱难以达到的激励效果。领导者的精神激励行动包括：通过描绘企业光明前景及其对员工个人的意义，进行目标激励；通过不失时机地公开表扬员工的良好表现、感谢员工的贡献，进行荣誉激励；通过热情主动地与员工交谈、关心员工的疾苦、宽容他们无伤大局的过失，进行情感激励。韦尔奇很擅长"便条沟通"，工作人员有时会从传真机上收到他手书的便条。这些便条有给直接负责人的，也有给小时工的，无一不语气亲切而又发自内心，表现出对员工的关怀。同时，企业领导者率先垂范，可以给予员工巨大的榜样激励。在微软公司，周末工作是常事。不少人，尤其是那些程序设计师，每周竟然工作60～80个小时，以至盖茨有时要把房间全锁起来，实行强制休息。微软的员工为什么能这么拼命？一位小伙子这样回答："你在这样的公司，看到你身边的人，尤其是老板，都在努力工作，难道还好意思慢吞吞地磨蹭？"正是盖茨的这种工作狂形象，为员工们树立了榜样，极大地激发了他们的工作热情和创造力，使企业人力资源得到充分的发掘和利用。

参考文献

［1］丁政，米银俊．创客：创新创业基础教程［M］．广东：广东高等教育出版社，2017．

［2］罗宾斯，库尔特．管理学［M］．刘刚，等译．15 版．北京：中国人民大学出版社，2022．

［3］芮明杰．管理学：现代的观点［M］．3 版．上海：人民出版社，2013．

［4］李家华．创业基础［M］．2 版．北京：清华大学出版社，2015．

［5］江帆，陈江栋，戴杰涛．创新方法与创新设计［M］．北京：机械工业出版社，2019．

［6］陈吉明．创造学与创新实践［M］．2 版．北京：科学出版社，2016．

［7］朱长春．公司治理标准［M］．北京：清华大学出版社，2014．

［8］琼斯，乔治．当代管理学［M］．李建伟，严勇，周晖，等译．6 版．北京：人民邮电出版社，2016．

［9］平狄克，鲁宾费尔德．微观经济学［M］．李彬，高远平，译．9 版．北京：中国人民大学出版社，2019．

［10］科特勒，阿姆斯特朗．市场营销原理［M］．17 版．北京：清华大学出版社，2021．

［11］孔茨，韦里克．管理学精要［M］．韦福祥，译．8 版．北京：机械工业出版社，2005．

［12］刘宝红．供应链管理：高成本高库存重资产的解决方案［M］．北京：机械工业出版社，2016．

［13］沙因．沙因组织心理学［M］．北京：中国人民大学出版社，2009．

［14］艾萨克森．史蒂夫·乔布斯传［M］．北京：中信出版社，2011．

［15］刘光明．企业文化［M］．8 版．北京：经济管理出版社，2002．

［16］柯林斯，波勒斯．基业长青［M］．真如，译．北京：中信出版

社，2006.
[17] 邹卫东，聂铁尊. 沃尔玛美国造 [M]. 广东：广州旅游出版社，2002.
[18] 胡泳. 海尔中国造之企业文化与素质管理 [M]. 海口：海南出版社，2002.
[19] 丁政，张光宇. 企业软实力结构模型的构建与解析 [J]. 科学学与科学技术管理，2007 (7)：115－121.
[20] 丁政. 企业营销的拉动式促销策略 [J]. 企业活力，2005 (6)：34－35.
[21] 丁政. 领导者的三项日常功课 [J]. 企业管理，2005 (3)：84－86.
[22] 丁政. 领导者须善于与员工沟通 [J]. 职业时空，2005 (2)：10－12.
[23] 丁政. 多样化员工配置与管理 [J]. 中国人才，2003 (3)：13－16.
[24] 丁政. 论企业文化力 [J]. 商业时代，2005 (23)：86－87.
[25] 丁政，张光宇. 沟通文化：企业之魂 [J]. 企业经济，2005 (12)：44－46.
[26] 丁政. 企业管理中的口号策略 [J]. 企业活力，2004 (9)：66－67.